普通高等教育电气信息类规划教材

单片机原理及应用

——基于 Keil C 与 Proteus

主编 荆 珂 李 芳
参编 李 稳 等

机械工业出版社

本书以培养高技能型人才、加强技术应用能力培养为目的，以知识目标、技能目标为主线，突出了针对性和应用性，强化了实践能力的培养。在内容的组织上，以应用为导向，以完成任务为目的，软硬件结合，使知识点和技能点相结合，既实现了知识的全面性和连贯性，又做到了理论与实践内容的融会贯通，体现单片机教材新的特色。

全书共分为 13 章，以 AT89S51 单片机为主体来讲述单片机原理，主要介绍了 AT89S51 单片机的硬件结构和内部功能部件的工作原理、指令系统，以及单片机和外围器件的硬件扩展和接口程序设计等。此外本书介绍了 Keil C51 程序设计方法和基于 Proteus 软件的单片机虚拟仿真技术，并给出了具体的应用实例。以 Proteus 设计与仿真中的 16 个案例作为 16 个工作任务贯穿全书各个章节，如：点亮第一只彩灯、延时控制彩灯闪烁电路设计、中断系统应用、中断优先控制、60 s 倒计时装置电路设计、按键显示电路设计、双机通信、数字电压表设计、电子时钟设计、数字温度计设计、电梯运行控制的楼层显示、8 位抢答器设计等。

本书程序均经过实践验证，并提供 Proteus 设计文件和源程序，各章后有相应的实训、各类思考题与习题供训练之用。同时注意介绍单片机应用产品中运用广泛的技术与器件，例如 I^2C 总线、ISP 在线系统编程等技术以及 DS18B20、DS1302、液晶显示等器件。

本书可作为各类工科院校电子技术、自动化、计算机、机电一体化等专业单片机课程教材，还可供电子爱好者学习单片机的自学用书，也可以作为相关工程技术人员的参考用书。

图书在版编目（CIP）数据

单片机原理及应用：基于 Keil C 与 Proteus/荆珂，李芳主编 .—北京：机械工业出版社，2016.3（2024.1重印）

普通高等教育电气信息类规划教材

ISBN 978-7-111-52535-6

Ⅰ.①单… Ⅱ.①荆… ②李… Ⅲ.①单片微型计算机-高级语言-程序设计-高等学校-教材②单片微型计算机-系统仿真-应用软件-高等学校-教材 Ⅳ.①TP368.1②TP312

中国版本图书馆 CIP 数据核字（2016）第 006594 号

机械工业出版社（北京市百万庄大街 22 号　邮政编码 100037）
责任编辑：尚　晨　　责任校对：张艳霞
责任印制：郜　敏
北京富资园科技发展有限公司印刷

2024 年 1 月第 1 版 · 第 6 次印刷
184mm×260mm · 19 印张 · 466 千字
标准书号：ISBN 978-7-111-52535-6
定价：46.00 元

凡购本书，如有缺页、倒页、脱页，由本社发行部调换

电话服务　　　　　　　　　　　　网络服务
服务咨询热线：(010)88379833　　机 工 官 网：www.cmpbook.com
读者购书热线：(010)88379649　　机 工 官 博：weibo.com/cmp1952
　　　　　　　　　　　　　　　　教育服务网：www.cmpedu.com
封面无防伪标均为盗版　　　　　　金 书 网：www.golden-book.com

前　言

随着计算机技术的飞速发展和普及，单片机以其体积小、功能强大、应用灵活和性价比高等优点，在工业控制、智能仪表、数据采集系统和各种家用电器等领域得到了广泛的应用。尽管目前 Intel 公司已把精力集中在高档 CPU 的开发和研制上，但是以 MCS-51 内核技术为主导的单片机仍是许多厂家及公司竞相选用的对象。因此，Intel 公司以专利转让或技术交换的形式把 MCS-51 的内核技术转让给许多国际上著名的半导体芯片生产厂家。尽管 16 位和 32 位单片机不断推出，但在目前的单片机应用中，8 位单片机尤其是各种与 MCS-51 兼容的单片机仍占主导地位。美国 Atmel 公司的 AT89S5x 单片机在世界 8 位单片机市场占有很大的份额，是替代 MCS-51 系列单片机的主要机型。该系列中 AT89S51 单片机则是目前与 MCS-51 单片机兼容的最具典型性和代表性的机型，同时也是各种增强型、扩展型等衍生品种的基础型号。所以，本书重点介绍 AT89S51 单片机的工作原理及应用系统设计。

目前在单片机教材中适用于应用型本科的教材较少，教学手段较为落后。本书围绕应用型本科院校培养高技能型人才、加强技术应用能力培养为目的，以知识目标、技能目标为主线，突出了针对性和应用性，强化了实践能力的培养。在内容的组织上，以应用为导向，以完成任务为目的，介绍了 AT89S51 单片机的基本知识，软硬件结合，知识点和技能点结合，既实现了知识的全面性和连贯性，又做到了理论与实践内容的融会贯通。同时将先进的单片机系统设计与仿真平台 Proteus 作为主要教学手段，大量的仿真实用程序和应用实例贯穿教材始终，利用电路仿真图代替电路原理图，从而达到更好的教学效果。此外，本书程序经过实践验证，并提供 Proteus 设计文件和源程序，学习单片机容易上手，真正给学生带来学习单片机的乐趣。

全书以 AT89S51 系列单片机为对象，以 Proteus 软件、Keil 软件和 C 语言为教学、设计开发平台，以实际应用中常见的单片机系统实例为任务，为学生动手参与创造了条件。全书共分为 13 章：第 1 章介绍单片机概述；第 2 章介绍单片机的硬件结构；第 3 章介绍 51 系列单片机的指令系统；第 4 章介绍汇编语言程序设计；第 5 章介绍 AT89S51 中断系统与定时/计数器；第 6 章介绍单片机人机交互通道的接口技术；第 7 章介绍单片机的存储器及 I/O 口扩展技术；第 8 章介绍 AT89S51 单片机串行通信接口技术；第 9 章介绍 AT89S51 单片机的串行扩展技术；第 10 章介绍 AT89S51 单片机输入/输出通道接口技术；第 11 章介绍单片机应用系统设计；第 12 章介绍单片机 C 语言应用设计；第 13 章介绍 C51 应用程序的设计。整个教学内容以 16 个工作案例任务贯穿全书，电路仿真图和程序真实可靠。各章后有相应的实训题目、各类思考题与习题供训练之用。

本书由营口理工学院荆珂、辽宁石油化工大学李芳主编，其中荆珂编写了第 5 章、第 6 章及附录，营口理工学院李稳、牟淑杰老师分别编写了第 11 章、第 13 章，辽宁石油化工大学李芳老师编写了第 1 章、第 2 章、第 3 章、第 4 章、第 7 章、第 8 章、第 9 章。辽宁石油化工大学闫兵老师编写了第 10 章、第 12 章。全书由荆珂、李芳统稿。同时，编者还参考和引用了参考文献中有关作者的部分资料，在此一并向他们表示衷心的感谢。

由于编者水平有限，时间比较仓促，书中难免有疏漏和不妥之处，恳请读者通过电子邮箱（jk288@163.com）进行联系，提出批评意见和建议。

编 者
2015 年 12 月

目 录

前言
第1章 单片机概述 ………………………………………………………………………… 1
1.1 单片机的基本概念 …………………………………………………………………… 1
1.2 单片机的特点及发展概况 …………………………………………………………… 1
1.3 单片机的应用领域 …………………………………………………………………… 2
1.4 MCS-51系列与AT89S5×系列单片机 …………………………………………… 3
1.5 其他51单片机 ……………………………………………………………………… 4
1.6 AVR系列单片机与PIC系列单片机 ……………………………………………… 5
1.7 各类嵌入式处理器简介 ……………………………………………………………… 5
思考题与习题 …………………………………………………………………………… 6
第2章 单片机的硬件结构 ………………………………………………………………… 7
2.1 AT89S51单片机的硬件组成 ………………………………………………………… 7
2.2 AT89S51单片机的引脚功能 ………………………………………………………… 9
2.3 AT89S51单片机的CPU …………………………………………………………… 10
2.4 AT89S51单片机的存储器结构 ……………………………………………………… 12
2.5 AT89S51单片机的并行I/O口 ……………………………………………………… 17
2.6 时钟电路及复位电路 ………………………………………………………………… 20
2.7 AT89S51单片机的工作方式 ………………………………………………………… 23
思考题与习题 …………………………………………………………………………… 24
第3章 51系列单片机的指令系统 ………………………………………………………… 26
3.1 单片机指令概述 ……………………………………………………………………… 26
3.2 指令系统的寻址方式 ………………………………………………………………… 27
3.3 指令系统的分类介绍 ………………………………………………………………… 29
3.3.1 数据传送类指令 …………………………………………………………… 30
3.3.2 算术运算类指令 …………………………………………………………… 35
3.3.3 逻辑运算及移位类指令 …………………………………………………… 38
3.3.4 控制转移类指令 …………………………………………………………… 40
3.3.5 位操作指令 ………………………………………………………………… 43
3.4 指令汇总 ……………………………………………………………………………… 44
3.5 Keil软件使用 ………………………………………………………………………… 48
3.5.1 Keil软件开发环境简介 …………………………………………………… 48

V

        3.5.2 Keil 软件的基本操作 ·· 48
        3.5.3 源程序的添加、编译与调试 ································ 49
    3.6 Proteus 软件使用 ··· 54
        3.6.1 Proteus ISIS 环境简介 ······································ 54
        3.6.2 基于 Proteus 的单片机虚拟仿真系统的设计 ············· 57
        3.6.3 Proteus 与 Keil 软件的联调 ································ 64
    3.7 案例：点亮第一只彩灯 ·· 65
    思考题与习题 ··· 66

第 4 章 汇编语言程序设计 ··· 70
    4.1 汇编语言程序设计概述 ·· 70
        4.1.1 汇编语言 ·· 70
        4.1.2 伪指令 ··· 70
    4.2 汇编语言程序设计举例 ·· 72
        4.2.1 顺序结构程序设计 ··· 72
        4.2.2 分支结构程序设计 ··· 73
        4.2.3 循环结构程序设计 ··· 74
        4.2.4 查表程序设计 ·· 76
        4.2.5 子程序的设计 ·· 77
        4.2.6 关键字查找程序设计 ·· 78
        4.2.7 数据极值查找程序设计 ····································· 79
        4.2.8 数据排序程序设计 ··· 79
    4.3 软件调试仿真器 Keil 应用 ·· 81
        4.3.1 用 Keil 软件进行延时程序的仿真调试和延时测量 ······ 81
        4.3.2 用 Keil 软件进行查表程序的仿真调试 ···················· 82
    4.4 案例：延时控制彩灯闪烁电路设计 ······························ 82
    思考题与习题 ··· 84

第 5 章 AT89S51 中断系统与定时/计数器 ································ 86
    5.1 中断系统 ·· 86
        5.1.1 中断的基本概念 ··· 86
        5.1.2 中断系统结构 ·· 87
        5.1.3 与中断控制有关的寄存器 ·································· 88
        5.1.4 中断响应过程 ·· 91
    5.2 中断应用 ·· 93
        5.2.1 中断应用步骤 ·· 93
        5.2.2 中断应用举例 ·· 93
    5.3 案例：中断系统应用 ·· 94
    5.4 案例：中断优先控制 ·· 96
    5.5 定时/计数器 ·· 99

  5.5.1 定时/计数器概述 ·················· 99
  5.5.2 定时/计数器的控制 ················ 100
  5.5.3 定时/计数器的工作方式 ············ 101
  5.5.4 定时/计数器的编程和应用 ·········· 102
 5.6 案例：60 s 倒计时装置电路设计 ············ 105
 思考题与习题 ·························· 108

第6章　单片机人机交互通道的接口技术 ············ 111

 6.1 单片机与 LED 数码管的接口技术 ············ 111
  6.1.1 LED 的结构 ···················· 111
  6.1.2 LED 显示器应用 ················ 113
 6.2 单片机与字符型 LCD 的接口技术 ············ 115
  6.2.1 基础知识 ······················ 115
  6.2.2 接口电路设计 ·················· 118
 6.3 单片机与键盘的接口技术 ·················· 120
  6.3.1 键盘概述 ······················ 120
  6.3.2 键盘的接口及程序设计 ············ 123
 6.4 案例：按键显示电路设计 ·················· 125
 思考题与习题 ·························· 127

第7章　单片机的存储器及 I/O 口扩展技术 ············ 129

 7.1 系统扩展结构及地址分配 ·················· 129
  7.1.1 系统扩展结构 ·················· 129
  7.1.2 系统总线及总线构造 ············· 129
  7.1.3 存储器扩展与编址技术 ············ 131
  7.1.4 外部地址锁存器 ················ 134
 7.2 程序存储器 EPROM 的扩展 ················ 134
  7.2.1 常用的 EPROM 芯片 ············ 135
  7.2.2 单片机与 EPROM 的接口电路设计 ···· 135
 7.3 静态数据存储器 RAM 的扩展 ············ 136
  7.3.1 常用的静态 RAM（SRAM）芯片 ······ 136
  7.3.2 单片机与 RAM 的接口电路设计 ······ 137
 7.4 AT89S51 扩展并行 I/O 接口芯片 8255A 的设计 ···· 138
  7.4.1 I/O 接口扩展概述 ··············· 138
  7.4.2 并行 I/O 芯片 8255A 简介 ········· 139
  7.4.3 单片机与 8255A 的接口设计 ········ 141
 7.5 案例：使用 EPROM 扩展 AT89S51 单片机程序存储器 ···· 142
 思考题与习题 ·························· 145

第8章　AT89S51 单片机串行通信接口技术 ············ 147

 8.1 串行通信的相关概念 ···················· 147

8.1.1 数据通信的方式 147
8.1.2 串行数据的传输方式 148
8.2 AT89S51 单片机的串行口 149
8.2.1 串行口结构 149
8.2.2 串行口控制寄存器（SCON） 150
8.2.3 电源控制寄存器（PCON） 151
8.3 串行口的工作方式 151
8.4 波特率的设定 152
8.5 单片机的串行通信接口技术 153
8.5.1 标准串行通信接口 153
8.5.2 串口转换为并口输出 155
8.5.3 多机串行通信接口 156
8.6 案例：双机通信 159
思考题与习题 162

第9章 AT89S51 单片机的串行扩展技术 164

9.1 单总线串行扩展 164
9.1.1 单总线概述 164
9.1.2 常用的单总线器件 165
9.1.3 单总线器件温度传感器 DS18B20 165
9.2 SPI 总线扩展 165
9.2.1 SPI 总线简介 165
9.2.2 常用的 SPI 总线器件 166
9.2.3 扩展带有 SPI 的显示芯片 MAX7219 167
9.3 I^2C 总线的串行扩展介绍 170
9.3.1 I^2C 总线的基础知识 170
9.3.2 I^2C 总线协议的软件模拟 172
9.3.3 AT24C×× 芯片介绍 174
9.3.4 AT24C02 芯片的应用 176
9.4 键盘/显示串行接口芯片 HD7279A 的应用 178
9.5 案例：基于 AT24C02 的具有记忆功能计数器的设计 185
思考题与习题 186

第10章 AT89S51 单片机输入/输出通道接口技术 187

10.1 ADC 及接口技术 187
10.1.1 ADC 的概述 187
10.1.2 典型 ADC 芯片 ADC0809 及应用 188
10.1.3 串行 12 位 ADC 芯片 TLC2543 及应用 193
10.2 DAC 及接口技术 198
10.2.1 DAC 的主要技术指标 198

	10.2.2 典型 DAC 芯片 DAC0832 及应用	198

- 10.2.3 串行 10 位 DAC 芯片 TLC5615 及应用 ·················· 201
- 10.3 案例：数字电压表设计 ·················· 204
- 10.4 案例：波形发生器 ·················· 208
- 思考题与习题 ·················· 211

第 11 章 单片机应用系统设计 ·················· 212

- 11.1 单片机应用系统的设计过程 ·················· 212
  - 11.1.1 应用系统开发流程 ·················· 212
  - 11.1.2 应用系统可靠性设计 ·················· 215
- 11.2 常用的控制部件 ·················· 216
  - 11.2.1 DS1302 芯片 ·················· 216
  - 11.2.2 DS18B20 芯片 ·················· 218
  - 11.2.3 步进电动机的控制 ·················· 222
- 11.3 案例：电子时钟设计 ·················· 224
- 11.4 案例：数字温度计设计 ·················· 231
- 11.5 案例：单片机控制步进电动机的设计 ·················· 241
- 思考题与习题 ·················· 243

第 12 章 单片机 C 语言应用设计 ·················· 244

- 12.1 概述 ·················· 244
- 12.2 C51 入门 ·················· 244
  - 12.2.1 标识符和关键字 ·················· 244
  - 12.2.2 C51 数据类型 ·················· 245
  - 12.2.3 C51 特殊功能寄存器及位变量的定义 ·················· 246
  - 12.2.4 C51 数组 ·················· 246
  - 12.2.5 C51 指针 ·················· 247
- 12.3 C51 的函数 ·················· 248
  - 12.3.1 概述 ·················· 249
  - 12.3.2 函数的参数及返回值 ·················· 251
  - 12.3.3 函数的调用 ·················· 251
  - 12.3.4 文件包含 ·················· 252
  - 12.3.5 库函数 ·················· 252
- 思考题与习题 ·················· 253

第 13 章 C51 应用程序的设计 ·················· 254

- 13.1 C51 的程序设计举例 ·················· 254
  - 13.1.1 中断编程 ·················· 254
  - 13.1.2 定时/计数器编程 ·················· 255
  - 13.1.3 串行口使用 C 语言编程 ·················· 256
  - 13.1.4 独立式键盘查询方式 ·················· 259

IX

  13.1.5 行列式键盘查询方式 ··· 262

  13.1.6 ADC0809 应用程序编写 ·· 264

  13.1.7 DAC0832 应用程序编写 ·· 265

 13.2 C51 与汇编语言的混合编程 ·· 270

  13.2.1 混合编程的基本方法 ··· 270

  13.2.2 混合编程的参数传递 ··· 270

  13.2.3 混合编程的实现 ··· 271

 13.3 案例：电梯运行控制的楼层显示 ·· 273

 13.4 案例：8 位竞赛抢答器设计 ·· 278

 思考题与习题 ·· 284

附录 A **Proteus** 软件常用元器件 ·· 285

附录 B **Proteus** 软件常用快捷键 ·· 288

附录 C 美国标准信息交换代码（ASCII 码） ·· 289

附录 D 常用逻辑符号对照表 ·· 290

参考文献 ·· 291

第 1 章　单片机概述

【知识目标】

1. 了解单片机的历史及发展概况。
2. 了解单片机的发展趋势及其应用领域。
3. 熟悉单片机的主流机型。
4. 熟悉常用单片机的基础知识。

【技能目标】

根据系统要求选择合适的单片机。

1.1　单片机的基本概念

单片机也称为微控制器（MCU），它是将中央处理器（CPU）、程序存储器、数据存储器、输入/输出接口、定时/计数器、串行口、系统总线等集成在一个半导体芯片上的微型计算机，因此又称为单片微型计算机，简称为单片机。

单片机按其用途可分为通用型和专用型两大类。

通用型单片机具有比较丰富的内部资源，性能全面且适应性强，可满足多种应用需求。通用型单片机是把可开发的内部资源（如 RAM、ROM、I/O 等功能部件）全部提供给用户。用户可以根据实际需要，充分利用单片机的内部资源，设计一个以通用单片机芯片为核心，再配以外部接口电路及其他外围设备（以下简称外设），满足各种需要的测控系统。

专用型单片机是针对某些特定用途而制作的单片机，例如打印机、家用电器以及各种通信设备中的单片机等。这种应用的最大特点是针对性强且数量巨大。为此，单片机芯片制造商常与产品生产厂家合作，设计和生产专用的单片机芯片。这种专用单片机芯片是为特定产品或某种测控应用而专门设计的。在设计中，已经对系统结构的最简化、可靠性和成本的最佳化等方面都做了全面的考虑，所以专用单片机具有十分明显的综合优势，也是今后单片机发展的一个重要方向。但是，无论专用单片机在用途上有多么"专"，其基本结构和工作原理都是以通用单片机为基础的。

1.2　单片机的特点及发展概况

1. 单片机的特点

单片机作为控制系统的核心部件，除了具备通用微机 CPU 的数值计算功能外，还具有了灵活、强大的控制功能，并且其可靠性高，应用广泛，这也决定了单片机的特点，具体如下：

1）单片机体积小，应用系统结构简单，能满足很多应用领域对硬件功能的要求。同时单片机的应用有利于产品的小型化、多功能化和智能化，有助于提高劳动生产效率，减轻劳动强度，提高产品质量等。

2）单片机的可靠性高。由于单片机的应用环境比较恶劣，电磁干扰、电源波动、冲击振动、高低温等因素都会影响系统工作的稳定。所以稳定和可靠性在单片机的应用中具有格外重要的意义。

3）单片机的指令系统简单，易学易用。

4）单片机的发展迅速，特别是最近几年，单片机的内部结构越来越完善。

2. 单片机的发展历史

单片机作为微型计算机的一个分支，它与微处理器的产生与发展过程大体同步，主要分为四个阶段。

预备阶段（1971~1974年）：1971年11月，美国Intel公司设计集成度为2000只晶体管/片的4位微处理器Intel4004，并且配有随机存储器（RAM）、只读存储器（ROM）和移位寄存器等芯片，构成第一台MCS-4微型计算机。随后又研制成功8位微处理器Intel8008。这些微处理器虽还不是单片机，但从此拉开了研制单片机的序幕。

第一阶段（1974~1978年）：初级单片机阶段。以Intel公司的MCS-48为代表，这个系列的单片机在片内集成了8位CPU、并行I/O接口、8位定时/计数器、RAM等，无串行I/O接口，寻址范围不大于4 KB。

第二阶段（1978~1983年）：高性能单片机阶段。以MCS-51系列为代表，这个阶段的单片机均带有串行I/O接口，具有多级中断处理系统，定时/计数器为16位，片内RAM和ROM容量相对增大，且寻址范围可达64 KB。这类单片机的应用领域极其广泛，由于其优良的性能价格比，在相当一段时间处于主流产品地位。

第三阶段（1983~1988年）：8位单片机巩固发展及16位单片机推出阶段。16位单片机除了CPU为16位外，片内RAM增加为232 B，片内ROM增加为8 KB，且带有高速输入/输出部件、多通道10位A-D转换器和8级中断等。允许用户采用面向工业控制的专用语言。

第四阶段（1988年至今）：32位单片机阶段。继16位单片机出现后不久，几大公司先后推出了代表当前最高性能（精减指令系统计算机）的结构，CPU可与其他微控制器兼容，主频频率可达32 MHz以上，指令系统进一步优化，运算速度可动态改变，设有高级语言编译器，具有性能强大的中断控制系统、定时/事件控制系统、同步/异步通信控制系统。

1.3 单片机的应用领域

由于单片机软硬件结合，体积小，很容易嵌入应用系统中，因此，以单片机为核心的控制系统在工业控制、智能仪表的各个领域中得到了广泛的应用。

1. 工业控制

在工业控制领域，单片机的主要应用有：各种测控系统、数据采集系统、工业机器人、机电一体化产品等。

2. 智能仪表

单片机广泛地应用于实验室、交通运输工具、计量等各种仪器仪表之中，使仪器仪表智能化，提高测量精度、加强功能、简化结构，便于使用、维护和改进，加速仪器仪表向数字化、智能化、多功能化方向发展。

3. 消费类电子产品

单片机在家用电器中的应用也已经非常普及。目前家电产品的一个重要的发展趋势是智能化，例如洗衣机、电冰箱、热水器、微波炉、消毒柜等。在这些家用产品的控制系统中嵌入单片机后，其功能和性能大大提高，并实现了智能化控制，给人民的生活带来很大的方便。

4. 国防工业

由于单片机具有可靠性高、温度范围宽、能适应各种恶劣环境等特点，它被广泛应用于飞机、军舰、坦克、导弹、鱼雷制导、智能武器装备、航天飞机导航系统等领域。

5. 分布式多机系统

在比较复杂的多节点测控系统中，常采用分布式多机系统。多机系统一般由若干台功能各异的单片机组成，各自完成特定的任务，它们通过串行通信相互联系、协调工作。在这种系统中，单片机往往作为终端机，安装在系统的某些节点上，对现场信息进行实时测量和控制。

6. 汽车电子设备

单片机已经在汽车安全系统、智能驾驶系统、自动泊车系统、导航系统及汽车防撞监控系统等电子设备中广泛应用。

综上所述，从工业自动化、自动控制、智能仪器仪表、消费类电子产品等方面直至国防尖端技术领域，单片机都发挥着十分重要的作用。

1.4 MCS-51系列与AT89S5×系列单片机

1. Intel公司的51单片机

MCS-51系列单片机是Intel公司于1980年推出的8位单片机。基本型产品主要包括8031、8051和8751；增强型产品包括8032、8052和8752。它们的片内RAM和ROM容量、I/O功能的扩展能力以及指令系统都很强。MCS-51系列产品在我国已经得到了广泛的应用。MCS-51系列单片机的典型产品见表1-1。

表1-1 MCS-51系列单片机的典型产品

型号	片内存储器			寻址范围	I/O口线		中断源	定时/计数器
	ROM/KB	EPROM/KB	RAM/B		并行	串行		
8031	-	-	128	64 KB	4个×8位	1个	5	2个×16位
8051	4	-	128	64 KB	4个×8位	1个	5	2个×16位
8751	-	4	128	64 KB	4个×8位	1个	5	2个×16位
8032	-	-	128	64 KB	4个×8位	1个	6	3个×16位
8052	8	-	128	64 KB	4个×8位	1个	6	3个×16位
8752	-	8	128	64 KB	4个×8位	1个	6	3个×16位

2. AT89系列单片机

AT89系列单片机是美国Atmel公司生产的8位单片机产品。它们以MCS-51为内核，与51系列的单片机软硬件均兼容，AT89系列单片机典型产品见表1-2。

表1-2 AT89系列单片机典型产品

型号	片内存储器		f_{max}/MHz	V_{CC}/V	定时器/计数器	中断源	I/O口线		WDT	ISP
	Flash ROM	RAM					并行口	串行口		
AT89C51	4 KB	128 B	24	4.0~6	2个×16位	5	4个×8位	1个	×	×
AT89C52	8 KB	256 B	24	4.0~6	3个×16位	8	4个×8位	1个	×	×
AT89S51	4 KB	128 B	33	4.0~5.5	2个×16位	5	4个×8位	1个	√	√
AT89S52	8 KB	256 B	33	4.0~5.5	3个×16位	8	4个×8位	1个	√	√

1.5 其他51单片机

1. C8051F×××单片机

C8051F×××系列单片机是美国Sillcon Labs公司生产的完全集成的混合信号系统级芯片,具有与8051兼容的微控制器内核,与MCS-51指令集完全兼容。此外片内还集成了数据采集和控制系统中常用的模拟部件和其他数字外设及功能部件。C8051F×××系列单片机部分元件参数见表1-3。

表1-3 C8051F×××系列单片机部分元件参数

型号	FLASH存储器	片内RAM/B	外部存储器接口	SPI	UART	定时器(16位)/个	可编程计数器阵列	数字I/O端口	ADC分辨率/位	ADC输入	温度传感器	DAC分辨率/位
C8051F000	32 KB	256	-	1	1	4	1	32	12	8	1	12
C8051F005	32 KB	2304	-	1	1	4	1	32	12	8	1	12
C8051F007	32 KB	2304	-	1	1	4	1	8	12	4	1	12
C8051F010	32 KB	256	-	1	1	4	1	32	12	4	1	12
C8051F016	32 KB	2304	-	1	1	4	1	16	10	8	1	12
C8051F020	64 KB	4352	√	1	2	5	1	64	12	8	1	12
C8051F021	64 KB	4352	√	1	2	5	1	32	12	8	1	12
C8051F206	8 KB	1280	-	1	1	3		32	12	32	-	-
C8051F300	8 KB	256			1	3	1	8	8	1	1	

2. ADμC812单片机

ADμC类芯片是美国ADI公司生产的高性能单片机,其把ADC、DAC以及8051单片机高度集成在一起,其核心仍然是单片机内核。如ADμC812单片机,其内核与8051兼容,它的内部存储器组织、片内外设等,与8051的结构相似,指令系统与8051的指令系统完全一样,定时/计数器和串行接口等的工作方式也与8051完全一样。同时ADμC类芯片还具有闪速/电擦除程序存储器和数据存储器,特别是ADμC812所继承的模-数转换器(ADC)的工作方式,与传统的ADC芯片的工作方式相比更加灵活,这使得用户利用ADμC812开发数据采集系统更加方便。另外ADμC812还具有8通道12位ADC和两通道DAC,以及利用串口就可以对器件进行现场调试/编程或者升级,同时高达16 MB的存储器空间,片内看门狗定时器和电压监测器、温度传感器,为系统安全运行提供了保障。

3. W78 系列和 W77 系列单片机

华邦（Winbond）公司生产的单片机型号为 W77 系列和 W78 系列，W78 系列与 AT89C 系列完全兼容。W77 系列为增强型，对原有的 8051 的时序做了改进，每个机器周期从 12 个时钟周期改为 4 个周期，使速度提高为原来的 3 倍，同时，晶振频率最高可达 40 MHz。W77 系列还增加了看门狗 WatchDog、两组 UART、两组 DPTR 数据指针、ISP 等多种功能。

1.6　AVR 系列单片机与 PIC 系列单片机

1. AVR 系列单片机

1997 年，由 Atmel 公司挪威设计中心的两位工程师利用 Atmel 公司的 Flash 新技术，共同研发出精简指令集的高速 8 位单片机，简称 AVR。

与其他 8 位单片机相比，AVR 系列单片机最大的特点是：

1）采用哈佛结构，具备 1MIPS/MHz 的高速运行处理能力。

2）精简指令集计算机（RISC），具有 32 个通用工作寄存器，克服了 MCS-51 系列单片机采用单一累加器进行处理造成的瓶颈现象。

3）快速的存取寄存器组、单周期指令系统，大大优化了目标代码的大小、执行效率，部分型号 Flash 容量非常大，特别适用于使用高级语言进行开发。

4）片内集成多种频率的 *RC* 振荡器、上电自动复位、看门狗、启动延时等功能，外围电路更加简单，多数 AVR 系列单片机片上资源丰富，系统更加稳定可靠。

5）大部分 AVR 系列单片机除了有系统编程（In System Programming，ISP）功能外，还有应用编程（In Application Programming，IAP）功能，方便升级或销毁应用程序。

AVR 系列单片机家族已经发展成为一个全系列，包括 Tiny AVR、Mega AVR、LCD AVR、USB AVR、DVD AVR、RF AVR、Secure AVR、FPGA AVR 等类型。这些类型构成了 AVR 系列单片机的庞大家族，AVR 器件引脚从 8 脚到 64 脚，还有各种不同封装供选择。目前，AVR 系列单片机在智能家电、医疗器械及 GPS 等方面已经得到了广泛的应用。

2. PIC 系列单片机

美国 Microchip 公司的 PIC 系列单片机有 8 位和 16 位两种。其中 8 位单片机分成基本级、中级、高级三个档次，具体为 PIC10F、PIC12F、PIC16F、PIC18F 四大系列。PIC 的 16 位单片机是近期推出的产品，包括 PIC24F、PIC24H、dsPIC30F、dsPIC33F 四个系列。

1.7　各类嵌入式处理器简介

1. 嵌入式微控制器（单片机）

嵌入式微控制器（Embedded Microcontroller Unit，EMCU）的典型代表是单片机，单片机也称为嵌入式微控制器。单片机具有体积小、功耗低、成本低、可靠性高等特点，其内部集成 ROM/EPROM、RAM、总线、总线逻辑、定时/计数器、看门狗、I/O、串行口、脉宽调制输出、A-D、D-A、Flash RAM、EEPROM 等各种功能。

2. 嵌入式数字信号处理器

嵌入式数字信号处理器（Embedded Digital Signal Processor，EDSP）是专门用于信号处理方面的处理器，其在系统结构和指令算法方面进行了特殊设计，具有很高的编译效率和指令执行速度，在数字滤波、FFT、谱分析等方面获得了广泛的应用。

数字信号处理器（DSP）由大规模或超大规模集成电路芯片组成的用来完成某种信号处理任务的处理器。它是为适应高速实时信号处理任务的需要而逐渐发展起来的。随着集成电路技术和数字信号处理算法的发展，数字信号处理器的实现方法也在不断变化，处理功能不断提高和扩大。DSP 经过单片化、电磁兼容性（EMC）改造、增加片上外设，或在通用单片机或 SoC 中增加 DSP 协处理器，从而发展成为嵌入式 DSP。推动嵌入式 DSP 发展的因素主要是嵌入式系统的智能化。目前 TI、ADI、NXP、CEVA 等半导体厂商在这一领域拥有很强的实力。

3. 嵌入式微处理器

嵌入式微处理器（Micro Processor Unit，MPU）是由通用计算机中的 CPU 演变而来的。它的特征是具有 32 位以上的处理器，具有较高的性能。嵌入式微处理器具有体积小、重量轻、成本低、可靠性高的优点。主要的嵌入式处理器类型有 Am186/88、386EX、SC-400、Power PC、68000、MIPS、ARM/StrongARM 系列等。

嵌入式微处理器比较有代表性的产品为 ARM 系列。ARM 是 Advance RISC Machine 的缩写，其中 RISC 是精简指令集计算机的缩写。同时 ARM 也是设计 ARM 处理器的美国公司的简称。ARM 是个不断发展的微处理器家族，主要有 5 个产品系列：ARM7、ARM9、ARM9E、ARM10 和 SecurCore。

4. 嵌入式片上系统

随着半导体工艺技术的发展，设计者能够将越来越复杂的功能集成到一个芯片上，嵌入式片上系统正是在集成电路向集成系统转变的方向下产生的。

一般说来，嵌入式片上系统称为系统级芯片，也称为片上系统，是指一个有特定目标的集成电路的芯片。同时它又是一种技术，用以实现从确定系统功能开始，到软硬件划分，并完成设计的整个过程。从狭义角度讲，它是信息系统核心的芯片集成，是将系统关键部件集成在一块芯片上；从广义角度讲，嵌入式系统是一个微小型系统。

具体地说，嵌入式片上系统设计的关键技术主要包括总线架构技术、知识产权核（IP 核）可复用技术、软硬件协同设计技术、嵌入式片上系统验证技术、可测性设计技术、低功耗设计技术、超深亚微米电路实现技术等，此外还要做嵌入式软件移植及开发研究，是一门跨学科的新兴研究领域。

思考题与习题

一、填空题

1. 单片机按照用途通常分为_____和_____。
2. 单片机也称为_____和_____。

二、简答题

1. 什么是单片机？
2. 简述单片机的特点和应用领域。
3. 写出 AT89S51 与 AT89S52 芯片的主要区别。

第 2 章　单片机的硬件结构

【知识目标】

1. 熟悉 AT89S51 单片机的片内硬件基本结构。
2. 了解 AT89S51 单片机的引脚,熟悉并掌握各引脚的功能。
3. 掌握 AT89S51 单片机的存储器结构。
4. 熟悉 AT89S51 单片机的特殊功能寄存器功能。
5. 了解 4 个并行 I/O 口的结构,熟悉其特点。
6. 熟悉单片机时序的相关概念。
7. 了解节电工作模式。

【技能目标】

1. 掌握 AT89S51 单片机的存储器分配。
2. 掌握 AT89S51 单片机的 4 个并行 I/O 口的应用。
3. 熟悉复位电路和时钟电路的设计。

2.1　AT89S51 单片机的硬件组成

AT89S51 是 Atmel 公司生产的低功耗、高性能 CMOS 8 位单片机,采用 Atmel 公司的高密度、非易失性存储技术生产,兼容标准 8051 指令系统及引脚。

AT89S51 单片机在一块芯片上集成了 CPU、RAM、ROM、定时/计数器和多种 I/O 功能部件,具有如下功能部件和特性。

1) 8 位微处理器。
2) 与 MCS-51 产品指令系统完全兼容。
3) 内部数据存储器 128 B。
4) 4 个 8 位可编程 I/O 口。
5) 2 个 16 位定时/计数器。
6) 5 个中断源。
7) 1 个全双工的异步串行口。
8) 在线可编程功能(ISP)的 4 KB 闪速存储器。
9) 工作电压 4.0~5.5V。
10) 看门狗定时器。
11) 双数据指针。
12) 三个程序加密锁定位。
13) 低功耗空闲和掉电模式。

AT89S51 单片机片内的各个功能部件通过单一总线连接，如图 2-1 所示。CPU 对各功能的控制是采用特殊功能寄存器（SFR）的集中控制方式，现对各组成部分的情况介绍如下：

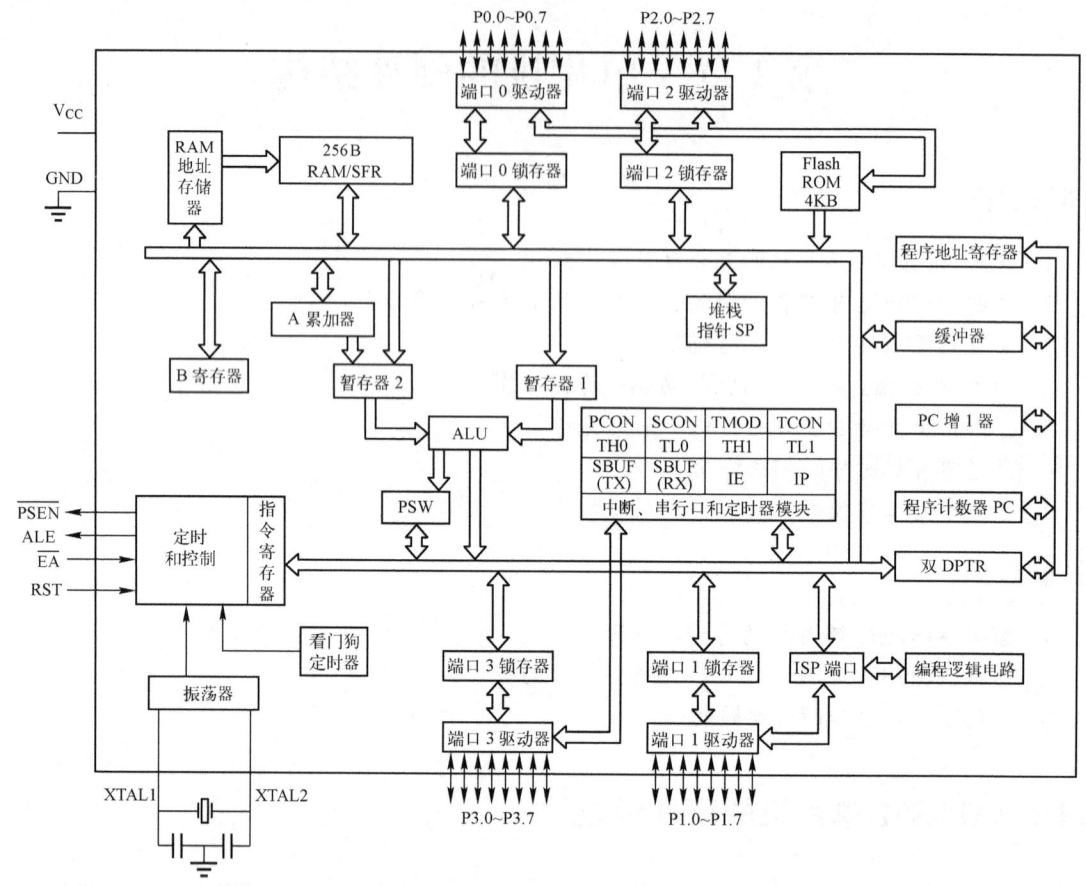

图 2-1　AT89S51 单片机硬件组成结构图

（1）中央处理器（CPU）　AT89S51 单片机的中央处理器是 8 位，用于完成运算和控制操作。

（2）内部数据存储器　实际上，AT89S51 单片机中共有 256 B RAM 单元，但其中后 128 单元被特殊功能寄存器占用，供用户使用的只是前 128 单元，用于存放可读写的数据。因此，通常所说的内部数据存储器是指前 128 单元，简称"内部 RAM"。

（3）内部程序存储器　如图 2-1 所示，AT89S51 单片机共有 4 KB Flash ROM，用于存放程序和原始数据，简称"内部 ROM"。

（4）定时/计数器　AT89S51 单片机共有两个 16 位的定时/计数器，以实现定时或计数功能，并以其定时或计数结果对单片机进行控制。

（5）并行 I/O 口　AT89S51 单片机共有 4 个 8 位的 I/O 口（P0、P1、P2、P3），以实现数据的并行输入输出。

（6）串行口　AT89S51 单片机有一个全双工的串行口，以实现单片机和其他数据设备之间的串行数据传送。该串行口功能较强，既可作为全双工异步通信收发器使用，也可作为同步移位器使用。

（7）中断控制系统　AT89S51 单片机的有五个中断源、两个中断优先级。

(8) 开门狗定时器（WDT） WDT 提供了当 CPU 由于干扰使程序陷入死循环或跑飞状态时使程序恢复正常运行的有效手段。

(9) 特殊功能寄存器（SFR） AT89S51 单片机共有 26 个特殊功能寄存器，用于 CPU 对片内各功能部件进行管理、控制和监视。特殊功能寄存器实际上是片内各个功能部件的控制寄存器和状态寄存器，这些特殊功能寄存器映射在片内 RAM 区 80H~0FFH 的地址区间内。

(10) 在线可编程功能（ISP） 灵活的在线编程方式使得现场程序调试和修改更加方便灵活。

2.2 AT89S51 单片机的引脚功能

AT89S51 单片机与 MCS-51 系列单片机中各种型号芯片的引脚是互相兼容的，AT89S51 单片机多采用 40 引脚双列直插封装（DIP）方式，如图 2-2 所示。另外还有采用 PLCC 封装方式的芯片，44 引脚中有 4 只引脚是无用引脚；TQFP 封装方式的芯片，44 引脚中有 3 只引脚是无用引脚，有两只接地引脚。

1. 电源及时钟引脚

（1）电源引脚 V_{CC} 和 V_{SS}

V_{CC}（40 脚）：电源端，接 +5 V 电源。

V_{SS}（20 脚）：接地端，接数字地。

通常，V_{CC} 和 V_{SS} 之间应接高频和低频滤波电容。

（2）时钟电路引脚 XTAL1 和 XTAL2

XTAL1（19 脚）：当使用片内振荡器时，该引脚接外部石英晶振和微调电容一端。若使用外部时钟时，该引脚接外部时钟信号。

XTAL2（18 脚）：当使用片内振荡器时，接外部石英晶振和微调电容的另一端。若使用外部时钟时，该引脚悬空。

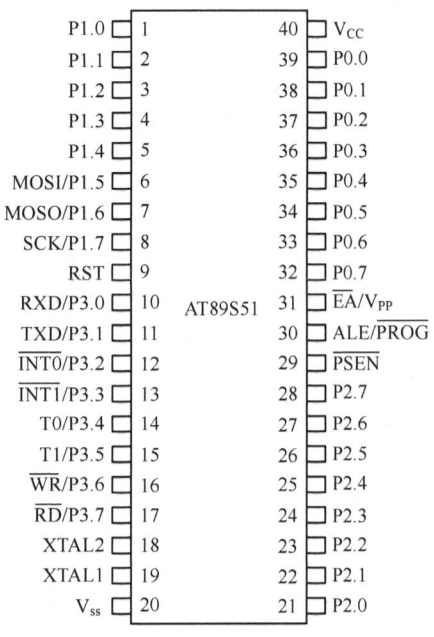

图 2-2 AT89S51 双列直插
封装方式的引脚图

2. 控制引脚

RST（9 脚）：复位信号输入端，高电平有效。当振荡器工作时，RST 引脚出现两个机器周期以上高电平将使单片机复位。WDT 溢出也使该引脚输出高电平，设置特殊功能寄存器 AUXR 的 DISRTO 位（地址 8EH，将在本章后面介绍）可打开或关闭该功能。DISRTO 位默认为 RST 输出高电平打开状态。

ALE/$\overline{PROG}$（30 脚）：地址锁存控制信号/编程脉冲输入端。当访问外部程序存储器或数据存储器时，ALE 输出脉冲用于锁存低 8 位地址。即使不访问外部存储器，ALE 仍以时钟振荡频率的 1/6 输出固定的正脉冲信号，因此它可对外输出时钟或用于定时目的。要注意的是：每当访问外部数据存储器时，将跳过一个 ALE 脉冲。

$\overline{PROG}$ 为该引脚的第二功能，对 Flash 存储器编程期间，该引脚用于输入编程脉冲。

如有必要，通过对特殊功能寄存器（SFR）区中的 AUXR 的 D0 位置位，禁止 ALE 操作。该位被置位后，只有执行 MOVX 和 MOVC 指令，ALE 才会被激活。此外，该引脚会被微弱拉高，单片机执行外部程序时，应设置 ALE 无效。

$\overline{PSEN}$（29 脚）：程序储存允许输出端，是外部程序存储器的读选通信号，低电平有效。当 AT89S51 从外部程序存储器取指令时，每个机器周期两次 $\overline{PSEN}$ 有效，即输出两个脉冲。当访问外部数据存储器，不会出现两次有效的 $\overline{PSEN}$ 信号。

$\overline{EA}/V_{PP}$（31 脚）：$\overline{EA}$ 为该引脚的第一功能，为访问程序存储器控制信号。当 $\overline{EA}$ 信号为低电平时，对 ROM 的读操作限定在外部程序存储器；而当 $\overline{EA}$ 信号为高电平时，则对 ROM 的读操作是从内部程序存储器开始，并可延续至外部程序存储器。

V_{PP} 为该引脚的第二功能，在对片内 Flash 进行编程时，V_{PP} 引脚接入编程电压。

3. 并行 I/O 口引脚

（1）P0 口，P0.0～P0.7（32～39 脚）：双向 8 位三态 I/O 口。当 AT89S51 单片机扩展片外存储器或扩展 I/O 端口时，P0 口作为地址总线低 8 位及数据总线分时复用端口。除此之外，P0 口也可以作为通用的 I/O 端口使用。

（2）P1 口，P1.0～P1.7（1～8 脚）：8 位准双向 I/O 口，作为通用的 I/O 端口使用。

P1.5/MOSI、P1.6/MISO 和 P1.7/SCK 也可用于对片内 Flash 存储器串行编程和校验，它们分别是串行数据输入、串行数据输出和移位脉冲引脚。

（3）P2 口，P2.0～P2.7（21～28 脚）：8 位准双向 I/O 口，当作为通用 I/O 使用时，可直接连接外部 I/O 设备；当扩展外部存储器或 I/O 端口时，P2 口作为地址总线的高 8 位，输出高 8 位地址。

（4）P3 口，P3.0～P3.7（10～17 脚）：8 位准双向 I/O 口，可作为通用 I/O 口使用，还可以将每位用于第二功能。P3 口的第二功能定义见表 2-1。

表 2-1 P3 口的第二功能定义

引　　脚	第 二 功 能	名　　称
P3.0	RXD	串行口输入端
P3.1	TXD	串行口输出端
P3.2	$\overline{INT0}$	外部中断 0 输入端口
P3.3	$\overline{INT1}$	外部中断 1 输入端口
P3.4	T0	定时/计数器 0 外部计数脉冲输入端口
P3.5	T1	定时/计数器 1 外部计数脉冲输入端口
P3.6	$\overline{WR}$	写选通输出口
P3.7	$\overline{RD}$	读选通输出口

2.3　AT89S51 单片机的 CPU

中央处理器（CPU）是单片机的核心，包括运算器和控制器，用于完成运算和控制的功能。

1. 运算器

运算器主要是对操作数进行算术运算、逻辑运算和位操作运算。它以算术逻辑运算单元（ALU）为核心，包括累加器 A、寄存器 B、程序状态字 PSW、位处理器等部件。

（1）算术逻辑运算单元（ALU） ALU不仅能进行加、减、乘、除等基本运算，还可以对8位变量进行逻辑与、逻辑或、逻辑异或、循环移位、求补、清0等操作。单片机的ALU还可以对位变量置1、清0、求补、逻辑与和逻辑或等功能。

（2）累加器A 累加器A又称为ACC，它通过暂存器和ALU相连，它是CPU中工作最繁忙的寄存器，因为在进行算术、逻辑运算时，运算器的输入多为ACC的输出，而运算结果大多数也要送到ACC中。

（3）寄存器B 寄存器B在作乘除运算时用来存放一个操作数，它也用来存放乘除运算后的一部分结果，若不进行乘除操作时，寄存器B可作通用寄存器使用。

（4）程序状态字PSW PSW是8位寄存器，属于特殊功能寄存器，字节地址是D0H，用来存放运算结果的一些特征，PSW各位的定义见表2-2。

表2-2 PSW各位的定义

D7	D6	D5	D4	D3	D2	D1	D0
CY	AC	F0	RS1	RS0	OV	F1	P

其中每位的具体含义如下：

CY（PSW.7）：进位标志位，常用C表示。在进行加法（或减法）运算时，若运算结果最高位有进位（或借位）时，C置1，否则清0；在进行位操作时，C作为位操作累加器。

AC（PSW.6）：半进位标志位。在进行加法（或减法）运算时，若低半字节向高半字节有进位（或借位）时，AC置1，否则清0；AC还作为BCD码运算调整时的判别位。

F0（PSW.5）：用户标志位，由用户置1、清0。在编写程序时，用户可以充分地使用该位。

RS1（PSW.4）、RS0（PSW.3）：工作寄存器指针，用来选择当前工作的寄存器组。由用户用指令改变RS1、RS0的组合，以选择当前的工作寄存器组。工作寄存器共有4组，其对应关系见表2-3。

表2-3 RS1、RS0与工作寄存器组的关系

RS1	RS0	所选的寄存器组	片内RAM地址
0	0	第0组	00H~07H
0	1	第1组	08H~0FH
1	0	第2组	10H~17H
1	1	第3组	18H~1FH

单片机复位时，RS1=RS0=0，CPU选中第0组为当前工作寄存器。

OV（PSW.2）：溢出标志，反映运算结果是否溢出，溢出时OV=1，否则OV=0。当有符号数的两个数进行加减法运算时，结果超出了-128~+127，此时运算结果是错误的，OV=1。如果OV=0，说明运算结果是正确的。

在乘法运算中，当乘积大于255时，OV=1，否则OV=0；在除法运算时，如果除数为0，OV=1，否则OV=0。

在有符号数进行加减法运算时，常用的判别方法是：两个有符号数在进行加法（或减法）运算时，第六位或第七位中仅有1位发生进位（或借位）现象，则OV=1；第六、七位都没进位（或借位）或都有进位（或借位），则OV=0。

F1（PSW.1），保留位，未用。

P（PSW.0）：奇偶标志，反映累加器 A 中内容的奇偶性。若 A 中有奇数个"1"，则 P = 1，否则 P = 0。此标志位对串行口通信中的数据传输有重要的意义，在串行通信中，常用奇偶检验的方法来检验数据传输的可靠性。例如：

```
   01010110(+86)              11001000(-56)
+) 01111010(+122)          +) 11000111(-57)
   0 11010000 → A             1 10001111 → A
```

则：

(A) = 0D0H, CY = 0, AC = 1,   (A) = 8FH, CY = 1, AC = 0,
OV = 1, P = 1   OV = 0, P = 1

2. 控制器

控制器是 CPU 的大脑中枢，它包括定时控制逻辑、指令寄存器、指令译码器、双数据指针及程序计数器（PC）、堆栈指针（SP）以及地址寄存器、地址缓冲器等。它的功能是对逐条指令进行译码，并通过定时和控制电路在规定的时刻发出各种操作所需的内部和外部控制信号，协调各部分的工作，完成指令规定的操作。下面介绍控制器中主要部件的功能。

（1）程序计数器（Program Counter, PC） PC 是控制器中最基本的寄存器，是一个独立的计数器，存放着下一条要执行的指令在程序存储器（ROM）中的地址，是不可访问的，即用户不能直接使用指令对 PC 进行读或者写的操作。在 MCS-51 中，PC 是一个 16 位的计数器，故可对 64 KB（64 K = 2^{16} = 65 536）的程序存储器进行寻址。

程序计数器 PC 的工作过程是：CPU 读指令时，PC 的内容作为所取指令的地址输出给程序存储器，然后 ROM 按此地址输出指令字节，同时 PC 本身的内容自动增加，指向下一条指令在 ROM 中的首地址。

（2）堆栈指针（Stack Pointer, SP） 所谓堆栈就是只允许在其一端进行数据插入和数据删除操作的线性表。数据写入堆栈称为入栈（PUSH）。数据从堆栈中读出称为出栈（POP）。堆栈按照"后进先出"的规则读取数据。

堆栈的主要功能有两个：保护断点和保护现场。在计算机去执行子程序或中断服务之前，必须考虑其返回问题和现场保护问题。为此应预先把主程序的断点和单片机中各有关寄存器单元的内容保护起来，为程序的正确运行做准备。此外，堆栈也可用于数据的临时存放，在程序设计中时常被用到。

堆栈可有两种类型：向上生长型和向下生长型。在 MCS-51 单片机中属向上生长型，如图 2-3 所示。向上生长型堆栈，栈底在低地址单元。随着数据进栈，地址递增；反之，随着数据出栈，地址递减。

堆栈指针（SP）是一个 8 位的专用寄存器，用来存放栈顶的地址。进栈时，SP 自动加 1，然后将数据压入 SP 所指定的地址单元；出栈时，先将 SP 所指向单元中的数据弹出，然后 SP 自动减 1。堆栈区通常设置在内部 RAM 30H~7FH 区间。

图 2-3 向上生长型堆栈

2.4 AT89S51 单片机的存储器结构

通用微型计算机系统采用的是程序存储器和数据存储器统一编址的普林斯顿结构，而单片机中使用的是程序存储器和数据存储器相互独立编址的哈佛结构。图 2-4 所示为 MCS-51 系列单片机存储器结构图。

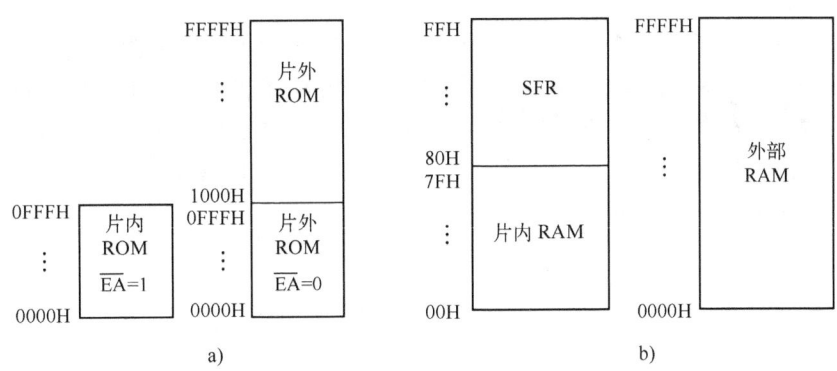

图 2-4　MCS-51 系列单片机存储器结构
a) 程序存储器　b) 数据存储器

如图 2-4 所示, MCS-51 系列单片机的存储器分为程序存储器和数据存储器, 其中程序存储器为片内片外统一编制, 数据存储器分为内部数据存储器和外部数据存储器。

1. 程序存储器空间

程序存储器是主要用于存放程序和常数。AT89S51 单片机的程序存储器从空间上分为片内程序存储器和片外程序存储器, 但是片内程序存储器和片外程序存储器是统一编址。片内程序存储器是 4KB, 地址范围为 0000H ~ 0FFFH。片外程序存储器根据用户需要扩展, 最大可以扩展到 64KB, 地址范围为 0000H ~ FFFFH。CPU 访问片内存储器和片外存储器由单片机 $\overline{EA}$ 引脚的电平决定。当 $\overline{EA}=0$ 时, CPU 从片外程序存储器 0000H 开始读取指令, 而片内 ROM 中的内容不会被理会。当 $\overline{EA}=1$ 时, CPU 从片内程序存储器 0000H 开始读取指令, 但是当 PC 的值大于 0FFFH 时, PC 自动读取片外 ROM 1000H ~ FFFFH 空间内的指令, 而片外程序存储器 0000H ~ 0FFFH 存储器空间中的内容不会被读取。

AT89S51 单片机复位后, 程序计数器 PC 为 0000H, 系统从 0000H 开始执行程序。AT89S51 单片机的程序存储器中有 5 个地址单元被固定用于中断源的中断服务子程序的入口地址, 见表 2-4。

表 2-4　5 个中断源的中断入口地址

中　断　源	中断入口地址	中　断　源	中断入口地址
外部中断 0	0003H	定时/计数器 1 溢出中断	001BH
定时/计数器 0 溢出中断	000BH	串行中断	0023H
外部中断 1	0013H		

中断程序响应后, 自动转到各个中断入口地址执行程序, 但是由于两个中断入口地址之间只有 8 个单元, 通常情况下, 8 个单元很难存储一个中断服务子程序。因此通常在该地址区的开始存放一条无条件转移指令, 跳向中断服务子程序。用户的主程序一般存储在 0030H 单元以后。

2. 数据存储器空间

数据存储器主要用来存储输入/输出数据、中间结果等信息。MCS-51 系列单片机的数据存储器分为片内数据存储器、特殊功能寄存器和片外数据存储器,如图 2-4 所示。

(1) 片内数据存储器　片内数据存储器共有 128 B,地址为 00H~7FH,分为工作寄存器区、位寻址区和用户 RAM 区。

00H~1FH 为工作寄存器区,共 32 个单元,如图 2-5 所示,被分为 4 组,每组有 8 个寄存器(R0~R7)。任意时刻,CPU 只能使用其中的一组寄存器,当前正在使用的寄存器组被称为当前寄存器。具体使用哪组寄存器由 PSW 中的 RS1 和 RS0 位决定,CPU 复位后使用的是 0 组寄存器。在程序的运行过程中不使用的寄存器也可以作为 RAM 使用。

分类	字节地址	位地址及数据							
用户RAM区	7FH … 30H	堆栈、数据缓冲							
位寻址区	2FH	7FH	7EH	7DH	7CH	7BH	7AH	79H	78H
	2EH	77H	76H	75H	74H	73H	72H	71H	70H
	2DH	6FH	6EH	6DH	6CH	6BH	6AH	69H	68H
	2CH	67H	66H	65H	64H	63H	62H	61H	60H
	2BH	5FH	5EH	5DH	5CH	5BH	5AH	59H	58H
	2AH	57H	56H	55H	54H	53H	52H	51H	50H
	29H	4FH	4EH	4DH	4CH	4BH	4AH	49H	48H
	28H	47H	46H	45H	44H	43H	42H	41H	40H
	27H	3FH	3EH	3DH	3CH	3BH	3AH	39H	38H
	26H	37H	36H	35H	34H	33H	32H	31H	30H
	25H	2FH	2EH	2DH	2CH	2BH	2AH	29H	28H
	24H	27H	26H	25H	24H	23H	22H	21H	20H
	23H	1FH	1EH	1DH	1CH	1BH	1AH	19H	18H
	22H	17H	16H	15H	14H	13H	12H	11H	10H
	21H	0FH	0EH	0DH	0CH	0BH	0AH	09H	08H
	20H	07H	06H	05H	04H	03H	02H	01H	00H
工作寄存器区	1FH … 18H	3 组工作寄存器							
	17H … 10H	2 组工作寄存器							
	1FH … 08H	1 组工作寄存器							
	07H … 00H	0 组工作寄存器							

图 2-5　AT89S51 单片机片内数据存储器结构

20H~2FH 为位寻址区,共 16 个单元。这 16 个单元可以作为字节单元使用,同时这 16 个单元中的每一位也可以单独使用,即位寻址,如图 2-5 所示。位地址的表示可以使用位地址直接表示,也可以使用字节地址和位相结合的表示方法。如 00H 位可以直接使用位地址表示,也可以使用 20H 表示。需要注意的是,位地址 00H~7FH 和片内 RAM 中的字节地址 00H~7FH 的编码表示相同。但是在位操作指令的地址是位地址,而不是字节地址,同理,在字节操作指令中是字节地址。

30H~7FH 为用户 RAM 区,用于存放各种数据、中间结果,起到数据缓冲的作用。在实际使用中,常需要把堆栈设在用户 RAM 区。

(2) 片外数据存储器　如果片内 RAM 不够用时,可根据用户需求扩展片外数据存储器,最大范围为 0000H~FFFFH,共 64 KB。由于在单片机中片内 RAM 和片外 RAM 是独立编址的,访问的指令也不同,在使用过程中是不会造成混乱的。

3. 特殊功能寄存器(Special Function Register,SFR)

内部 RAM 的高 128 字节单元称为特殊功能寄存器区。在此区中离散的分布着 26 个特殊功能寄存器,AT89S51 单片机对片内各个功能的控制是采用这 26 个特殊功能寄存器集中控制。特殊功能寄存器在内部 RAM 中的分布见表 2-5。特殊功能寄存器的字节地址能被 8 整除的单元可以位寻址。

需要注意的是,尽管在特殊功能寄存器区还有空闲单元,但是用户不能使用。

表 2-5　SFR 的名称及其分布

序　号	字节地址	符　号	名　　称	位　地　址
1	F0H	B	B 寄存器	F7H~F0H
2	E0H	A 或 ACC	累加器	E7H~E0H
3	D0H	PSW	程序状态字	D7H~D0H
4	B8H	IP	中断优先级控制器	BFH~B8H
5	B0H	P3	P3 口锁存器	B7H~B0H
6	A8H	IE	中断允许控制寄存器	AFH~A8H
7	A6H	WDTRST	看门狗复位寄存器	—
8	A2H	AUXR1	辅助寄存器	—
9	A0H	P2	P2 口锁存器	A7H~A0H
10	99H	SBUF	串行数据缓冲器	—
11	98H	SCON	串行控制寄存器	9FH~98H
12	90H	P1	P1 口锁存器	97H~90H
13	8EH	AUXR	辅助寄存器	—
14	8DH	TH1	定时/计数器 1 高字节	—
15	8CH	TH0	定时/计数器 0 高字节	—
16	8BH	TL1	定时/计数器 1 低字节	—
17	8AH	TL0	定时/计数器 0 低字节	—
18	89H	TMOD	定时/计数器工作方式寄存器	—
19	88H	TCON	定时器控制寄存器	8FH~88H

(续)

序号	地址	符号	名称	位地址
20	87H	PCON	串行口控制寄存器	—
21	85H	DP1H	数据指针 DPTR1 高字节	—
22	84H	DP1L	数据指针 DPTR1 低字节	—
23	83H	DP0H	数据指针 DPTR0 高字节	—
24	82H	DP0L	数据指针 DPTR0 低字节	—
25	81H	SP	堆栈指针	—
26	80H	P0	P0 口锁存器	87H~80H

特殊功能寄存器区中的累加器 A、寄存器 B、程序状态字（PSW）及堆栈指针（SP）在前面章节已经介绍，先对其中的一部分做简单说明，余下的 SFR 将在后续章节中介绍。

(1) AUXR 寄存器　AUXR 是辅助寄存器，位地址为 8EH，其各位定义见表 2-6。

表 2-6　AUXR 的各位定义

D7	D6	D5	D4	D3	D2	D1	D0
—	—	—	WDIDLE	DISRTO	—	—	DISALE

DISALE：ALE 禁止/允许位。DISALE = 0，ALE 以时钟振荡频率的 1/6 输出脉冲；DISALE = 1，ALE 仅在执行 MOVX 或 MOVC 指令期间输出脉冲。

DISRTO：禁止/允许 WDT 溢出时的复位输出。DISRTO = 0，在 WDT 溢出时复位引脚输出高电平；DISRTO = 1，复位引脚仅为输入。

WDIDLE：WDT 在空闲模式下的禁止/允许位。WDIDLE = 0，在空闲模式下 WDT 继续计数；WDIDLE = 1，在空闲模式下 WDT 停止计数。

(2) AUXR1 寄存器　AUXR1 是辅助寄存器，字节地址为 A2H，此寄存器中只定义了 D0 位，见表 2-7。

表 2-7　AUXR1 的各位定义

D7	D6	D5	D4	D3	D2	D1	D0
—	—	—	—	—	—	—	DPS

DPS：数据指针选择位。DPS = 0，选择数据指针 DPTR0；DPS = 1，选择数据指针 DPTR1。

(3) 数据指针 DPTR0 和 DPTR1　与 AT89C51 单片机不同的是，AT89S51 单片机是双数据指针寄存器，即 DPTR0 和 DPTR1。DPTR0 为 AT89C51 单片机原有的数据指针，DPTR1 为 AT89S51 单片机新增的数据指针。通过设置 AUXR1 的 DPS 位选择使用两个数据指针中的一个。当 DPS = 0 时，选用 DPTR0；当 DPS = 1 时，选用 DPTR1；默认选用 DPTR0。

在实际使用中，统一用 DPH 表示 DPTR 的高 8 位，用 DPL 表示 DPTR 的低 8 位。DPTR 可以对 16 位进行整体操作，也可以分开使用。

(4) WDT 看门狗定时器　WDT 是为了解决 CPU 程序运行时可能进入混乱或死循环问题而设置的，它由一个 14 位计数器和看门狗复位寄存器（WDTRST）构成。外部复位时，WDT 默认为关闭状态，要打开 WDT，用户必须按顺序将 1EH 和 E1H 写到 WDTRST，当启动了 WDT，它会随晶体振荡器在每个机器周期计数，除硬件复位或 WDT 溢出复位外，没有其他方法关闭 WDT，WDT 溢出时，将使 RST 引脚输出高电平的复位脉冲。

4. 位地址空间

AT89S51 单片机共有 211 个寻址位，其中一部分 128 位在内部 RAM 位寻址区，如图 2-5 所示。另一部分 83 个可寻址位，分布在特殊功能寄存器区，见表 2-8。

表 2-8 SFR 中位地址的分布

SFR	位地址/位定义								字节地址
	D7	D6	D5	D4	D3	D2	D1	D0	
B	F7H	F6H	F5H	F4H	F3H	F2H	F1H	F0H	F0H
ACC	E7H	E6H	E5H	E4H	E3H	E2H	E1H	E0H	E0H
PSW	D7H	D6H	D5H	D4H	D3H	D2H	D1H	D0H	D0H
	CY	AC	F0	RS1	RS0	OV	F1	P	
IP	BFH	BEH	BDH	BCH	BBH	BAH	B9H	B8H	B8H
	—	—	—	PS	PT1	PX1	PT0	PX0	
P3	B7H	B6H	B5H	B4H	B3H	B2H	B1H	B0H	B0H
	P3.7	P3.6	P3.5	P3.4	P3.3	P3.2	P3.1	P3.0	
IE	AFH	AEH	ADH	ACH	ABH	AAH	A9H	A8H	A8H
	EA	—	—	ES	ET1	EX1	ET0	EX0	
P2	A7H	A6H	A5H	A4H	A3H	A2H	A1H	A0H	A0H
	P2.7	P2.6	P2.5	P2.4	P2.3	P2.2	P2.1	P2.0	
SCON	9FH	9EH	9DH	9CH	9BH	9AH	99H	98H	98H
	SM0	SM1	SM2	REN	TB8	RB8	TI	RI	
P1	97H	96H	95H	94H	93H	92H	91H	90H	90H
	P1.7	P1.6	P1.5	P1.4	P1.3	P1.2	P1.1	P1.0	
TCON	8FH	8EH	8DH	8CH	8BH	8AH	89H	88H	88H
	TF1	TR1	TF0	TR0	IE1	IT1	IE0	IT0	
P0	87H	86H	85H	84H	83H	82H	81H	80H	80H
	P0.7	P0.6	P0.5	P0.4	P0.3	P0.2	P0.1	P0.0	

2.5 AT89S51 单片机的并行 I/O 口

AT89S51 单片机有 4 个 8 位的 I/O 接口，分别为 P0、P1、P2、P3。

1. P0 口

P0 口的字节地址为 80H，位地址为 80H~87H。P0 口的各位口线具有完全相同但又相互独立的逻辑电路，图 2-6 所示为 P0 口的位结构图。

如图 2-6 所示，P0 口位结构主要包括一个数据输出锁存器、两个三态输入缓冲器 BUF1 和 BUF2、一个多路转换开关 MUX 及两只场效应晶体管 VT1 和 VT2。设置多路开关是因为 P0 口既可以作为地址/数据线使用，又可以作为通用 I/O 口线使用。由图 2-6 可知，MUX 由控制信号实现锁存器的输出或地址/数据线的输出。

当 P0 口作为地址/数据线输出时，控制信号为高电平，MUX 接反相器的输出。如果输出

图 2-6　P0 口位结构图

的地址/数据为"1",场效应晶体管 VT2 截止,场效应晶体管 VT1 导通,此时 P0.×引脚输出的是"1"。如果输出的地址/数据为"0",场效应晶体管 VT1 截止,场效应晶体管 VT2 导通,此时 P0.×引脚输出的是"0"。P0 口的各个引脚上的状态跟随着地址/数据线的状态变化。输出驱动电路由于两个 FET 处于反相,形成推拉式电路结构,从而大大提高了负载能力。

当 P0 口作为地址/数据线输入时,控制信号为低电平,MUX 接锁存器的 $\overline{Q}$ 端,场效应晶体管 VT1 截止。P0 口作为地址/数据线,访问外部存储器时,CPU 自动向 P0 口写入 FFH,使场效应晶体管 VT2 截止。此时,数据信息高阻抗输入,外部数据信息从 P0.×引脚经过输入缓冲器 BUF2 进入内部总线。由此可见,P0 口作为地址/数据线时,具有高电平、低电平和高阻抗三种状态,是双向口。

当 P0 口作为通用 I/O 口使用时,控制信号为低电平,MUX 接锁存器的 $\overline{Q}$ 端,场效应晶体管 VT1 截止。当 P0 口作为输出端口时,如果内部总线输出的是"1",那么 $\overline{Q}$ 端为"0",使场效应晶体管 VT2 截止。由于 P0 口输出为漏极开路,若使 P0.×引脚输出为高电平,P0 口必须外接上拉电阻;当内部总线输出的是"0",那么 $\overline{Q}$ 端为"1",使场效应晶体管 VT2 导通。P0.×输出为"0"。

当 P0 口作为输入端口时,由于该电平信号既加到场效应晶体管 VT2,又加到三态缓冲器 BUF2 上,如果此端口上一个状态输出锁存数据"0",则 VT2 导通,引脚上的电位就被场效应晶体管 VT2 钳在"0"电平上,使输入的"1"无法读入。因此,当 P0 口作为输入端口时,在输入数据前,应先通过内部总线使锁存器 $\overline{Q}$ 端为"0",使 VT2 截止,即 CPU 向锁存器写入"1"。

P0 口的特点如下:
1) P0 口地址为 80H,可以进行位操作。
2) P0 口既可以作为数据/低 8 位地址总线,也可以作为通用 I/O 口使用。
3) P0 口采用漏极开路输出作为通用 I/O 口时,需接上拉电阻,可推动 8 个 LS TTL (Low-power Schottky Transistor Transistor Logic) 电路。
4) P0 口作为输入时,必须将 P0 口锁存器先置 1。

2. P1口

P1口的字节地址为90H,位地址为90H～97H。P1口的位电路结构图如图2-7所示。

P1口的位电路结构主要包括一个数据输出锁存器、两个三态输入缓冲器BUF1和BUF2、一个场效应晶体管VT和一个上拉电阻组成。P1口是一个准双向口,专供用户使用。

P1口的特点如下:

1) P1口只能作为通用I/O口使用。

2) P1口作为输入时,必须先将P1口锁存器置1。

图2-7 P1口的位电路结构图

3) P1口无需接上拉电阻,可以推动4个LSTTL电路。

3. P2口

P2口的字节地址为A0H,位地址为A0H～A7H。P2口的位电路结构图如图2-8所示。

图2-8 P2口的位电路结构图

P2口的位电路结构主要包括一个数据输出锁存器、一个多路转换开关MUX、两个三态输入缓冲器BUF1和BUF2、一个场效应管VT和一个上拉电阻,结构与P0口类似。

P2口可以作为地址线的高8位和通用I/O端口使用。当P2口输出地址时,多路转接开关MUX的一个输入端接"地址"端,P2口作为通用I/O口使用,MUX接$\overline{Q}$端,使输出的数据送到P2的引脚上。由图2-8可知,P2口作为通用I/O口输入时,应对锁存器写入"1",使场效应晶体管VT截止。

P2口的特点如下:

1) P2口可以作为高8位地址线,也可以作为通用I/O口。

2) P2作为通用I/O口作为输出时,由于内部集成了上拉电阻,无需再接上拉电阻,可以推动4个LSTTL电路。

3) P2口作输入时,P2口锁存器必须首先置1。

4. P3口

P3口的字节地址为B0H,位地址为B0H～B7H。P3口的位电路结构图如图2-9所示。

P3口的位电路结构主要包括一个数据输出锁存器、一个多路转换开关MUX、三个三态输入缓冲器、一个场效应晶体管VT、一个上拉电阻及一个与非门。

P3口可以作为通用I/O口使用,但在实际应用中它的第二功能信号更为重要。当输出第

图 2-9　P3 口的位电路结构图

二功能信号时,将锁存器应预先置"1",使与非门对第二功能信号的输出是畅通的,从而实现第二功能信号的输出。对于第二功能为输入信号的引脚,在口线的输入通路上增加了一个缓冲器,输入的信号就从这个缓冲器的输出端取得。当作为通用 I/O 口使用时,电路中的第二输出功能信号线应保持高电平,与非门开通,以维持从锁存器到输出端数据输出通路的畅通。

P3 口的特点如下:

1) P3 口作为第二功能或者作为通用 I/O 口线输入时,必须将锁存器置"1"。如果某些口线不用作第二功能,可以作为通用 I/O 口线使用。

2) P3 口可以驱动 4 个 LSTTL 负载。

2.6　时钟电路及复位电路

计算机的工作在时序脉冲的控制下有条不紊地进行。时钟电路用于产生 AT89S51 单片机工作时所必需的时钟控制信号,使单片机能严格地按时序执行程序。

1. 时钟电路与时序

(1) 时钟电路　常用的时钟电路有两种方式,一种是内部时钟,另一种是外部时钟。

1) 内部时钟　AT89S51 单片机内部有一个用于构成振荡器的高增益反相放大器,该高增益反相放大器的输入端为芯片引脚 XTAL1,输出端为引脚 XTAL2。这两个引脚跨接石英晶体振荡器(简称晶振)和微调电容,构成一个稳定的自激振荡器,图 2-10 所示为 AT89S51 单片机内部时钟电路。

图 2-10　单片机内部时钟电路

电路中的电容 $C1$ 和 $C2$ 典型值约为 30 pF。晶振的振荡频率范围通常在 1.2~12 MHz。晶振的频率越高，则系统的时钟频率也就越高，单片机的运行速度也就越快。但反过来，运行速度快对存储器的速度要求就高，对印制电路板的工艺要求也高，即要求线间的寄生电容要小；晶振和电容应尽可能安装得与单片机芯片靠近，以减少寄生电容，更好地保证振荡器稳定、可靠地工作。为了提高温度稳定性，应采用温度稳定性能好的电容。

AT89S51 单片机常用的晶振的频率为 6 MHz 或 12 MHz，最高频率可达到 33 MHz。

2) 外部时钟。外部时钟方式是使用外部振荡脉冲信号，常用于多片 AT89S51 单片机同时工作，以便于多片 AT89S51 单片机之间的同步，一般为低于 12 MHz 的方波。

外部的时钟源直接接到 XTAL1 端，通过 XTAL1 端输入到片内的时钟发生器上，电路如图 2-11 所示。

图 2-11 外部时钟电路

(2) 时序 单片机执行的指令均是在 CPU 控制器的时序控制电路的控制下进行的，各种时序均与时钟周期有关。

1) 时钟周期。时钟周期也称为振荡周期，是为单片机提供定时信号的振荡源的周期，是单片机的基本时间单位。若时钟晶振的振荡频率为 f_{osc}，则时钟周期为 $1/f_{osc}$。

2) 状态周期。状态周期是 CPU 从一个状态转换到另一状态所需的时间。在 AT89S51 单片机中，一个状态周期由两个时钟周期组成，它分为 P1 节拍和 P2 节拍。

3) 机器周期。CPU 完成一个基本操作所需要的时间称为机器周期。单片机中常把执行一条指令的过程分为几个机器周期。每个机器周期完成一个基本操作，如取指令、读或写数据等。AT89S51 单片机的机器周期与状态周期如图 2-12 所示。由图可知，1 个机器周期由 12 个时钟周期组成，分为 6 个状态：S1~S6，机器周期为 $12/f_{osc}$。

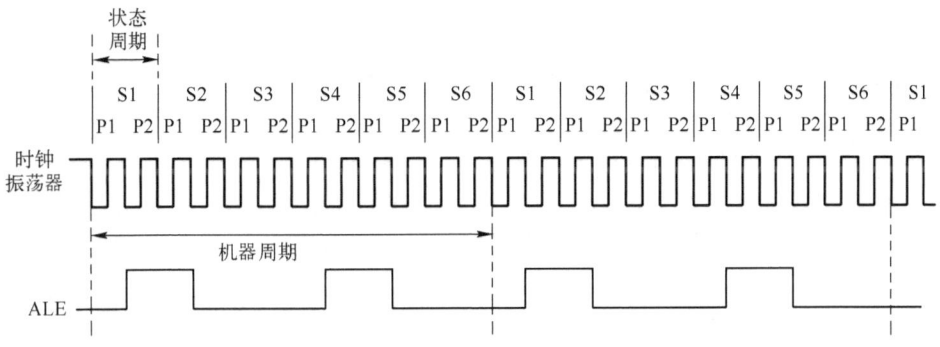

图 2-12 AT89S51 单片机的机器周期与状态周期

4) 指令周期。指令周期是执行一条指令所需的时间。AT89S51 单片机的指令按字节可分为单字节、双字节和三字节指令。因此，执行一条指令的时间也不同。对于简单的单字节指令，取出指令立即执行，只需 1 个机器周期的时间。而有些复杂的指令，如转移、乘、除运算指令则需 2 个或 4 个机器周期。

从指令的执行速度看，单字节和双字节指令一般为单机器周期和双机器周期，三字节指令都是双机器周期，只有乘除指令占用 4 个机器周期。

例如：当振荡脉冲频率 f_{osc} = 12 MHz 时，则时钟周期 = $1/f_{osc}$ = 0.0833 μs，状态周期 = 2 × 时钟周期 = 0.167 μs，机器周期 = 12 × 时钟周期 = 1 μs，指令周期 = (1~4) 机器周期 = 1~4 μs。

2. 复位电路

复位是令单片机初始化的操作,其主要功能是初始化单片机的工作状态。例如,把 PC 的值初始化为 0000H,即(PC)= 0000H,这样,单片机在复位后就从程序存储的 0000H 单元开始执行程序。另外,当程序运行出错或因操作错误而使系统处于死锁状态时,为摆脱困境,也可按复位键来重新初始化单片机。

除程序计数器 PC 初始化外,复位操作还对其他属于片内 RAM 的 SFR 块中的特殊功能寄存器的值有影响,它们的复位初始化状态见表 2-9。

表 2-9 各寄存器的复位初始化状态

寄存器	复位初始化状态	寄存器	复位初始化状态
PC	0000H	TH0	00H
P0 ~ P3	FFH	TH1	00H
SP	07H	AUXR	× × ×00× ×0B
DP0L	00H	SCON	00H
DP0H	00H	SBUF	× × × × × × × ×B
DP1L	00H	AUXR1	× × × × × ×0 B
DP1H	00H	WDTRST	× × × × × × ×B
PCON	0× × ×0000B	IE	0× ×00000B
TCON	00H	IP	× ×000000B
TMOD	00H	PSW	00H
TL0	00H	A	00H
TL1	00H	B	00H

AT89S51 单片机的 RST 引脚(9 脚)是复位信号输入端,高电平有效。在此引脚加上持续时间大于两个机器周期的高电平,就使单片机复位。复位后,单片机从程序存储器 0000H 单元开始执行程序。

复位操作有上电自动复位、按键复位等方式。复位电路如图 2-13、图 2-14 所示。

上电复位电路如图 2-13 所示,是通过外部复位电路的电容充电来实现的,其电路如图 2-13 所示。只要电源 V_{CC} 的上升时间不超过 1ms,就可以实现自动上电复位,即接通电源就完成了系统的复位操作。

图 2-13 上电复位电路

按键复位分为电平方式和脉冲方式两种。其中按键电平复位是通过使复位端经电阻与 V_{CC} 电源接通而实现的,其电路如图 2-14a 所示,对应晶振频率为 6MHz 时,电容的典型值为 10μF。而按键脉冲复位则是利用 RC 微分电路产生的正脉冲而实现的,其电路如图 2-14b 所示,电容 C1 和 C2 的典型值为 22μF。

图 2-14 按键复位电路
a) 电平方式复位电路 b) 脉冲方式复位电路

2.7 AT89S51 单片机的工作方式

1. 低功耗工作方式

AT89S51 单片机提供了两种节电工作方式，即空闲方式和掉电方式，以进一步降低系统的功耗。这种低功耗的工作方式特别适用于采用干电池供电或停电时依靠备用电源供电的单片机应用系统。AT89S51 单片机的后备电源加在引脚 V_{CC} 上。

在空闲方式下，振荡器保持工作，时钟脉冲继续输出到中断、串行口、定时器等功能部件，使它们继续工作，但时钟脉冲不再送到 CPU，因而 CPU 停止工作。在掉电方式下，振荡器停止工作，单片机内部所有的功能部件全部停止工作。

图 2-15 单片机节电工作方式的内部控制电路

单片机的节电工作方式是由特殊功能寄存器 PCON（地址为 87H）控制的，格式见表 2-10。

表 2-10 PCON 各位的定义

D7	D6	D5	D4	D3	D2	D1	D0
SMOD	—	—	—	GF1	GF0	PD	IDL

其中各位的意义如下：

SMOD 为串行口的波特率控制位，SMOD=1 时波特率加倍。

GF1、GF0 为通用标志位，由用户设定其标志意义。

PD 为掉电方式控制位。PD 置 1 后，使器件立即进入掉电方式。

IDL 为空闲方式控制位。IDL 置 1 后，使器件立即进入空闲方式，若 PD 和 IDL 同时置 1，则使器件进入掉电工作方式。

（1）空闲方式的进入　每当 CPU 执行一条将 IDL 位置 1 的指令，就使它进入空闲方式，该指令执行完后，CPU 即停止工作，进入空闲方式。此时中断、串行口、定时器还继续工作，堆栈指针（SP）、程序计数器（PC）、程序状态字（PSW）、累加器（ACC）、片内 RAM 及其他特殊功能寄存器的内容保持不变。

（2）空闲方式的退出　进入空闲方式以后，有两种方法使单片机退出空闲方式。一是被允许的中断源请求中断时，由内部的硬件电路清 0 IDL 位，终止空闲方式，CPU 响应中断，执行中断服务程序，中断处理完以后，从激活空闲方式指令的下一条指令开始执行程序。另一种方法是硬件复位，因为空闲方式时振荡器仍然在工作。所以只需要两个机器周期便可完成复位。RST 引脚上的复位信号直接将 IDL 位清 0，从而使单片机退出空闲方式，CPU 从激活空闲方式指令的下一条指令开始执行程序。

（3）掉电方式的进入　CPU 执行一条将 PD 位置 1 的指令，就使单片机进入掉电工作方式，指令执行完后，便进入掉电方式，单片机内部所有的功能部件都停止工作，内部 RAM 和特殊功能寄存器的内容保持不变，I/O 引脚状态与相关特殊功能寄存器的内容相对应，ALE 和 $\overline{PSEN}$ 为逻辑低电平。

（4）掉电方式的退出　退出掉电方式的唯一方法是硬件复位，复位后单片机内部特殊功能寄存器的内容被初始化，PCON=0，从而退出掉电方式。

2. ISP 编程工作方式

AT89S51 单片机内部有 4 KB 的可快速编程的 Flash 存储阵列。编程方法可通过传统的 EPROM 编程器使用高电压（+12 V）和协调的控制信号进行编程。另外的一种方法是使用 ISP 在线编程。

AT89S51 的代码是逐一字节进行编程的。将 RST 接至 V_{CC}，程序代码存储阵列可通过串行 ISP 接口进行编程，串行接口包含 SCK 线、MOSI（输入）和 MISO（输出）线。将 RST 拉高后，在其他操作前必须发出编程使能指令，编程前需将芯片擦除。芯片擦除能将存储代码阵列全写为 FFH。

外部系统时钟信号需接至 XTAL1 端或在 XTAL1 和 XTAL2 接上晶体振荡器。最高的串行时钟（SCK）不超过 1/16 晶体时钟，当晶体为 33 MHz 时，最大 SCK 频率为 2 MHz。

思考题与习题

一、填空题

1. 如果 PSW=10H，则内部 RAM 工作寄存器区的当前寄存器是第_____组寄存器，8 个寄存器的单元地址为_____～_____。

2. 为寻址程序状态字 F0 位，可使用的地址和符号有_____、_____、_____和_____。

3. 单片机复位后，SP=_____，P0~P3=_____，PC=_____，PSW=

_____，A = _____。

4. AT89S51 单片机的程序存储器的寻址范围是由_____决定的，由于 AT89S51 单片机的 PC 是_____位的，所以最大寻址范围为_____。

5. 写出位地址为 20H 所在的位，字节地址_____。

6. 写出字节地址为 20H 的单元最高位的位地址为_____，最低位的位地址为_____。

7. 如果晶振频率 $f_{osc} = 6$ MHz，则一个时钟周期为_____，一个机器周期为_____。

8. AT89S51 单片机共有_____个特殊功能寄存器。

9. AT89S51 单片机片外数据存储器最多可以扩展_____。

10. 如果 CPU 从片外 ROM 的 0000H 单元开始执行程序，那么$\overline{EA}$引脚应接_____电平。

二、选择题

1. PC 的值是（   ）。
   A. 当前指令前一条指令的地址   B. 当前正在执行指令的地址
   C. 下一条指令的地址   D. 控制器中指令寄存器的地址

2. 对程序计数器 PC 的操作是（   ）。
   A. 自动进行的   B. 通过传送进行
   C. 通过加"1"指令进行的   D. 通过减"1"指令进行

3. 在 AT89S51 单片机中，P0 口作为（   ）。
   A. 数据总线   B. 地址总线
   C. 控制总线   D. 数据总线和地址总线

4. 在 AT89S51 单片机中，（   ）。
   A. 具有独立的专用的地址总线   B. P0 口和 P1 口作为地址总线
   C. P0 口和 P2 口作为地址总线   D. P2 口和 P1 口作为地址总线

三、简答题

1. AT89S51 单片机的$\overline{EA}$引脚有何功能？如果使用片内 ROM，该引脚该如何处理？
2. 什么是指令周期、机器周期和时钟周期？
3. 堆栈的作用是什么？在程序设计时，为什么要对堆栈指针 SP 重新赋值？
4. 单片机复位有几种方法？
5. AT89S51 单片机运行出错或程序陷入死循环时，如何摆脱困境？
6. AT89S51 单片机 P0～P3 口的驱动能力如何？如果想获得较大的驱动能力，应采用低电平输出还是高电平输出？
7. AT89S51 单片机内部 RAM 低 128 单元划分为几个部分？每部分有什么特点？
8. AT89S51 单片机的片内都包含了哪些功能部件？各个功能部件主要的功能是什么？
9. 程序存储器的空间中，有 5 个特殊单元，分别对应 AT89S51 单片机 5 个中断源的入口地址，写出这些单元的地址及对应的中断源。
10. AT89S51 单片机有几个存储器空间？画出它的存储器结构图。
11. 什么是空闲方式？怎样进入和退出空闲方式？
12. 什么是掉电方式？怎样进入和退出掉电方式？
13. AT89S51 单片机的控制信号引脚有哪些？说出其功能。

四、设计题

设计一个电路，使单片机的 P0 口能驱动 8 只发光二极管。

第3章　51系列单片机的指令系统

【知识目标】

1. 掌握 AT89S51 单片机指令系统的指令格式和常用符号含义。
2. 掌握 AT89S51 单片机指令的寻址方式。
3. 熟练掌握 AT89S51 单片机的指令系统。

【技能目标】

1. 熟练使用 AT89S51 单片机指令。
2. 学会使用不同的寻址方式来访问各个存储空间。
3. 熟悉 Keil 软件和程序调试。
4. 熟悉 Proteus 软件环境,并能使用 Proteus 软件设计简单电路。

指令是供用户使用的单片机的软件资源,是计算机用于控制各功能部件以完成某一指定动作的指示和命令。指令系统是单片机生产厂家定义的、用户必须遵循的标准。AT89S51 单片机的指令系统与 MCS–51 系列单片机的指令完全兼容。

3.1　单片机指令概述

单片机指令使用英文名称或缩写形式作为助记符,以助记符、符号地址、标号等书写程序的语言称为汇编语言。

1. 指令格式

MCS–51 系列单片机的基本指令共 111 条,按照指令在程序存储器所占的字节可以分为单字节指令、双字节指令和三字节指令。其中单字节指令 49 条,双字节指令 45 条,三字节指令 17 条。

MCS–51 系列单片机指令的格式为

　　　　[标号:] <操作码>　[操作数] [;注释]

通常,一条指令由两部分组成,即操作码和操作数。操作码用来规定指令进行什么操作,操作数则规定指令操作的对象。但有时为了说明本条语句的地址,可以加入标号,代表该语句指令代码第一个字节地址,同时为了编写和阅读方便,程序加入了注释。

2. 常用符号

MCS–51 系列单片机指令系统中,除操作码是使用助记符,操作数中使用了一些符号,这些符号的含义归纳如下:

1) Rn:当前工作寄存器组的 8 个通用寄存器 R0 ~ R7,$n=0 \sim 7$。
2) Ri:当前工作寄存器组的可用作间接寻址的寄存器 R0、R1 ($i=0,1$)。

3) direct：8 位直接地址，实际使用时，direct 可以是 00H ~ 7FH 中的一个，也可以是特殊功能寄存器 SFR 中的一个。

4) #data8：8 位立即数。

5) #data16：16 位立即数。

6) addr16：16 位目的地址，只限于在 LCALL 和 LJMP 指令中使用。

7) addr11：11 位目的地址，只限于在 ACALL 和 AJMP 指令中使用。

8) rel：相对转移指令中的偏移量，为 8 位的带符号补码数，取值范围为 -128 ~ +127。

9) DPTR：数据指针，可用于 16 位的地址寄存器。

10) bit：内部 RAM 或特殊功能寄存器中的直接寻址位。

11) C 或 CY：进位标志位或位累加器。

12) A：累加器 A。

13) B：寄存器 B。

14) @：间接寻址寄存器的前缀。

15) (X)：某寄存器或单元的内容。

16) ((X))：由 X 间接寻址的单元中的内容。

17) $：本条指令的起始地址。

18) ←：箭头左边的内容被右边的内容所取代。

19) ↔：箭头两边的内容互换。

3.2 指令系统的寻址方式

指令中说明操作数所在地址的方法就是寻址方式。MCS-51 系列单片机的指令系统有 7 种寻址方式。

1. 寄存器寻址方式

寄存器寻址方式就是操作数在寄存器中，因此指定了寄存器也就得到操作数。实现寄存器寻址方式的寄存器有 R0 ~ R7、A、B 和 DPTR 等。例如：

  MOV A,R2 ;将寄存器 R2 中的数据传送到累加器 A 中

因为操作数在 R2 中，因此在指令中指定了 R2，就能从中得到操作数，所以寻址方式是寄存器寻址。

2. 直接寻址方式

直接寻址方式是指操作数直接以单元地址的形式给出，即操作数在指令中以存储单元的形式出现。由于直接寻址方式只能使用 8 位二进制数表示的地址，所以直接寻址方式的范围为内部 RAM 的低 128 单元和特殊功能寄存器。例如：

  MOV A,30H ;将内部 RAM 30H 中的数据传送给累加器 A

注意：累加器 A 可以写为 ACC，若写成 ACC，寻址方式为直接寻址。例如：

  MOV R0,ACC

3. 寄存器间接寻址方式

寄存器间接寻址方式是指寄存器中存放的是操作数的地址，即先从寄存器中得到操作数的

地址，然后按照该地址找到操作数，因此称之为寄存器间接寻址。为了与寄存器寻址方式区别，在寄存器间接寻址方式中，在寄存器的名称前面加前缀"@"。例如：

  MOV A,@R0

若(R0)=20H，(20H)=30H，这条指令的功能是将以R0寄存器的内容20H为地址，把该地址单元的内容送至累加器A，其功能示意图如图3-1所示。

寄存器间接寻址的范围如下：@Ri用于对片内RAM的寻址，也可以对片外RAM寻址，地址范围为00H~FFH；@DPTR的寻址范围可以覆盖片外RAM的全部64KB区域；堆栈操作指令PUSH和POP，是以堆栈指针SP作为间接寻址寄存器的间接寻址方式。

4. 立即寻址方式

立即寻址方式是指操作数在指令中直接给出，通常将此操作数称为立即数，"#"是立即寻址的标记。例如：

  MOV A,#20H   ;将立即数20H传送到累加器A中
  MOV DPTR,#2000H ;将16位立即数2000H传送到数据指针DPTR中

5. 变址寻址方式

变址寻址方式是为了访问程序存储器中的数据表格，变址寻址是将DPTR或PC作为基地址寄存器，预先存放操作数的基地址，累加器A作为基地址的偏移量即变址寄存器，累加器A中也应预先存放有被寻址操作数地址对基地址的偏移量，在指令执行时，单片机将基地址和偏移量相加所得到的16位地址作为操作数的地址，以达到访问数据表格的目的。例如：

  MOVC A,@A+DPTR

若指令执行前，(A)=20H，(DPTR)=1000H，将DPTR和A的内容相加作为操作数的存储单元的地址，将1020H单元的内容30H传送给累加器A，指令执行后累加器A中的内容为30H。其功能示意图如图3-2所示。

图3-1 寄存器间接寻址示意图

图3-2 变址寻址示意图

注意：

① 变址寻址方式是访问程序存储器ROM中数据的唯一的寻址方式，寻址范围可达到64KB。

② 变址寻址方式的指令只用3条：

  MOVC A,@A+DPTR
  MOVC A,@A+PC
  JMP A,@A+DPTR

其中前两条是访问程序存储器指令，后一条是无条件转移指令。

③ 变址寻址方式用于查表操作，而数据表是建立在程序存储器ROM中。

6. 相对寻址方式

前面的寻址方式主要是解决操作数的给出，而相对寻址方式则是为了解决程序转移的问题，为转移指令所采用。例如：

  SJMP rel

在相对寻址的转移指令中，给出了地址偏移量，用"rel"表示，把 PC 的当前值加上偏移量就构成了程序转移的目的地址，此处的 PC 当前值是指执行完转移指令后的 PC 值，也就是转移指令的 PC 值加上它的字节数。因此转移的目的地址可以表示为

  目的地址 = 转移指令地址 + 转移指令字节数 + rel

偏移量 rel 是 1 个有符号的 8 位二进制补码数，表示的数的范围是 -128 ~ +127，因此相对转移是以转移指令所在地址为基点，向地址增加方向最大可转移（+127 转移指令字节数）个单元地址，向地址减少方向最大可转移（-128 转移指令字节数）个单元地址。但是为了程序设计的方便，在程序中相对地址偏移量常常使用标号表示。

7. 位寻址方式

在单片机系统中，操作数不仅可以以字节为单位进行操作，同时也可以按位进行操作。当把 8 位二进制数的某一位作为操作数时，把这一位的地址称作位地址，对位地址寻址称作位寻址。

位寻址的范围为：内部 RAM 的位寻址区和特殊功能寄存器的可寻址位。例如：

  MOVC,0D5H ;将 0D5H 的位状态传送给位累加器 C

寻址位在指令中的表示方法有如下 4 种表示方法：

1) 直接使用位地址。例如此例中的 0D5H。
2) 位名称表示方法。例如 PSW 寄存器位 5 是 F0 标志位，也可以使用 F0 表示。
3) 单元地址加位数的表示方法。例如 PSW 寄存器的单元地址是 0D0H，所以 PSW 寄存器位 5 也可以表示成 0D0H.5。
4) 专用寄存器符号加位数的表示方法。例如 PSW 寄存器位 5 也可以表示成 PSW.5。

以上是 MCS-51 系列单片机的 7 种寻址方式，概括起来见表 3-1。

表 3-1 寻址方式及对应的寻址空间

序 号	寻 址 方 式	寻 址 空 间
1	寄存器寻址	工作寄存器区、部分特殊功能寄存器
2	直接寻址	片内 RAM 低 128 B、特殊功能寄存器
3	寄存器间接寻址	片内 RAM、片外数据存储器
4	立即寻址	
5	变址寻址	程序存储器
6	相对寻址	程序存储器
7	位寻址	位寻址区、SFR 中的可寻址位

3.3 指令系统的分类介绍

MCS-51 系列单片机指令系统由 111 条指令组成。按功能可以分为：

1）数据传送类指令（28 条）。
2）算术运算类指令（24 条）。
3）逻辑运算及移位类指令（25 条）。
4）控制转移类指令（17 条）。
5）位操作类指令（17 条）。

3.3.1 数据传送类指令

数据传送是指将源地址单元中的数据传送到目的地址单元中，且源地址单元中的数据保持不变，或者源地址单元中的数据与目的地址单元中的数据互换。

数据传送操作可以在片内 RAM 和 SFR 内进行，也可以在累加器 A 和片外数据存储器之间进行，以及读取程序存储器 ROM 中的数据的操作。在这类指令中，除了以累加器 A 为目的地址的操作会对奇偶标志位 P 有影响，其余指令执行时不会影响任何标志位。

1. 内部数据传送指令

数据在单片机内部传送是最频繁的操作，相关的指令也最多，包括寄存器、累加器、RAM 单元以及工作寄存器之间的数据传送。指令的通用格式为

  MOV ＜目的操作数＞,＜源操作数＞

指令的功能是把源操作数传送到目的操作数，源操作数不变，目的操作数修改为源操作数。因此这类指令的功能是"复制"。

（1）以累加器 A 为目的操作数的指令

  MOV A,Rn ;A←(Rn)
  MOV A, direct   ;A←(direct)
  MOV A,@Ri ;A←((Ri))
  MOV A,#data   ;A←data

这类指令的功能是将源操作数的内容送给累加器 A，源操作数可以是寄存器寻址、直接寻址、寄存器间接寻址和立即寻址。例如：

  MOV A,@R0

如果指令执行前，(R0)=30H，(30H)=00H，则指令执行后累加器 A 中的内容为 00H。

（2）以寄存器 Rn 为目的操作数的指令

  MOV Rn,A   ; Rn←(A)
  MOV Rn,direct   ; Rn←(direct)
  MOV Rn,#data   ; Rn←data

这类指令的功能是将源操作数的内容送到单片机当前一组工作寄存器区的 R0～R7 中的某个工作寄存器中。

（3）以直接地址位为目的操作数的指令

  MOV direct,A   ;direct←(A)
  MOV direct,Rn ;direct←(Rn)
  MOV direct1,direct2 ;direct1←(direct2)
  MOV direct,@Ri ;direct←((Ri))

MOV   direct,#data   ;direct←data

这类指令的功能是将累加器 A、内部 RAM 以及立即数传送到内部 RAM 中，源操作数的寻址方式可以是寄存器寻址、直接寻址、寄存器间接寻址和立即寻址。例如：

MOV   R1,#20H
MOV   20H,#0FFH
MOV   A,@R1
MOV   30H,A
MOV   50H,30H

上述指令顺序执行后，（R1）= 20H，（20H）= 0FFH，（A）= 0FFH，（30H）= 0FFH，（50H）= 0FFH。

（4）以间接地址为目的操作数的指令

MOV   @Ri,A   ;(Ri)←(A)
MOV   @Ri,direct   ;(Ri)←(direct)
MOV   @Ri,#data   ;(Ri)←data

这类指令的功能是将累加器 A、内部 RAM 以及立即数传送到 Ri 间接寻址的内部数据存储器中，源操作数的寻址方式可以是寄存器寻址、直接寻址和立即寻址。例如：

MOV   A,#00H
MOV   R0,#20H
MOV   @R0,A

上述指令顺序执行后，（A）= 00H，（R0）= 20H，（20H）= 00H。

上述 15 条指令可以总结为图 3-3 所示的传递关系，图中箭头表示数据传送方向。

图 3-3 MOV 指令在内部存储器操作示意图

在使用上述编程指令时有如下几点注意事项：

1）每条指令的格式和功能都是单片机的制造商已经确定的，不能根据主观意愿去"创造"指令。例如 MOV R7, R1 指令是非法的。

2）以累加器 A 为目的寄存器的传送指令会影响 PSW 中的奇偶标志位 P，而其余的指令对 PSW 均无影响。

3）注意给程序进行适当的注释，这对于阅读、编写和修改程序都是非常重要的。例如：

MOV   A,#30H   ;A←30H
MOV   30H,#00H   ;(30H)←00H
MOV   R0,A   ;R0←30H

4）设计程序有多种方法，有些是合理的，而有些是不合理的，在编写程序时要养成编写合理合法程序的习惯。

2. 外部数据传送指令

（1）16 位数传指令　在 MCS – 51 指令系统中唯一的一条 16 位数传指令，格式如下：

  MOV DPTR,#data16 ;DPTR←data16

这条功能是将 16 位立即数送给 DPTR，即立即数的高 8 位送给 DPH，立即数的低 8 位送给 DPL。DPTR 是一个专门用于访问外部存储器的间接寻址寄存器，寻址能力为 64 KB（0 ~ 65 535 B）。例如：

  MOV DPTR,#2000H

指令执行后，(DPH) = 20H，(DPL) = 00H。

（2）累加器 A 与外部 RAM 的字节传送指令

  MOVX A,@Ri ;A←((Ri))
  MOVX @Ri,A   ;(Ri)←(A)
  MOVX A,@DPTR ;A←((DPTR))
  MOVX @DPTR,A ;(DPTR)←(A)

这类指令实现的是累加器 A 与外部 RAM 之间数据的传送，执行这类指令时，P0 口做低 8 位的地址总线和数据总线，P2 口做高 8 位的地址总线。前两条指令访问的地址范围是外部 RAM 每页的 00H ~ 0FFH，后两条指令访问的地址范围是外部 RAM 0000H ~ FFFFH。

【例 3-1】 将外部 RAM 中 2000H 单元中的数据 X 传送到外部 RAM 中 30H 单元。

解：外部 RAM 中的数据是不能直接传送的，必须经过累加器 A，对应的程序为

  MOV DPTR,#2000H ;DPTR←2000H
  MOV R0,#30H   ;R0←30H
  MOVX A,@DPTR   ;A←X
  MOVX @R0,A   ;30H←X

（3）累加器 A 与 ROM 的字节传送指令　这类指令主要用于查表，因而又称为查表指令。这类指令仅有两条，均属于变址寻址的方式。指令格式为

  MOVC A,@A + DPTR ;A←(A + DPTR)
  MOVC A,@A + PC   ;PC←PC + 1,A←(A + PC)

这类指令的助记符是"MOVC"，指令功能是将 A 和 DPTR 或 PC 相加，得到 16 位地址作为操作数的地址，把程序存储器（ROM）中的所对应的地址单元中的数据送入累加器 A 中。这是访问程序存储器（ROM）中数据的唯一的方法。

第一条指令用 DPTR 作为基地址。使用前先将数据表的首地址送入 DPTR 中，累加器 A 的内容作为查表偏移量。两者相加得到表中数据地址并取出送给累加器 A。由于用户可以很方便地将任意一个 16 位地址送入 DPTR，因此数据表可以放在 ROM 的 64 KB 的任何一个子域。

第二条指令是以程序计数器 PC 为基地址。由于 PC 的内容与该指令在 ROM 中的位置有关，并且 PC 的值是不能随便修改的，所以选择 PC 作基地址时，一般要通过累加器 A 进行

"查表修正"。

【例3-2】已知累加器 A 中存有 0～9 范围内的数，试用查表指令编写出查找出该数二次方的程序。

解：既然要进行查表，首先必须确定一张 0～9 二次方值的表，假设该表的起始地址为 ROM 的 1000H 单元，则相对应的二次方值函数表如图 3-4 所示，由二次方值函数表可以看出累加器 A 中的数恰好等于该数的二次方值对表起始地址的偏移量。例如，4 的二次方值为 16，16 的地址为 1004H，它对 1004H 的地址偏移量也为 4，采用 DPTR 作为基址寄存器，只要将首地址 1000H 送入 DPTR 就可以，查表程序如下：

```
MOV    DPTR,#1000H      ;指针赋值
MOVC   A,@A+DPTR        ;得到的二次方值送给累加器 A
```

地址	值
1000H	0
1001H	1
1002H	4
1003H	9
1004H	16
1005H	25
1006H	36
1007H	49
1008H	64
1009H	81

图 3-4　0～9 二次方值表

3. 堆栈操作指令

堆栈指一个用来保存程序断点、数据的存储区域。在 MCS-51 单片机中，栈区可以使用片内 RAM 的任意位置，具体位置由指针 SP 来确定（系统上电时，SP=07H）。

堆栈操作指令是一种特殊的数据操作指令。这类指令有两条：

```
PUSH  direct        ;SP←SP+1,(SP)←(direct)
POP   direct        ;((SP))→direct, SP←SP-1
```

第一条指令称为压栈指令，用于把 direct 为地址的操作数传送到堆栈中。这条指令执行时分为两步：先将 SP 栈顶地址加 1，使之指向堆栈的新的栈顶单元，然后把 direct 中的操作数压入由 SP 指示的栈顶单元。

第二条指令称为弹出指令，是把堆栈中的操作数传送到 direct 单元。指令执行时首先把 SP 所指的栈顶单元中的操作数弹到 direct 单元，然后再将 SP 中的原栈顶地址减 1，指向新的栈顶。

设片内 RAM 的 20H 单元存有 x，40H 单元存有 y。堆栈变化示意图如图 3-5 所示。

```
PUSH   20H          ;x 进栈
PUSH   40H          ;y 进栈
POP    20H          ;y 送 20H 单元
POP    40H          ;x 送 40H 单元
```

上述指令顺序执行后，(20H)=y，(40H)=x。因此堆栈操作指令除了对程序的数据进行保护，还可以根据堆栈操作的特点完成一些特殊的操作。

4. 数据交换指令

数据交换主要在内部 RAM 单元与累加器 A 之间进行。

（1）整字节交换指令

```
XCH    A,Rn         ;(A)↔Rn
XCH    A,@Ri        ;(A)↔@Ri
XCH    A,direct     ;(A)↔(direct)
```

这类指令的功能是将累加器 A 中的数据与源操作数进行互相交换。

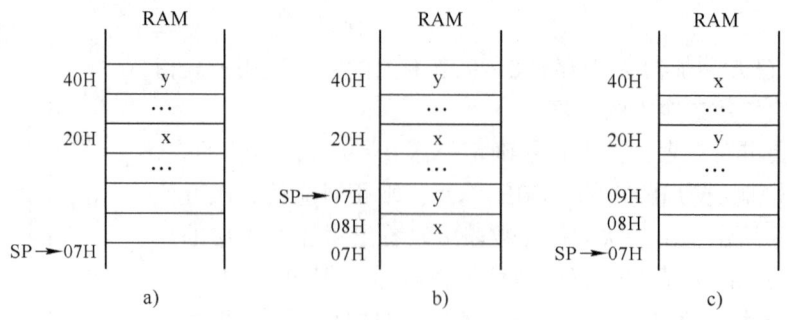

图 3-5 堆栈变化示意图

a) 压入 x、y 两数前的堆栈 b) 压入 x、y 两数后的堆栈 c) 弹出 x、y 两数后的堆栈

(2) 半字节交换指令

    XCHD A,@Ri ;(A)$_{3\sim0}$↔((Ri))$_{3\sim0}$

源操作数与累加器 A 低 4 位的半字节进行互相交换。

(3) 累加器 A 高低半字节交换指令

    SWAP A   ;(A)$_{3\sim0}$↔(A)$_{7\sim4}$

指令功能是将累加器 A 中高、低 4 位进行互相交换。

【例 3-3】将内部 RAM 10H 单元的内容与累加器 A 中的内容互换后，再将累加器 A 的高 4 位存入内部 RAM 中 R1 间接寻址单元的低 4 位，A 的低 4 位存入内部 RAM 中 R1 间接寻址单元的高 4 位。

解：其指令为

    XCH   A,10H   ;(A)↔(10H)
    SWAP   A   ;(A)$_{3\sim0}$↔(A)$_{7\sim4}$
    MOV   @R1,A   ;(R1)←(A)

【例 3-4】电路如图 3-6 所示，读取 P1 口连接的波动开关的状态，点亮 P2 口对应的发光二极管。

图 3-6 例 3-4 电路图

解：首先要读取 P1.0～P1.3 的状态，然后把读取的状态值进行高低半交换后，送 P2 口显示。程序如下：

```
MOV    P1,#0FFH        ;将 P1 口锁存器置 1
MOV    A,P1            ;读取 P1 口状态
SWAP   A               ;高低半交换
MOV    P2,A            ;送入 P2 口显示
```

3.3.2 算术运算类指令

MCS-51 系列单片机的算术运算类指令共有 24 条，包括加法、减法、乘法、除法和十进制调整等操作指令。这类指令中，大多数都要用累加器 A 来存放源操作数，另一个操作数是工作寄存器 Rn、片内 RAM 单元或立即数。执行指令时，CPU 总是将源操作数与累加器 A 中的操作数进行相应操作，然后将结果保留在累加器 A 中，同时会影响程序状态字 PSW 中的溢出标志 OV、进位标志 CY、辅助进位标志 AC 和奇偶标志位 P。

1. 不带进位的加法指令

```
ADD    A,#data         ;A←(A)+data
ADD    A,direct        ;A←(A)+(direct)
ADD    A,Rn            ;A←(A)+(Rn)
ADD    A,@Ri           ;A←(A)+((Ri))
```

这组指令的功能是将累加器 A 中的内容与源操作数相加，并把运算结果保存在累加器 A 中。同时影响程序状态字 PSW 的 CY、AC、OV 和 P 的状态。具体如下：

如果位 3 有进位，则辅助进位标志位 AC 置 1，反之，AC 清 0；

如果位 7 有进位，则进位标志位 CY 置 1，反之，CY 清 0；

如果位 6 有进位而位 7 没有进位或者位 7 有进位而位 6 没有进位，则溢出标志位 OV 置 1，反之，OV 清 0；

如果指令执行后累加器 A 中的数据 "1" 的个数为奇数，则奇偶标志位 P 置 1，反之，P 清 0。

例如：

```
MOV    A,#19H          ;A←19H
ADD    A,#66H          ;A←(A)+66H
```

上述程序，第一条为数据传送指令，给累加器 A 赋值；第二条指令是加法指令，将累加器 A 中的数据与 66H 相加，结果送回累加器 A 中。对应的竖式表示为

```
    19H        A=0 0 0 1 1 0 0 1 B
 +  66H     data=0 1 1 0 0 1 1 0 B
    ───        ───────────────────
    7FH        0   0 1 1 1 1 1 1 1 B
```

由竖式可知，程序执行后，(A)=07FH，CY=0，AC=0，OV=0，P=1。

这组指令使用时应注意：参加运算的数据都应当是 8 位的，结果也是 8 位并影响 PSW；根据编程者的需要，8 位数据可以是无符号数 (0～255)，也可以是有符号数 (-128～+127)。但是不论编程者认为是有符号数还是无符号数，CPU 都将把它们视为有符号数（补码）进行运算并影响 PSW。

2. 带进位的加法指令

```
ADDC   A,#data          ;A←(A)+data+CY
ADDC   A,direct         ;A←(A)+(direct)+CY
ADDC   A,Rn             ;A←(A)+(Rn)+CY
ADDC   A,@Ri            ;A←(A)+((Ri))+CY
```

这组指令是将累加器 A 中的操作数、源操作数和 CY 中的值相加，将结果保存在累加器 A 中。这里所指的 CY 的值是指令执行前的 CY 值，与指令执行后的 CY 值无关。PSW 中其他各标志位状态变化与不带 CY 的加法指令相同。

3. 加 1 指令

```
INC   A                 ;A←(A)+1
INC   Rn                ;Rn←(Rn)+1
INC   direct            ;direct←(direct)+1
INC   @Ri               ;(Ri)←((Ri))+1
INC   DPTR              ;DPTR←(DPTR)+1
```

这组指令的功能是将源操作数内容加 1 后将结果送回原单元。除了第一条对 PSW 的 P 有影响外，其余指令对 PSW 均无影响。这组指令常用于控制、循环语句中修改数据指针等。

4. 带借位的减法指令

```
SUBB   A,#data          ;A←(A)-data-CY
SUBB   A,direct         ;A←(A)-(direct)-CY
SUBB   A,Rn             ;A←(A)-(Rn)-CY
SUBB   A,@Ri            ;A←(A)-((Ri))-CY
```

这组指令的功能是将累加器 A 中的内容减去源操作数以及指令执行前的 CY 值，然后把结果保存在累加器 A 中。在这组指令中无论相减两数是无符号数还是有符号数，减法操作总是按有符号数来处理，同时影响 PSW 中相关的标志位。

在 MCS-51 的指令系统中没有不带借位的减法，即不带 CY 的指令是非法指令，但是可以使用合法的指令来替代，只要在使用 SUBB 指令前必须使用一条清除借位的指令：

```
CLR C
```

【例 3-5】试分析执行下列指令后累加器 A 和 PSW 中各标志位的变化。

解：

```
CLR   C
MOV   A,#52H
SUBB  A,#0B4H
```

对应的竖式表示为

$$
\begin{array}{r}
a=01010010B \\
-)\quad data=10110100B \\
\hline
110011110B
\end{array}
$$

由此可以得出，(A) = 9EH，CY = 1，AC = 1，OV = 1，P = 1。

5. 减 1 指令

```
DEC   A                 ;A←(A)-1
```

```
DEC    Rn                    ;Rn←(Rn)−1
DEC    direct                ;direct←(direct)−1
DEC    @Ri                   ;(Ri)←((Ri))−1
```

这组指令的功能是将源操作数的内容减1,然后将运算结果送回原单元。仅有 DEC A 这条指令影响 PSW 中的 P 标志位。本条指令主要用于在循环语句中修改数据指针。但要注意,减1指令中没有 DPTR 的减1指令。

6. 十进制调整指令

```
DA    A           ;若 AC=1 或 A₃₋₀ >9,则 A←(A)+06H
                  若 CY=1 或 A₇₋₄ >9,则 A←(A)+60H
```

这条指令使用时通常紧跟在加法指令之后,用于对执行加法后累加器 A 中的操作结果进行十进制调整。该指令的功能为:若在加法过程中低4位向高4位有进位或累加器 A 中低4位大于9,则累加器 A 加上6调整;若在加法过程中最高位有进位或累加器 A 中高4位大于9,则累加器 A 加上60H 调整。十进制调整是由硬件自动完成,结果存在累加器 A 中,指令执行时仅对进位位 CY 产生影响。

```
MOV   A,#85H              ;A←85H
ADD   A,#59H              ;A←85H+59H=0DEH
DA    A                   ;A←44H,CY=1
```

运算过程如下:

```
      85        A=     10000101B
+)    59        data=  01011001B
     ───        ──    ──────────
     144         0     11011110B
                       0110B            低4位>9,加6调整
                      ──────────
                       11100100B
                       0110             高4位>9,加60H调整
                      ──────────
                    1  01000100B
```

显然,CY=1,A=44H,即操作结果为144。

7. 乘法指令

```
MUL   AB          ;BA←A×B,影响标志位
```

该条指令的功能是将累加器 A 和寄存器 B 中的两个8位无符号整数相乘,并把乘积的高8位放在 B 寄存器中,低8位放在累加器 A 中。该指令执行过程中对 CY、OV 和 P 三个标志位产生影响。其中,CY 被清0,OV 用来表示乘积的大小,若乘积大于255,即 B>0,则 OV=1,否则 OV=0。P 仍是由累加器 A 中1的个数的奇偶性确定。

8. 除法指令

```
DIV   AB          ;A/B=A……B,影响标志位
```

该条指令的功能是把累加器 A 中的8位无符号数除以寄存器 B 中的8位无符号数,所得的商的整数部分放在累加器 A 中,余数保留在寄存器 B 中。该指令对 CY 和 P 标志位的影响与乘法相同。指令执行过程中若 CPU 发现寄存器 B 中的除数为0,则 OV 被置1,表示除法是没有意义的;其余情况下 OV 为0。

【例3-6】 试编程实现1234H+5678H,将结果保存在内部 RAM 30H 和31H 单元中(高位

放在 30H 单元中)。

解：其程序段如下：

MOV	A,#34H	;A←34H
ADD	A,#78H	;A←34H+78H
MOV	31H,A	;31H←(A)
MOV	A,#12H	;A←12H
ADDC	A,#56H	;A←12H+56H+CY
MOV	30H,A	;30H←(A)

【例 3-7】 已知两个 8 位无符号数分别存放在内部数据存储器 30H 和 31H 单元中。试编写程序，将它们乘积的低 8 位放入 32H 单元、乘积的高 8 位放入 33H 单元。

解：其程序段如下：

MOV	R0,#30H	;R0←第一个乘数的地址
MOV	A,@R0	;A←乘数
INC	R0	;R0←第二个乘数的地址
MOV	B,@R0	;B←第二个乘数
MUL	AB	;BA←A×B
INC	R0	;修改目标单元地址
MOV	@R0,A	;32H←积的低 8 位
INC	R0	;修改目标单元地址
MOV	@R0,B	;32H←积的高 8 位

3.3.3 逻辑运算及移位类指令

MCS-51 系列单片机逻辑运算及移位类指令共有 24 条，包括逻辑与、逻辑或、逻辑异或、清零、取反、左移、右移等指令。在这类指令中，仅当目的操作数为累加器 A 时对奇偶标志位 P 有影响，其余指令均不影响 PSW 的状态。

1. 逻辑与运算指令

ANL	A,Rn	;A←(A)∧(Rn)
ANL	A,direct	;A←(A)∧(direct)
ANL	A,@Ri	;A←(A)∧((Ri))
ANL	A,#data	;A←(A)∧data
ANL	direct,A	;direct←(direct)∧(A)
ANL	direct,#data	;direct←(direct)∧data

这组指令的前 4 条指令以累加器 A 为目的操作数，指令的功能是将累加器 A 和源操作数按位进行逻辑与运算，并把操作结果送回累加器 A；后两条指令的目的操作数是直接寻址的地址单元，指令的功能是把直接地址单元的内容和源操作数按位进行逻辑与运算，并把操作结果送入直接寻址的地址单元中。

逻辑与指令通常用于将一个字节中的指定位清 0，其余位不变。

【例 3-8】 已知 R0=20H，(20H)=55H，(A)=0FH，执行指令 ANL A,@R0 后累加器 A 和 20H 单元中的内容是什么？

解：

$$\begin{array}{r} ((R0))\quad 0\;1\;0\;1\;0\;1\;0\;1\;B \\ \wedge\quad (A)\quad 0\;0\;0\;0\;1\;1\;1\;1\;B \\ \hline A\quad 0\;0\;0\;0\;0\;1\;0\;1\;B \end{array}$$

指令执行后，(20H) = 55H，(A) = 05H。

2. 逻辑或运算指令

```
ORL   A,Rn            ;A←(A)∨(Rn)
ORL   A,direct        ;A←(A)∨(direct)
ORL   A,@Ri           ;A←(A)∨((Ri))
ORL   A,#data         ;A←(A)∨data
ORL   direct,A        ;direct←(direct)∨(A)
ORL   direct,#data    ;direct←(direct)∨data
```

这组指令和逻辑与指令类似，不同的是指令执行的是逻辑或操作。逻辑或指令主要是对某个存储单元或累加器 A 中数据进行指定位置 1 操作，其余位不变。

3. 逻辑异或运算指令

逻辑异或运算的符号是"$\oplus$"，运算规则为

$0\oplus 0 = 0$，$1\oplus 1 = 0$，$0\oplus 1 = 1$，$1\oplus 0 = 1$

逻辑异或运算指令为

```
XRL   A,Rn            ;A←(A)⊕(Rn)
XRL   A,direct        ;A←(A)⊕(direct)
XRL   A,@Ri           ;A←(A)⊕((Ri))
XRL   A,#data         ;A←(A)⊕data
XRL   direct,A        ;direct←(direct)⊕(A)
XRL   direct,#data    ;direct←(direct)⊕data
```

这类指令和前两类指令相似，只是进行的操作是逻辑异或操作。逻辑异或指令也可以用来对某个存储单元或累加器 A 中的数据进行变换，使其中的指定的某些位取反，其余位不变。

4. 累加器清 0 指令

```
CLR   A      ;A←0
```

5. 累加器取反指令

```
CPL   A      ;A←A 中的数据按位取反
```

6. 移位指令

```
RL  A   ;将累加器 A 中的内容左移一位
```

$$\boxed{A7 \leftarrow A0}$$

```
RR  A   ;将累加器 A 中的内容右移一位
```

$$\boxed{A7 \rightarrow A0}$$

```
RLC A   ;将累加器 A 的内容连同进位位左移一位
```

$$\boxed{CY} \leftarrow \boxed{A7 \leftarrow A0}$$

```
RRC    A        ;将累加器 A 的内容连同进位位右移一位
```

```
         ┌──────────────────────────┐
         └──→  CY  ←  A7  ←  A0 ──┘
```

【例 3-9】 设累加器 A = 0AAH，P1 = 0FFH。试编程将累加器 A 中的低 4 位送 P1 口的低 4 位，而 P1 口的高 4 位不变。

```
解：MOV     R0,A          ;累加器 A 中的数据暂存
    ANL     A,#0FH        ;屏蔽高 4 位，保留低 4 位
    ANL     P1,#0F0H      ;屏蔽 P1 口的低 4 位
    ORL     P1,A          ;在 P1 口组装
    MOV     A,R0          ;恢复累加器 A 的数据
```

3.3.4 控制转移类指令

1. 无条件转移指令

（1）绝对转移指令

```
AJMP addr11 ;PC←PC + 2,PC_{10~0}←addr11
```

这条指令执行时，先将 PC 加 2，然后把 addr11 送入 $PC_{10\sim0}$，$PC_{15\sim11}$ 保持不变，显然，这是 2 KB 范围内的无条件转移指令，如图 3-7 所示。AJMP 指令把单片机的 64 KB 程序存储器空间划分为 32 个区，每个区为 2 KB。AJMP 指令的目标地址应该与 AJMP 指令取出后的 PC 地址在同一个 2 KB 区域。例如，若 AJMP 指令地址为 2FFEH，则 PC + 2 = 3000H，因此目标转移地址必须在 3000H ~ 37FFH 这个 2 KB 区域内。在编写程序时，addr11 常采用符号地址表示。

（2）长转移指令

```
LJMP addr16     ;PC16←addr16
```

长转移指令的功能是将指令码中的 addr16 送入程序计数器 PC，使机器无条件转移到 addr16 处执行程序。由于 addr16 是 16 位二进制数，因此本条指令的转移范围是 64 KB，如图 3-8 所示。为了使程序容易编写，addr16 常采用符号地址。

（3）短转移指令

```
SJMP    rel;PC←PC + 2,PC←PC + rel
```

本条指令的功能是将 PC 加 2 后，把偏移量 rel 加到 PC 上，计算出目标地址。由于指令中的 rel 是一个有符号的 8 位二进制数，取值范围为 -128 ~ +127，因此转移地址范围为 256B，如图 3-9 所示。

图 3-7 AJMP 转移指令示意图   图 3-8 LJMP 转移指令示意图   图 3-9 SJMP 转移指令示意图

(4) 变址寻址转移指令

  JMP @A+DPTR; PC←A+DPTR

本条指令执行时，单片机把 DPTR 中的基地址和累加器 A 中的地址偏移量相加，形成目标转移地址送给程序计数器 PC。

通常，DPTR 中的基地址是一个确定的值，通常是一张转移指令表的起始地址，累加器 A 中的值为表的偏移量地址，机器通过变址转移指令便可实现程序的分支转移。

2. 条件转移指令

这类指令在执行过程中需要判断条件是否满足，然后决定是否转移的指令。当条件满足时，程序转移；不满足时，程序顺序执行。条件转移指令分为累加器 A 的判零转移、比较不相等转移和减 1 不为 0 转移三类。

（1）累加器 A 的判零转移指令

  JZ rel ;若(A)=0,则 PC←PC+2+rel;若(A)≠0,则 PC←PC+2
  JNZ rel ;若(A)≠0,则 PC←PC+2+rel;若(A)=0,则 PC←PC+2

第一条指令的功能是：如果累加器(A)=0 则转移到目的地址，否则不转移；第二条指令与第一条指令功能相反，若累加器(A)≠0 则转移，否则顺序执行原程序。

【例 3-10】读下列程序说出其功能。已知给定内部数据存储器 30H 单元中的内容，再执行下列程序，分析程序运行过程及结果。

  MOV A,30H
  JNZ L1
  MOV R0,#00H
  AJMP L2
  L1:MOV R0,#0FFH
  L2:SJMP $

解：如果执行这段程序前，(30H)=00H，则 R0=0；否则，R0=0FFH。

（2）比较不相等转移指令

  CJNE A,#data,rel ;若(A)=data,则 PC←PC+3
        ;若(A)>data,则 PC←PC+3+rel,CY=0
        ;若(A)<data,则 PC←PC+3+rel,CY=1
  CJNE A,direct,rel ;若(A)=(direct),则 PC←PC+3
        ;若(A)>(direct),则 PC←PC+3+rel,CY=0
        ;若(A)<(direct),则 PC←PC+3+rel,CY=1
  CJNE R*n*,#data,rel ;若(R*n*)=data,则 PC←PC+3
        ;若(R*n*)>data,则 PC←PC+3+rel,CY=0
        ;若(R*n*)<data,则 PC←PC+3+rel,CY=1
  CJNE @R*i*,#data,rel ;若((R*i*))=data,则 PC←PC+3
        ;若((R*i*))>data,则 PC←PC+3+rel,CY=0
        ;若((R*i*))<data,则 PC←PC+3+rel,CY=1

第一条指令执行时，单片机将累加器 A 和立即数 data 进行比较，若不相等则转移，否则顺序执行，同时影响 CY 标志位。影响 CY 标志位的方法是：若累加器 A 中的内容大于等于立即数 data，则 CY = 0，否则 CY = 1。其余三条指令功能与第一条指令相同，只是比较的两个源操作数不同。

（3）减 1 不为 0 转移指令

DJNZ Rn, rel ;(Rn)←(Rn) - 1，若 Rn ≠ 0，则 PC←PC + 2 + rel
       若 Rn = 0，则 PC←PC + 2
DJNZ direct, rel ;(direct)←(direct) - 1，若(direct) ≠ 0，则 PC←PC + 3 + rel
       若(direct) = 0，则 PC←PC + 3

第一条指令是两字节的指令，其功能是：先把 Rn 中的内容减 1，然后判断 Rn 中的内容，若 Rn 中的内容为零，则程序顺序执行；若不为零，则程序转移。第二条指令是三字节指令，功能与第一条指令类似。

这两条指令主要用于控制程序循环，如预先把寄存器或内部 RAM 单元赋值循环次数，则利用减 1 条件转移指令，以减 1 后是否为 0 作为转移条件，即可实现按次数控制循环。

【例 3-11】读下列程序说出其功能。

```
        MOV 20H,#05H        ;20H←#05H
        CLR A               ;A←0
LOOP:   ADD A,20H           ;A←(A) + (20H)
        DJNZ 20H,LOOP       ;20H←(20H),若(20H) ≠ 0,则转移;否则顺序执行
        SJMP $              ;停机
```

解：程序执行后，(A) = 5 + 4 + 3 + 2 + 1 = 0FH。

3. 子程序的调用和返回指令

在编写程序时经常会遇到反复执行某程序段的情况，为了减少编写和调试程序的工作量，以及减少程序在存储器中所占的空间，常常把具有完整功能的程序定义为子程序，供主程序调用。

在子程序的调用过程中，调用和返回是必需的。因此调用指令和返回指令是成对使用的。调用指令在主程序中使用，返回指令则放在子程序的末尾。子程序执行完后，程序要返回到主程序断点处继续执行，如图 3-10 所示。

图 3-10 子程序调用示意图

（1）短调用指令

ACALL addr11 ;PC←PC + 2,SP←SP + 1, (SP)←PC$_{7\sim0}$
       ;SP←SP + 1,(SP)←PC$_{15\sim8}$
       ;PC$_{10\sim0}$←addr11

短调用指令也称为绝对调用指令。该指令执行时，PC 先加 2 后，分别把它的断点地址压入堆栈，然后把指令提供的 11 位地址取代 PC 的低 11 位，而 PC 的高 5 位地址不变。

在编程时，addr11 可用标号表示；本调用指令应于被调用子程序起始地址在同一个 2 KB 范围内，只用当 ACALL 指令处在上一页末尾时，被调用子程序才可以在本页之内。

（2）长调用指令

LCALL addr16 ;PC←PC + 3,SP←SP + 1,(SP)←PC$_{7\sim0}$
       ;SP←SP + 1, (SP)←PC$_{15\sim8}$

;PC←addr16

该指令执行时 PC 加 3 后把断点地址压入堆栈，然后把 addr16 送给 PC。显然长调用指令的调用范围是 64 KB。

（3）返回指令

RET   ;$PC_{15\sim8}$←(SP)，SP←SP－1
              ;$PC_{7\sim0}$←(SP)，SP←SP－1

RETI   ;$PC_{15\sim8}$←(SP)，SP←SP－1
              ;$PC_{7\sim0}$←(SP)，SP←SP－1

两条指令的功能基本相同，都是使子程序返回主程序，并继续往下执行。两者的区别是 RET 用于子程序的返回；RETI 用于中断服务子程序返回，RETI 返回主程序后，还要清除相应的中断优先级状态位，使系统响应低优先级的中断。

4. 空操作指令

NOP   ;PC←PC＋1

指令的功能是使程序计数器 PC 加 1，不进行任何操作，因此它常在延时程序中使用。

3.3.5 位操作指令

MCS－51 系列单片机的硬件结构中有一个位处理器，对位地址空间具有丰富的位操作指令。由于位操作数是"位"，取值只能是 0 或 1，故又称为布尔操作指令。

1. 位传送类指令

MOV   C,bit   ;C 为 PSW 中的 CY,CY←(bit)
MOV   bit,C   ;bit 为位地址,bit←(CY)

这组指令的功能是实现位累加器 C 和其他位地址之间的数据传递。例如：

MOV P1.0,C   ;将 CY 中的状态送到 P1.0 引脚

2. 位置 1 和位清 0 指令

SETB   C   ;CY←1
SETB   bit   ;bit←1
CLR   C   ;CY←0
CLR   bit   ;bit←0

例如：

STEB   P1.2   ;将 P1.2 位置 1
CLR   P3.3   ;使 P3.3 位清 0

3. 位逻辑运算指令

（1）位与指令

ANL   C,bit   ;CY←(CY)∧(bit)

指令功能是 CY 与指定的位地址的值相与，结果送回 CY。

ANL   C,/bit   ;CY←(CY)∧($\overline{bit}$)

指令功能是先将指定的位地址中的值取出来后取反,再和 CY 相与,结果送回 CY。但指定的位地址中的值本身并不发生变化。

例如:假设 CY = 1,(P1.0) = 1,执行下列指令:

  ANL C,/P1.0

结果是:CY = 0,而(P1.0) = 1。

(2) 位或指令

  ORL C,bit ;CY←(CY)∨(bit)
  ORL C,/bit ;CY←(CY)∨($\overline{bit}$)

(3) 位取反指令

  CPL C ;CY←($\overline{CY}$)

指令功能是使 CY 等于原来相反的值,由 1 变为 0,由 0 变为 1。

  CPL bit ;CY←($\overline{bit}$)

指令功能是使指定位的值等于原来相反的值,由 0 变为 1,由 1 变为 0。

4. 位控制转移指令

(1) 判 CY 转移指令

  JC rel ;若 CY = 1,则 PC←(PC) + 2 + rel
      ;若 CY = 0,则 PC←(PC) + 2
  JNC rel ;若 CY = 1,则 PC←(PC) + 2
      ;若 CY = 0,则 PC←(PC) + 2 + rel

指令功能是判断进位位 CY 是否为"1"或为"0",当条件满足时转移,否则继续顺序执行。

(2) 判位变量转移指令

  JB bit,rel ;若(bit) = 1,则 PC←(PC) + 3 + rel
      ;若(bit) = 0,则 PC←(PC) + 3
  JNB bit,rel ;若(bit) = 1,则 PC←(PC) + 3
      ;若(bit) = 0,则 PC←(PC) + 3 + rel
  JBC bit,rel ;若(bit) = 1,则 PC←(PC) + 3 + rel,bit←0
      ;若(bit) = 0,则 PC←(PC) + 3

这类指令是判断直接寻地址是否为"1"或为"0",当条件满足时转移,否则继续顺序执行。而当最后一条指令条件满足时,指令执行后同时将寻址位清 0。

注意:如果使用的位为累加器 A 中的一位,只能使用 ACC 表示。例如,SETB ACC.1 不能写成 SETB A.1。

3.4 指令汇总

按照助记符的字母序列将 MCS – 51 系列单片机的指令进行了整理,见表 3-2。

表 3–2　MCS–51 系列单片机指令表

指　令	指令功能简介	代码（十六进制）	字节数	周期数
ACALL　addr11	绝对调用子程序	$a_{10}a_9a_8$00001 addr$_{7\sim0}$	2	2
ADD　A，Rn	寄存器中的内容加到累加器	28 ~ 2F	1	1
ADD　A，direct	直接寻址单元中的内容加到累加器	25	2	1
ADD　A，@Ri	间接寻址 RAM 单元中的内容加到累加器	26 ~ 27	1	1
ADD　A，#data	立即数加到累加器	24 data	2	1
ADDC　A，Rn	寄存器的内容和进位加到累加器	38 ~ 3F	1	1
ADDC　A，direct	直接寻址单元的内容和进位加到累加器	35 direct	2	1
ADDC　A，@Ri	间接寻址 RAM 单元的内容和进位加到累加器	36 ~ 37	1	1
ADDC　A，#data	立即数和进位加到累加器	34 data	2	1
AJMP　addr11	绝对转移	$a_{10}a_9a_8$00001 addr$_{7\sim0}$	2	2
ANL　A，Rn	寄存器内容逻辑与到累加器	58 ~ 5F	1	1
ANL　A，direct	直接寻址内容逻辑与到累加器	55 direct	2	1
ANL　A，@Ri	间接寻址 RAM 内容逻辑与到累加器	56 ~ 57	1	1
ANL　A，#data	立即数逻辑与到累加器	54 data	2	1
ANL　direct，A	累加器内容逻辑与到直接寻址单元	52 direct	2	1
ANL　direct，#data	立即数逻辑与到直接寻址单元	53 direct data	3	1
ANL　C，bit	直接寻址位逻辑与到进位标志位	82 bit	2	2
ANL　C，/bit	直接寻址位取反后逻辑与到进位标志位	B0 bit	2	2
CJNE　A，direct，rel	累加器内容与直接寻址单元中的内容比较，若不相等则转移	B5 direct rel	3	2
CJNE　A，#data，rel	累加器与立即数比较，若不相等则转移	B4 data rel	3	2
CJNE　Rn，#data，rel	寄存器和立即数比较，若不相等则转移	B8 ~ BF data rel	3	2
CJNE　@Ri，#data，rel	间接寻址 RAM 单元与立即数比较，若不相等则转移	B6 ~ B7 data rel	3	2
CLR　A	累加器清 0	E4	1	1
CLR　C	进位标志位清 0	C3	1	1
CLR　bit	直接寻址位清 0	C2 bit	2	1
CPL　A	累加器按位取反	F4	1	1
CPL　C	进位标志位取反	B3	1	1
CPL　bit	直接寻址位取反	B2 bit	2	1
DA　A	累加器十进制调整	D4	1	1
DEC　A	累加器减 1	14	1	1
DEC　Rn	寄存器减 1	18 ~ 1F	1	1
DEC　direct	直接寻址单元减 1	15 direct	2	1
DEC　@Ri	间接寻址 RAM 单元减 1	16 ~ 17	1	1
DIV　AB	累加器除以寄存器 B	14	1	4
DJNZ　Rn，rel	寄存器的内容减 1，若不为 0 则转移	D8 ~ DF rel	2	2
DJNZ　direct，rel	直接寻址单元的内容减 1，若不为 0 则转移	D5 direct rel	3	2

(续)

指　　令	指令功能简介	代码（十六进制）	字节数	周期数
INC　A	累加器加 1	04	1	1
INC　Rn	寄存器加 1	08 ~ 0F	1	1
INC　direct	直接寻址单元加 1	05 direct	2	1
INC　@Ri	间接寻址 RAM 单元加 1	06 ~ 07	1	1
INC　DPTR	数据指针加 1	A3	1	2
JB　bit, rel	直接寻址位为 1 则转移	20 bit rel	3	2
JBC　bit, rel	直接寻址位为 1 则转移，并将该位清 0	10 bit rel	3	2
JC　rel	进位标志位为 1 则转移	40 rel	2	2
JMP　@A+DPTR	相对 DPTR 的间接转移	73	1	2
JNB　bit, rel	直接寻址位为 0 则转移	30 bit rel	3	2
JNC　rel	进位标志位为 0 则转移	50 rel	2	2
JNZ　rel	累加器不为 0 则转移	70 rel	2	2
JZ　rel	累加器为 0 则转移	60 rel	2	2
LCALL　addr16	长调用子程序	12 addr16	3	2
LJMP　addr16	长转移	02 addr16	3	2
MOV　A, Rn	寄存器内容传送到累加器	E8 ~ EF	1	1
MOV　A, direct	直接寻址单元内容传送到累加器	E5 direct	2	1
MOV　A, @Ri	间接寻址 RAM 单元内容传送到累加器	E6 ~ E7	1	1
MOV　A, #data	立即数传送到累加器	74 data	2	1
MOV　Rn, A	累加器内容传送到寄存器	F8 ~ FF	1	1
MOV　Rn, direct	直接寻址单元内容传送到寄存器	A8 ~ FF direct	2	2
MOV　Rn, #data	立即数传送到寄存器	78 ~ 7F data	2	1
MOV　direct, A	累加器传送到直接寻址单元	F5 direct	2	1
MOV　direct, Rn	寄存器传送到直接寻址单元	88 ~ 8F direct	2	2
MOV　direct1, direct2	直接寻址单元 2 传送到直接寻址单元 1	85 direct direct	3	2
MOV　direct, @Ri	间接寻址 RAM 单元传送到直接寻址单元	86 ~ 87 direct	2	2
MOV　direct, #data	立即数传送到直接寻址单元	75 direct data	3	2
MOV　@Ri, A	累加器的内容传送到间接寻址 RAM 单元	F6 ~ F7	1	1
MOV　@Ri, direct	直接寻址单元传送到间接寻址 RAM 单元	A6 ~ A7 diect	2	2
MOV　@Ri, #data	立即数传送到间接寻址 RAM 单元	76 ~ 77 data	2	1
MOV　C, bit	直接寻址位传送到进位标志位	A2 bit	2	2
MOV　bit, C	进位标志位传送到直接寻址位	92 bit	2	2
MOV DPTR, #data16	16 位立即数传送到数据指针	90 data15 ~ 8 data7 ~ 0	3	2
MOVC　A, @A+DPTR	程序存储器代码字传送到累加器	93	1	2
MOVC A, @A+PC	程序存储器代码字节传送到累加器	83	1	2
MOVX　A, @Ri	外部 RAM（8 位地址）传送到累加器	E2 ~ E3	1	2
MOVX　A, @DPTR	外部 RAM（16 位地址）传送到累加器	E0	1	2

(续)

指　　令	指令功能简介	代码（十六进制）	字节数	周期数
MOVX　@Ri, A	累加器传送到外部RAM（8位地址）	F2~F3	1	2
MOVX　@DPTR, A	累加器传送到外部RAM（16位地址）	F0	1	2
MUL　AB	累加器和寄存器B相乘	A4	1	4
NOP	空操作	00	1	1
ORL　A, Rn	寄存器内容逻辑或到累加器	48~4F	1	1
ORL　A, direct	直接寻址单元内容逻辑或到累加器	45 direct	2	1
ORL　A, @Ri	间接寻址RAM的内容逻辑或到累加器	46~47	1	1
ORL　A, #data	立即数逻辑或到累加器	44 data	2	1
ORL　direct, A	累加器内容逻辑或到直接寻址单元	42 direct	2	1
ORL　direct, #data	立即数逻辑或到直接寻址单元	43 direct data	3	2
ORL　C, bit	直接寻址位逻辑或到进位标志位	72 bit	2	2
ORL　C, /bit	直接寻址位取反后逻辑或到进位标志位	A0 bit	2	2
POP　direct	栈顶内容弹到直接寻址单元	D0 direct	2	2
PUSH　direct	直接寻址单元内容压入到堆栈	C0 direct	2	2
RET	子程序返回	22	1	2
RETI	中断子程序返回	32	1	2
RL　A	累加器循环左移	23	1	1
RLC A	将累加器A的内容连同进位标志位循环左移	33	1	1
RR　A	累加器循环右移	03	1	1
RRC A	将累加器A的内容连同进位标志位循环右移	13	1	1
SETB　C	进位标志位置1	D3	1	1
SETB　bit	直接寻址位置1	D2 bit	2	1
SJMP　rel	短转移	80 rel	2	2
SUBB　A, Rn	累加器的内容减去寄存器和借位	98~9F	1	1
SUBB　A, direct	累加器的内容减去直接寻址单元中的内容和借位	95 direct	2	1
SUBB　A, @Ri	累加器的内容减去间接寻址单元中的内容和借位	96~97	1	1
SUBB　A, #data	累加器的内容减去立即数和借位	94 data	2	1
SWAP　A	累加器的内容高低半字节交换	C4	1	1
XCH　A, Rn	寄存器和累加器的内容交换	C8~CF	1	1
XCH　A, direct	直接寻址单元的内容和累加器的内容交换	C5 direct	2	1
XCH　A, @Ri	间接寻址RAM单元的内容和累加器的内容交换	C6~C7	1	1
XCHD　A, @Ri	间接寻址RAM单元和累加器交换低半字节	C6~D7	1	1
XRL　A, Rn	寄存器内容逻辑异或到累加器	68~6F	1	1
XRL　A, direct	直接寻址单元内容逻辑异或到累加器	65 direct	2	1

(续)

指　令	指令功能简介	代码（十六进制）	字节数	周期数
XRL　A，@Ri	间接寻址 RAM 单元的内容逻辑异或到累加器	66 ~ 67	1	1
XRL　A，#data	立即数逻辑异或到累加器	64 data	2	1
XRL　direct，A	累加器内容逻辑异或到直接寻址单元	62 direct	2	1
XRL　direct，#data	立即数逻辑异或到直接寻址单元	63 direct data	3	2

3.5　Keil 软件使用

3.5.1　Keil 软件开发环境简介

Keil 软件是德国 Keil Software 公司开发的一种专门为 MCS–51 系列单片机设计的高效率编译器，简称为 Keil。它符合 ANSI 标准，生成的程序代码运行速度快，所需要的存储空间小。Keil 软件集成了工程管理、源程序编辑、程序编译、程序调试和仿真等功能；同时支持汇编语言和 C 语言，易学易用；另外，它支持数百种单片机，并且可以通过专门的驱动软件与 Proteus 原理图进行联机仿真，为单片机的学习带来极大的便利。下面通过一个简单实例说明应用 Keil 软件编写单片机汇编语言程序的过程。

3.5.2　Keil 软件的基本操作

1. 启动 Keil 软件

双击桌面的 ![] 启动 Keil 软件，图 3–11 所示为 Keil 软件开发环境界面。

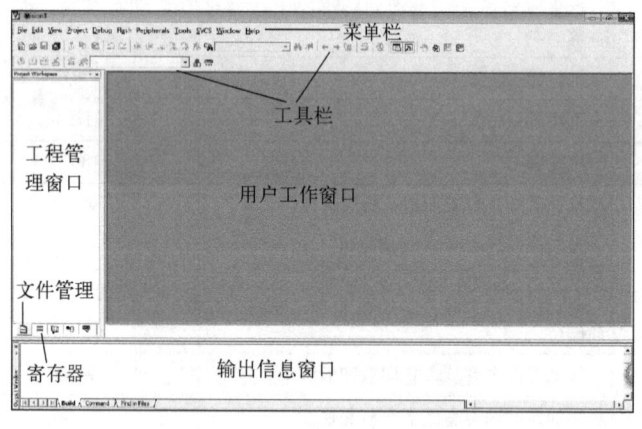

图 3–11　Keil 软件开发环境界面

2. 新建工程

在图 3–11 窗口中，单击菜单栏中的"Project"，然后选择"New Project"并单击，如图 3–12 所示。此时会弹出"Create New Project"对话框，如图 3–13 所示，在此对话框中选择工程文件保存的位置，然后输入文件名，单击"保存"按钮。

3. 选择器件

在如图 3–13 中，单击"保存"按钮后，会弹出"Select Device for Target 'Target1'"对话

框，如图 3-14 所示。在这个对话框中要选择用于该工程的单片机型号。例如，选择"Atmel"目录下"AT89C51"，如果使用"AT89S51"，也是选择"AT89C51"。单击"确定"按钮后，会出现如图 3-15 所示，提示是否复制启动代码到新建工程的对话框，一般不需要就单击"否（N）"按钮。

图 3-12 新建工程菜单

图 3-13 "Create New Project"对话框

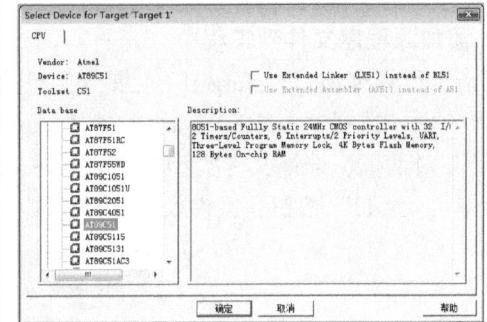

图 3-14 "Select Device for Target 'Target1'"对话框

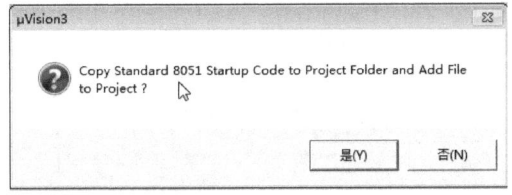

图 3-15 复制启动代码到新建工程的对话框

3.5.3 源程序的添加、编译与调试

1. 编辑源程序

选择菜单"File"→"New"，弹出一个文本编辑器，如图 3-16 所示。在文本窗口进行源程序编辑。将下列程序输入到文本窗口中。

```
ORG 0000H
MOV P1,#0FEH
SJMP $
END
```

注意：程序中的 ORG 0000H 和 END 两条指令是伪指令，在第 4 章中会详细介绍。程序写好后，单击保存按钮![]，弹出保存文件对话框，如图 3-17 所示。选择保存文件的路径，在文件名一栏中输入源程序的名字。注意，这里要求加扩展名.asm。单击"保存"按钮，保存源程序。

图 3-16 编辑源程序窗口

图 3-17 保存文件对话框

2. 添加源程序文件到工程中

单击工程管理窗口"Target1"，展开文件夹，右键单击"Source Group1"，弹出菜单，如图 3-18 所示，选择"Add Files to Group 'Source Group1'"，弹出"Add Files to Group 'Source Group1'"对话框，选择文件类型为"Asm Source file"，然后选择要添加的文件，如图 3-19 所示。单击"Add"按钮，文件就被添加到工程中，如图 3-20 所示。

图 3-18 打开工程管理菜单

a)　　　　　　　　　　　　　　　　b)

图 3-19 "Add Files to Group 'Source Group1'"对话框

图 3-20　添加源程序文件到工程中

3. 对工程文件进行设置

单击菜单栏中的"Project"→"Options for Target"选项，如图 3-21 所示，弹出如图 3-22 所示的对话框，这是一个十分重要的对话框，包括"Device""Target""Output""Listing""C51""A51""BL51 Locate""BL51 Misc""Debug"等多个选项卡。其中一些选项可以直接用其默认值，也可进行适当调整。

图 3-21　打开工程配置对话框

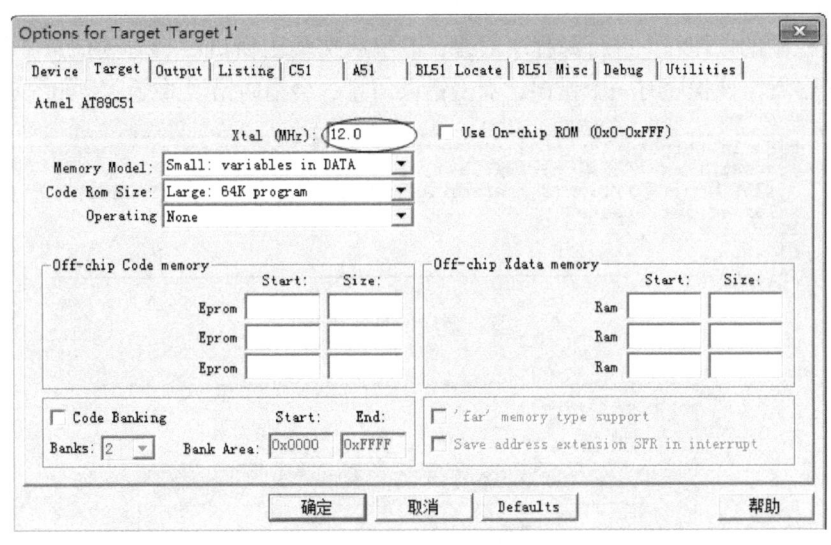

图 3-22　工程设置对话框

"Target"选项卡可以设定目标硬件系统的时钟频率 Xtal，一般设为 12.0 MHz，如图 3-22 所示，AT89S51 单片机最高可以达到 33.0 MHz。

"Output"选项卡用于设定当前项目在编译连接之后生成的可执行文件代码文件，如图 3-23

所示,默认与项目文件同名,也可以指定为其他文件名,存放在当前项目文件所在的目录中,还可以单击"Select Folder For Objects"指定文件的目录路径。

选中复选框"Debug Information"将在输出文件中包含进行源程序调试的符号信息。

选中复选框"Browse Information"将在输出文件中包含源程序浏览信息。

选中复选框"Create Hex File"表示除了生成可执行代码文件之外,还将生成一个 HEX 文件,这个文件是单片机可以运行的二进制文件,文件的扩展名为 .hex。

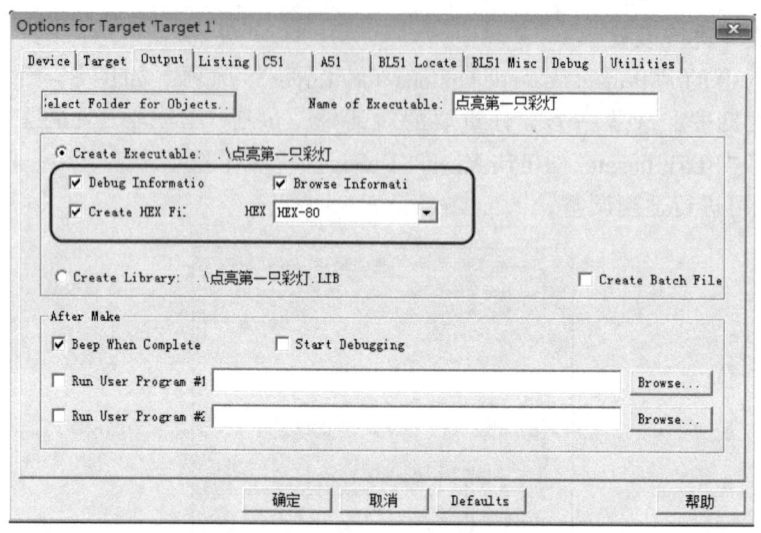

图 3-23 "Output"配置选项卡

其他选项可以使用默认值。完成上述设置后,单击"确定"按钮,则完成设置。

4. 源程序的编译

单击工具栏中的按钮,进行源程序汇编。汇编后在输出窗口中会看到信息,如图 3-24 所示。从提示内容看,该程序有一个错误,双击错误信息,会指向错误的指令,如图 3-25 所示。

图 3-24 编译信息输出窗口

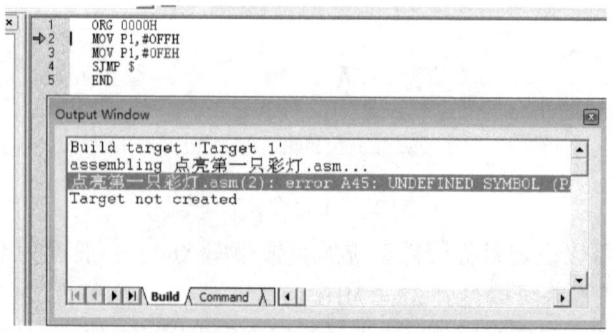

图 3-25 修改程序窗口

认真检查程序并修改错误,并在此编译,直至提示没有错误,则目标生成,如图 3-26 所示。

```
Build target 'Target 1'
assembling 点亮第一只彩灯.asm...
linking...
Program Size: data=8.0 xdata=0 code=8
creating hex file from "点亮第一只彩灯"...
"点亮第一只彩灯" - 0 Error(s), 0 Warning(s).
```

图 3-26 文件编译成功

5. 程序的调试

单击工具栏中的快捷按钮 ⓠ,进入调试状态,如图 3-27 所示。

寄存器窗口给出了常用的寄存器 r0～r7、a、b、dptr、psw 及 sp 等,而且这些值会随着程序的运行发生相应的变化。

反汇编窗口可以看到对应汇编语言程序行的机器码及其在 ROM 所存储的位置。

命令窗口可以在程序的执行过程中给寄存器赋值或者查询寄存器当前的内容。

单击调试工具条中的快捷按钮 ▦,则会弹出存储器窗口。在存储器窗口的地址栏中输入"0000"后按〈Enter〉键,可以查看程序存储器,程序存储器单元的地址前有"C:"。如果查看片内 RAM,在地址栏中输入的地址前加"D:",例如 D:30H。如果查看片外数据存储器,则在地址栏中输入的地址前加"X:",例如 X:40H。

图 3-27 程序调试窗口

在进入调试状态后,工具栏会多出一个用于运行和调试的工具条,如图 3-28 所示,按钮的功能从左到右依次是复位、全速执行、停止、单步执踪、单步执行、执行完当前子程序返回、执行到光标行、下一状态、打开跟踪、观察跟踪、反汇编窗口等。简单介绍几个常用的按钮。

53

图 3-28 调试工具条

复位：执行此命令后，PC 指针返回到 0000H，特殊功能寄存器复位。

全速执行：是指一条指令执行完紧接着执行下一条指令，中间不停止。如果程序中没有设置断点，这种执行方式速度很快，并可以看到该段程序执行的总体结果。如果有断点，则执行到断点处。

单步跟踪：每执行一次该命令执行一条指令。

单步执行：是每次执行一条指令，执行完该行程序即停止，子程序看作是一条指令。

执行到光标行：使用时先把光标放到目的行，然后执行该命令，程序全速执行到光标行。

在程序的调试过程中往往是几种调试方法综合使用，这样可以大大提高程序调试的效率。

3.6 Proteus 软件使用

Proteus 软件是英国 Labcenter electronics 公司研发的 EDA 工具软件。Proteus 软件不仅是模拟电路、数字电路、模-数混合电路的设计与仿真平台，更是目前世界上最先进、最完整的多种型号单片机系统的设计与仿真平台。Proteus 软件从 1989 年问世至今，经过了 20 余年的使用、发展和完善，功能越来越强，性能越来越好。

3.6.1 Proteus ISIS 环境简介

在计算机中安装好 Proteus 软件后，启动 Proteus ISIS（图标为 ），首先出现 ISIS 启动界面，如图 3-29 所示。接着进入 ISIS 窗口，如图 3-30 所示，其中包括原理图编辑窗口、对象预览窗口和对象选择窗口等。

图 3-29 ISIS 启动界面

图 3-30 ISIS 窗口

1. 原理图编辑窗口

原理图编辑窗口用来编辑原理图、设计电路、设计各种符号、设计元器件模型等。它也是各种电路、单片机系统的 Proteus 仿真平台。窗口中蓝色方框内为可编辑区,电路设计要在此框内完成。如图 3-30 所示,该窗口中没有滚动条,但是可单击对象预览窗口来改变可视的电路图区域。

2. 对象预览窗口

对象预览窗口可以显示两个内容:在元器件列表中选择一个元器件时,它会显示该元器件的预览图;当鼠标焦点落在原理图编辑窗口时(即放置元器件到原理图编辑窗口后或在原理图编辑窗口中单击鼠标后),会显示整张原理图的缩略图,并会显示一个绿色的方框,绿色方框里面的内容就是当前原理图窗口中显示的内容,因此,可以用鼠标在上面单击来改变绿色方框的位置,从而改变原理图的可视范围。

3. 对象选择窗口

对象选择器用来选择元器件、终端、图表、信号发生器和虚拟仪器等,所处的模式不同,对应的列表不同,如图 3-31 所示。如果选择 ➡,则会打开"DEVICES"列表,如果单击 P 按钮会弹出选择元器件窗口,选择后的元器件会出现在元器件列表里,使用时只要在元器件列表中选择即可。

图 3-31 对象选择窗口

4. 工具栏

工具栏分为四类,分别为命令工具栏、模式选择工具栏、方向工具栏和仿真工具栏。其中命令工具栏位于菜单栏的下面,以图标形式给出。模式工具栏和方向工具栏中位于图 3-30 的左侧。仿真工具栏位于图 3-30 的下方。下面简要地介绍工具栏中的快捷按钮的功能。

(1)模式选择工具栏

▶：选择模式。

▷：选择元器件模式。

┿：放置连接点。

▦：放置电气标签。

▤：放置文本。

⊢：绘制总线。

▯：绘制子电路。

⊟：终端，包括 V_{CC}、地、输出、输入等各种终端。

⊅：元器件引脚，用于绘制各种引脚。

⊠：使对象选择器列出可供选择的各种仿真分析所需的模拟图表、数字图表、NC 图表等。

◉：信号发生器。选中后对象选择器列出可供选择的直流电源、正弦激励源、稳定状态逻辑电平、数字时钟信号源和任意逻辑电平序列等模拟和数字激励源。

▣：对原理图电路进行分割仿真时采用此模式，用来记录前一步仿真的输出，并作为下一步仿真的输入。

✎：电压探针。在原理图中添加电压探针，用来记录原理图中该探针处的电压值，可记录模拟电压值或者数字电压的逻辑值和时长。

✎：电流探针。在原理图中添加电流探针，用来记录原理图中该探针处的电流值，只能用于记录模拟电路的电流值。

▧：使对象选择器列出各种可供选择的虚拟仪器（如示波器、逻辑分析仪、定时，计数器等）。

╱：绘制各种直线，用于在创建元器件时或直接在原理图中绘制直线。

■：绘制各种方框，用于在创建元器件时画方框或直接在原理图中绘制方框。

●：绘制各种圆，用于在创建元器件时画圆或直接在原理图中绘制圆。

⌒：绘制各种圆弧，用于在创建元器件时画弧线或直接在原理图中绘制弧线。

∞：绘制各种多边形，用于在创建元器件时画任意多边形或直接在原理图中绘制多边形。

A：用于在原理图中插入文字说明。

⊟：绘制符号，用于从符号库中选择符号元器件。

✛：绘制原点。用于在创建或编辑元器件、符号、各种终端和引脚时，产生各种标记图标。

（2）方向工具栏

⟲⟳：以 90°为递增量向左、向右旋转。

▭：填写逆时针旋转角度，但只能是 90 的倍数，如 90、180 及 270 等。

↕：上下镜像。

↔：左右镜像。

（3）仿真运行控制按钮　图 3-32 所示为仿真运行工具栏，仿真控制按钮，从左至右依次是运行、单步运行、暂停、停止。

图 3-32　仿真运行工具栏

（4）工具栏按钮

▫：显示刷新。

▫：网格显示开关。

▫：手动原点显示开关。

▫：显示整张图样。

▫：显示选中区域。

▫：从元器件库中挑选元器件、设置符号等。

▫：将选中器件封装成元器件并放入元器件库。

▫：显示可视的封装工具。

▫：分解元器件。

▫：自动布线开关。

▫：属性分配。

▫：生成元器件列表。

▫：生成电气规则检查报告。

▫：借助网络表转换为 ARES 文件。

5. 菜单栏

菜单栏位于图 3-30 的上方，共有 12 项，每一项都有子菜单。菜单栏中有很多命令，例如"Design""Template""System"等命令，且在工具栏中有相应的按钮。这里简要介绍"Template"菜单。

"Template"菜单主要包括模板的选择、图样的选择、图样的设置等。但是模板的设置只用于改变当前运行的 Proteus ISIS。

Goto Master Sheet：跳转到主图。

Set Design Default：编辑设计的默认选项。

Set Graphics Colours：设置图形颜色。

Set Graphics Styles：设置图形风格。

Set Text Styles：设置文本风格。

SetGraphics Text：设置图形文本。

Set Junction Dots：设置连接点，弹出编辑节点对话框。

Load Styles from Design：从其他设计导入风格。

3.6.2 基于 Proteus 的单片机虚拟仿真系统的设计

基于 Proteus 的单片机虚拟仿真系统的设计，全部的过程都在计算机上通过 Proteus 和 Keil 软件完成，如图 3-33 所示，其开发过程分为四个步骤。

1. 电路原理图的设计

在 Proteus ISIS 平台上进行单片机系统的电路设计，包括元器件的选择、电路布线、元器件属性设置以及电气检测等。

2. 软件的设计

在 Keil 软件平台上进行单片机系统软件的编辑、编译、代码调试及

图 3-33 Proteus 电路设计与仿真流程

生成目标代码文件，即 HEX 文件。

3. 目标代码文件加载

将步骤 2 生成的目标代码文件加载到 Proteus ISIS 平台的单片机上，并设置时钟频率。

4. 在 Proteus ISIS 平台上仿真

下面以流水灯的设计和仿真过程说明单片机 Proteus 的设计与仿真操作。该实例的要求为：通过 AT89C51 单片机控制 8 个发光二极管，电路如图 3-34 所示，从上到下单个循环点亮，时间间隔为 1 s。

图 3-34 流水灯电路图

（1）新建设计文件 单击菜单栏中 "File" → "New Design"，弹出 "Create New Design" 对话框，如图 3-35 所示。在此对话框中选择模板，如果直接单击 "OK" 按钮，则选择系统默认的 "DEFAULT" 模板。

图 3-35 Create New Design" 对话框

(2）保存文件　单击菜单栏中"File"→"Save Design"，弹出"Save ISIS Design File"对话框，如图 3-36 所示，即保存新建的文件。

(3）选择元器件　单击模式选择工具栏中的选择元件模式 ，单击图 3-37 中的"P"按钮，弹出如图 3-38 所示的选取元器件对话框。在"Keywords"一栏中输入元器件的名称，如"at89c51"，则出现与关键字匹配的元器件列表。在图 3-38 所示对话框中选择 AT89C51，单击"OK"按钮，或者直接双击"AT89C51"，即把该元件添加到了对象选择器中。使用这种方式查找元器件，可以通过勾选"Match Whole Words"后面的复选框，用户还可以选择进行精确查找。

图 3-36　保存 ISIS 设计文件

图 3-37　单击"P"按钮

图 3-38　选取元器件对话框

另外，如果已经知道了 AT89C51 所在的元器件库，可以直接在选择元器件对话框中的"Category"栏中选择，如图 3-39 所示，然后选择子类或者制造商进一步搜索，找到元器件。

依据上述方法，把表 3-3 中其他元器件添加到对象选择器中，关闭选择元器件对话框。

图 3-39 已知元器件库查找元器件

表 3-3 流水灯所用的元器件

序号	元器件	序号	元器件	序号	元器件	序号	元器件
1	单片机 AT89C51	3	瓷片电容 CAP 30PF	5	晶振 CRYSTAL 12 MHz	7	电阻 RES
2	按钮 BUTTON	4	电解电容 CAP – ELEC	6	发光二极管 LED – GREEN	8	电阻排 R×8

(4) 元器件的操作 元器件可以进行放置、选中、取消选择等操作。

放置：在对象选择器中选取要放置的元器件，在 ISIS 编辑区空白处单击。

选中：单击编辑区某对象，默认为红色显示。

取消选择：在编辑区的空白处单击。

移动：单击对象，再按住鼠标左键拖动。

对象选择器中的对象转向：单击 ⟲⟳↕↔ 中相应按钮即可。

编辑区的对象转向：右击操作对象，从弹出的快捷菜单中选择相应的旋转按钮。

复制：选中对象后，单击菜单 "Edit" → "Copy to Clipboard"。

粘贴：复制操作后，单击菜单 "Edit" → "Paste from Clipboard"，然后在编辑区单击鼠标左键即可，单击鼠标右键取消粘贴。

删除：右键单击对象，选择快捷菜单中的命令 "Delete Object"。

元器件属性设置：双击对象，即可弹出 "Edit Properties" 对话框。

块操作（多个对象同时操作）：选中操作对象，再单击工具栏中块复制 、块移动 、块旋转 、块删除 。

(5) 布线

1) 自动布线：系统默认自动布线，否则，单击工具栏中的自动布线按钮 。只要单击连线的起点和终点，系统会自动以直角走线，生成连线，如图 3-40a、b 所示。在前一指针着落点和当前点之间会自动预画线，它可以是带直角的线。在引脚末端选定第一个画线点后，随指针移动,自动出现预画细线,当遇到障碍时,布线会自动绕开障碍。

2)手动调整路径:在布线过程中根据使用者的要求,单击鼠标左键改变导线方向。若要手工任意角度画线,在移动鼠标的过程中按住〈Ctrl〉键,移动指针,预画线自动随指针呈任意角度,确定后单击即可。如图 3-40c 所示。

图 3-40 导线的绘制
a) 自动捕捉 b) 线随鼠标自动画出 c) 手工调整布线

3)总线的绘制:单击工具栏的图标按钮 ,移动鼠标到绘制总线的起始位置,单击鼠标左键便可绘制出一条总线。如需要改变总线的走向,只需要在希望的拐点处单击鼠标左键,把鼠标指针拉向目标点,拐点处导线的走向只取决于鼠标指针的拖动。如果总线的转折角不是 90°,则取消自动布线,总线就可以按任意角度旋转。如果结束绘制总线,只需在终点处双击鼠标左键即可。

4)总线分支绘制:总线绘制完以后,有时还需绘制总线分支。为了使电路图显得专业和美观,通常把总线分支画成与总线成 45°角的相互平行的斜线,如图 3-41 所示。注意,关闭自动布线快捷按钮松开,总线分支的走向只取决于鼠标指针的拖动。另外,将鼠标移动到起始点,双击鼠标左键就可以完成复制功能。

5)放置线标签:与总线相连的导线必须要放置线标,有着相同线标签的导线才能够导通。放置线标的方法如下:单击工具栏的图标 ,再将鼠标移至需要放置线标的导线上单击,即会出现如图 3-42 所示的"Edit Wire Label"对话框,将线标签填入"String"栏,单击"OK"按钮即可。

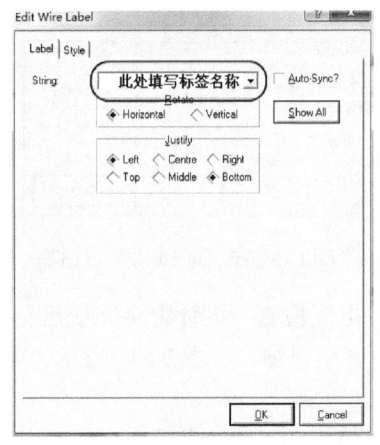

图 3-41 总线的绘制   图 3-42 "Edit Wire Label" 对话框

(6)为原理图放置头块 首先用鼠标左键单击 2D 图形工具栏中的 按钮,然后选择对象选择器中的 P 按钮出现"Pick Symbols"窗口,如图 3-43 所示。在"Libraries"中选择"SYS-TEM",在"Objects"中选择"HEADER"。在原理图编辑窗口合适位置单击放置头块,头块包含图名、作者、版本号、日期和图样页数。其中,日期和图样页数 ISIS 自动填写,其他各项需要通过编辑设计属性来填写。选择"Design"→"Edit design properties"菜单项,弹出如图 3-44 所示对话框,在该对话框中填写头块中相关项目的具体信息。按照上述设置进行设置后,头块如图 3-45 所示。最后绘制的原理图如图 3-46 所示。

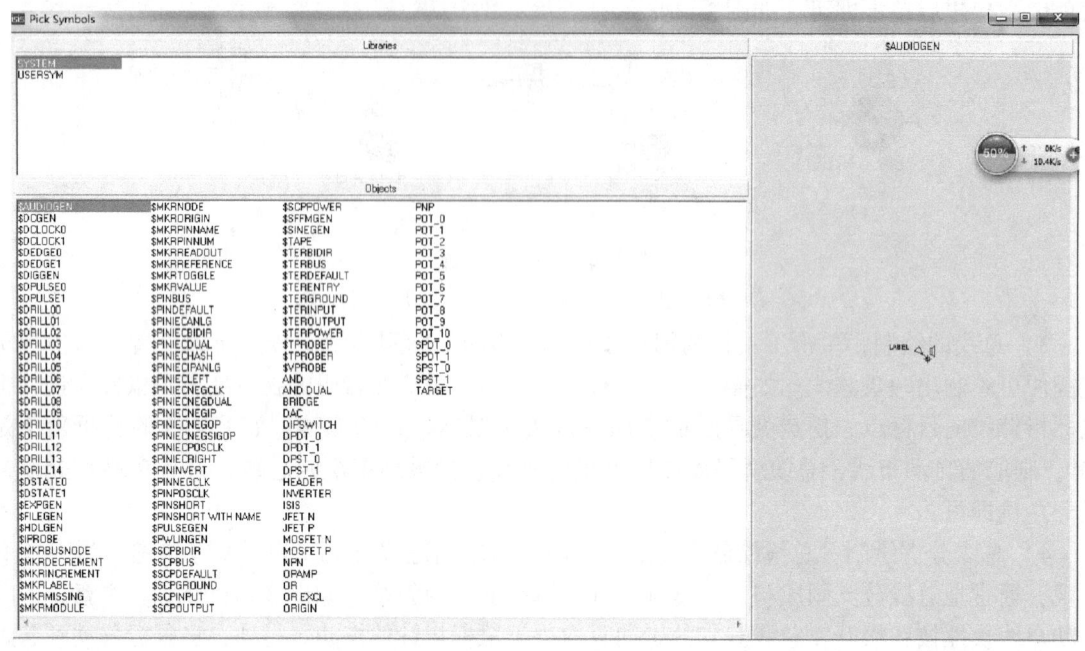

图 3-43 选择 HEADER 头块对话框

图 3-44 "Edit Design Properties"对话框

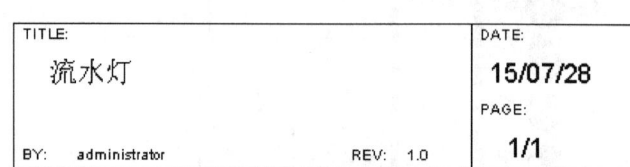

图 3-45 设计的头块

(7)电气检查 设计电路完成后,要对原理图进行电气规则检查,单击电气检查按钮,会出现检查结果窗口,图 3-47 所示为生成的报告单。在该报告单中,系统报告原理图没有电气错误。

(8)使用 Keil 软件生成".HEX"文件 源程序如下:

```
        ORG     0000H
        AJMP    START
        ORG     0030H
START:  MOV     A,#0FEH
L1:     MOV     P1,A
```

```
        RL      A
        ACALL   DELAY
        AJMP    L1
DELAY:  MOV     R7,#05H
   DEL1:MOV     R6,#0FFH
   DEL2:MOV     R5,#0FFH
        DJNZ    R5,$
        DJNZ    R6,DEL2
        DJNZ    R7,DEL1
        RET
        END
```

图 3-46　完整的原理图　　　　　　　　　图 3-47　电气检查窗口

（9）Proteus 配置　在 Proteus 的 ISIS 中双击单片机 AT89C51，出现如图 3-48 所示"Edit

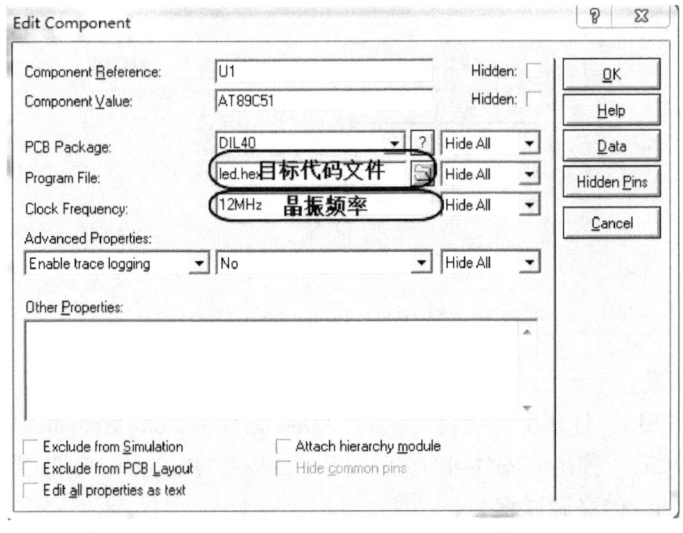

图 3-48　"Edit Component" 对话框

Component"对话框,将步骤8生成的目标代码文件加载到"Program File"中。在"Clock Frequency"栏中设置12 MHz,即设置系统的时钟频率为12 MHz,单击"OK"按钮退出。

(10) 运行程序　用鼠标左键单击命令按钮▶,运行程序,观察仿真结果。

3.6.3　Proteus 与 Keil 软件的联调

1. 下载并安装文件

在 Proteus 官方网站下载 vdmagdi.exe 文件,并安装文件。安装过程中注意:安装选择 AGDI Drivers for μVision3。

2. Keil 软件的配置

启动 Keil 的工程文件,单击快捷按钮,出现如图 3-49 所示的对话框,选择"Debug"选项卡,设定如图 3-49 所示,仿真器选择"Proteus VSM Simulator",其余采用默认值即可。

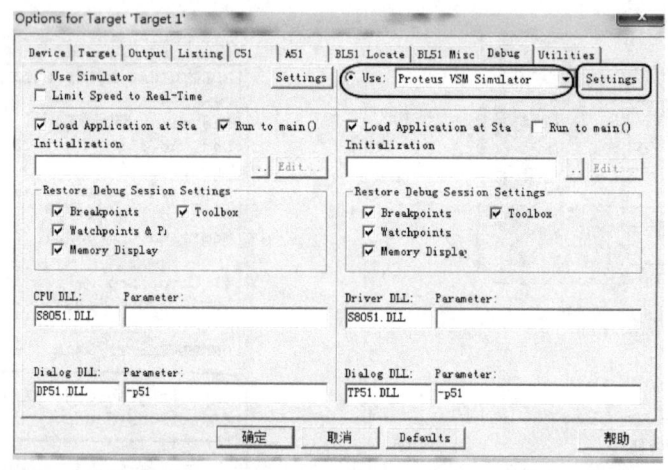

图 3-49　"Option for Target 'Target1'"对话框

在图 3-49 中单击"Settings"按钮,弹出如图 3-50 所示对话框,如果 Proteus 与 Keil 安装在同一台计算机上,则要使用本地地址"127.0.0.1",Port 为"8000",单击"OK"按钮退出。

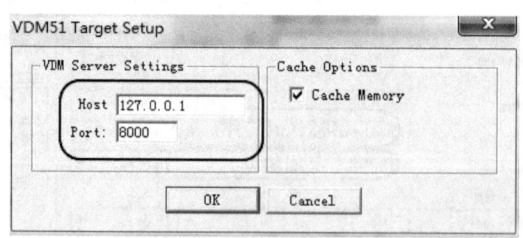

图 3-50　"VDM51 Target Setup"对话框

3. Proteus 的配置

启动 Proteus 的 ISIS,打开工程文件,选择"Debug"→"Use Remote Debug Monitor"。然后单击单片机 AT89C51,弹出如图 3-48 所示对话框,将"Program File"栏设置为空。

4. Keil 和 Proteus 的联调过程

在 Keil 中将文件编译,并全速运行程序,此时 Proteus ISIS 中的单片机系统也会自动运行,实现了 Keil 和 Proteus 的联调,如图 3-51 所示。调试过程可以将 Keil 软件中的各种调试手段,如单步、跳出、执行到当前行、设置断点等命令配合使用来进行单片机系统运行的软硬件调试。

图 3-51 联调界面

3.7 案例:点亮第一只彩灯

【任务目的】掌握 Keil 和 Proteus 软件的基本使用方法;学会使用 Keil 和 Proteus 软件进行联机调试。

【任务描述】使用单片机点亮一只发光二极管。

1. 硬件电路设计

双击桌面上 图标,打开 ISIS 7 Professional 窗口。单击菜单命令 "File" → "New Design",新建一个 DEFAULT 模板,保存文件名为 "FirstLed. DSN"。在器件选择按钮 PL DEVICES 中单击 "P" 按钮,或执行菜单命令 "Library" → "Pick Device/Symbol",添加表 3-4 所示的元器件。

表 3-4 点亮第一只彩灯所用的元器件

序号	元器件	序号	元器件	序号	元器件	
1	单片机 AT89C51	3	瓷片电容 CAP 30pF	5	电阻 RES	晶振 CRYSTAL 12 MHz
2	按钮 BUTTON	4	电解电容 CAP - ELEC	6	发光二极管 LED - GREEN	

在 ISIS 原理图编辑窗口中放置元器件,再单击工具箱中的 "元器件终端" 图标 ,在对象选择器中单击 "POWER" 和 "GROUND" 放置电源和地。放置好元器件后,布好线。左键双击各元器件,设置相应元器件参数,完成仿真电路设计,如图 3-52 所示。

2. 程序设计

参考程序如下:

图 3-52 点亮第一只彩灯仿真电路○

```
        ORG     0000H
        AJMP    START
        ORG     0030H
START:  CLR     P1.0
        SJMP    $
        END
```

3. 加载目标代码、设置时钟频率

将按键显示程序生成目标代码文件"点亮第一只彩灯.hex",加载到图 3-52 中单片机"Program File"属性栏中,并设置时钟频率为 12 MHz。

4. 仿真

单击图标 ▶ ▮▶ ▮▮ ■ 中的 ▶ 按键,启动仿真。

思考题与习题

一、填空题

1. 假定外部数据存储器 3000H 单元的内容为 50H,执行下列指令后,累加器 A 中的内容为_____。

  MOV DPTR,#3000H
  MOVX A,@DPTR

2. 假定累加器 A 中的内容为 30H,DPTR 中的内容为 2000H,执行指令:

  MOVC A,@A+DPTR

后,把程序存储器_____单元的内容送入累加器 A 中。

3. 已知(30H) = 21H,(31H) = 04H,说明下列程序的功能,执行后(30H) = _____,

○ 为与实际仿真软件中画出的电路图一致,本书中的仿真电路图与国标并不完全一致。

（31H） = _____。

  PUSH 30H
  PUSH 31H
  POP   30H
  POP   31H

4. 已知程序执行前，在 AT89S51 单片机片内 RAM 中，(A) = 33H, (R0) = 28H, (28H) = 0BCH，写出执行如下程序后，(A) = _____。

  ANL A,#60H
  ORL 28H,A
  XRL A,@R0
  CPL A

5. 对程序存储器的读操作使用的指令_____。
6. 对外部数据存储器的读操作使用的指令_____。
7. 执行如下三条指令后，20H 单元的内容是_____

  MOV R0,#20H
  MOV 40H,#0FH
  MOV @R0,40H

二、判断题

判断以下指令的正误。

(1) MOV R1, R2
(2) MOV 20H, @R3
(3) DEC DPTR
(4) INC DPTR
(5) MOVX A, @R1
(6) MOVC A, @DPTR
(7) PUSH DPTR
(8) CLR R1
(9) MOV 20H, 30H
(10) MOV F0, C
(11) CPL R7
(12) RC A

三、简答题

1. MCS – 51 系列单片机共有哪几种寻址方式？试举例说明。
2. MCS – 51 系列单片机指令按功能可以分为哪几类？每类指令的作用是什么？
3. 访问 SFR, 可使用哪些寻址方式？
4. 执行指令：MOV A, R0 ；
在程序状态字 PSW 中 (1) RS1 = 0, RS0 = 0；(2) RS1 = 1, RS0 = 0 的两种情况下，上述

指令执行结果有何不同?

5. SJMP（短转移）指令和 LJMP（长对转移）指令的目的地址的范围各是多少?
6. JB 指令和 JBC 指令的区别是什么?
7. 指出下列每条指令的寻址方式。

（1）MOV　　　A, 40H
（2）MOV　　　30H, #00H
（3）SJMP　　　LOOP
（4）MOVC　　 A, @A + DPTR
（5）MOVX　　 A, @R0
（6）MOV　　　C, 20H
（7）MOV　　　20H, R3
（8）MOV　　　31H, 20H

8. 已知程序执行前，在 AT89S51 单片机片内 RAM(10H) = 20H，(20H) = 33H，(33H) = 45H，(45H) = 56H，P1 口当前输入全为低电平，分析下列程序按顺序执行每条指令后的结果。

MOV　　　A,33H
MOV　　　R1,A
MOV　　　@R1,#0FFH
MOV　　　45H,33H
MOV　　　R0,#10H
MOV　　　A,@R0
MOV　　　P1,#0FFH
MOV　　　A ,P1
MOV　　　20H,A

9. 已知程序执行前，在 AT89S51 单片机片内 RAM 中，（A）= 85H，（R0）= 20H，（20H）= 0AFH，（Cy）= 1，（21H）= 0FFH。写出下列指令独立执行后寄存器和存储单元的内容，若该指令影响标志位，写出 CY、AC、OV 和 P 的值。

ADD　　　A,@R0
ADDC　　 A, 21H
SWAP　　 A
SUBB　　 A,#50H
DEC　　　R0
XCHD　　 A,@R0

10. 写出完成如下要求的指令，但是不能改变未涉及位的内容。

（1）把 ACC.3, ACC.4, ACC.5 和 ACC.6 置"1"。
（2）把累加器 A 的中间 4 位清"0"。
（3）将内部数据存储器 10H 单元中的数据的高 2 位，低 3 位清"0"。
（4）将内部数据存储器 50H 单元中的数据所有位取反。
（5）将内部数据存储器 40H 单元中的数据高 4 位取反。

(6) 将内部数据存储器 10H 单元中的数据低 3 位置"1"。
11. 分析执行下列指令序列所实现的逻辑运算式

    MOV   C, P1.0
    ANL   C,/P1.1
    MOV   20H, C
    MOV   C,/P1.0
    ANL   C, P1.1
    ORL   C, 20H
    MOV   P3.0, C

第4章 汇编语言程序设计

【知识目标】

1. 掌握单片机的伪指令。
2. 掌握顺序结构、分支结构、循环结构程序的设计方法。
3. 掌握查表程序的设计方法。
4. 掌握子程序的设计方法。

【技能目标】

1. 进一步熟悉 Keil 软件和程序的调试。
2. 熟练使用 Proteus 软件进行电路设计与仿真。

第2章介绍了 AT89S51 单片机的硬件结构,第3章介绍了 MCS-51 系列单片机的指令系统,本章在前面两章的基础上介绍使用 MCS-51 系列单片机的指令系统编写汇编程序的方法。

4.1 汇编语言程序设计概述

4.1.1 汇编语言

汇编语言是介于机器语言和高级语言之间的计算机语言,是一种用符号表示的面向机器的程序设计语言。采用不同 CPU 的计算机有不同的汇编语言。汇编语言有如下的特点:

1) 使用汇编语言编写的程序效率高。助记符指令与机器指令一一对应,占用存储空间小,运行速度快,因此汇编语言能编写出最优化的程序。

2) 使用汇编语言程序能直接管理和控制硬件设备。汇编语言能直接访问存储器及接口电路,也能处理中断。

3) 不同计算机的汇编语言之间不能通用。汇编语言缺乏通用性,程序不易移植,各种计算机都有自己的汇编语言。

4) 使用汇编语言编程比使用高级语言困难。因为汇编语言是面向计算机的,汇编语言的程序设计人员必须对计算机硬件有相当深入的了解。

用汇编语言编写的程序称为汇编语言程序或源程序,由汇编指令和伪指令两者构成。汇编语言程序不能直接在计算机上运行,需要将它翻译成机器语言程序,也就是目标代码程序,这个翻译过程称为汇编。完成汇编任务的程序称为汇编程序。

4.1.2 伪指令

使用汇编语言编写的源程序通常需要经过汇编程序编译成机器代码后才能被单片机执行。

为了对源程序汇编，在源程序中必须使用一些"伪指令"，告诉汇编程序应该如何完成汇编工作，因此只有在汇编前的源程序中才有伪指令，而在汇编后没有机器代码产生。伪指令具有控制汇编程序的输入输出、定义数据和符号、条件汇编、分配存储空间等功能。

下面介绍 MCS-51 汇编语言程序中常用的伪指令。

1. ORG 汇编起始伪指令

ORG 指令用于规定目标程序的起始地址，即此命令后面的程序或数据块的起始地址。

命令格式：[标号:]　ORG　<16 位地址>

在汇编语言源程序的开始，通常都用一条 ORG 伪指令来规定程序的起始地址。如果不用 ORG 规定，则汇编得到的目标程序将从 0000H 开始。例如：

```
        ORG  0030H
START:  MOV  A,#00H
        ...
```

即规定标号 START 代表地址 0030H，目标程序的第一条指令从 0030H 开始。

在一个源程序中，可以多次使用 ORG 指令来规定不同的程序段的起始地址，但是 ORG 指令后的地址必须从小到大排列。

2. END 汇编结束伪指令

END 是汇编语言源程序的结束标志。在整个源程序中只能有一条 END 命令，且位于程序的最后，表示汇编到此结束，对 END 后面的指令不进行汇编。

3. EQU 标号赋值伪指令

EQU 指令用于给标号赋值。赋值以后，其标号值在整个程序有效。

命令格式：<字符名称>　EQU　<赋值项>

其中<赋值项>可以是常数、地址、标号或表达式，其值为 8 位或 16 位二进制数。赋值以后的符号可以作为地址使用，也可以作为立即数使用。例如：

```
    TEMP  EQU 32H
```

表示标号 TEMP=32H，在汇编时，凡是遇到标号 TEMP 都使用 32H 来代替。

4. DB 定义字节伪指令

DB 指令用于从指定的地址开始，在程序存储器的连续单元中定义字节数据。

命令格式：[标号:]　DB　<8 位数表>

字节数据可以是一个字节常数或字符，或用逗号分开的字节串，或用双引号包括起来的字符串。例如：

```
    DB  "how are you"
    DB  35H,42H,-1,10
```

5. DW 定义字伪指令

DW 指令用于在程序存储器的连续单元中定义 16 位的数据字。存放时，数据字的高 8 位在低地址，低 8 位在高地址。

命令格式：[标号:]　DW　<16 位数表>

例如：

```
    ORG 3000H
```

```
            DW 1234H,55H,9876H
```

汇编后，(3000H)=12H，(3001H)=34H，(3002H)=00H，(3003H)=55H，(3004H)=98H，(3005H)=76H。

6. DS 定义存储区伪指令

DS 指令用于在程序存储器中，从指定地址开始，保留指定数目的字节单元作为存储区，供程序运行使用。

命令格式：[标号：] DS 表达式

例如：

```
            ORG 3000H
     TAB：  DS 08H
```

经汇编后，从地址 3000H 开始预留 8 个存储单元。

7. BIT 位定义伪指令

BIT 指令用于将位地址赋给字符名称。

命令格式：字符名称 BIT 位地址

例如：

```
     P10    BIT P1.0
```

经汇编后，将 P1.0 的位地址赋给变量 P10，在其后的程序中，凡是遇到 P10 就可以把它作为位地址 P1.0 使用。

4.2 汇编语言程序设计举例

为了设计一个高质量的程序，必须掌握程序设计的一般方法。在汇编语言程序设计中，普遍采用结构化程序设计方法。采用这种设计方法的主要依据是任何复杂的程序都可由顺序结构、分支结构及循环结构程序等构成。结构化程序设计的特点是程序的结构清晰、易于读写和验证、可靠性高。下面主要介绍结构化程序设计方法和汇编语言典型程序的设计方法。

4.2.1 顺序结构程序设计

顺序结构程序是指机器执行这类程序是按指令的先后顺序执行，中间没有任何的分支。

【例 4-1】请编写程序。把内部数据存储器 30H 单元内两个 BCD 码变换成相应的 ASCII 码并把高位 BCD 码所对应的 ASCII 码放在 31H 单元，低位 BCD 码对应的 ASCII 码存入 32H 单元中。

解：根据 ASCII 字符表，0~9 的 BCD 码和它们的地址间仅相差 30H。因此，本题仅需把 30H 单元中的两个 BCD 码拆开，分别与 30H 相加即可。

相应程序如下：

```
     ORG    0030H
     MOV    A,30H       ;将 30H 中的 BCD 码送给 A
     ANL    A,#0F0H     ;取高位 BCD 码
     SWAP   A           ;高位 BCD 码送到低位
     ORL    A,#30H      ;转换为 ASCII 码
```

```
        MOV    31H,A
        MOV    A,30H         ;将 30H 中的 BCD 码送给 A
        ANL    A,#0FH        ;取低位 BCD 码
        ORL    A,#30H        ;转换为 ASCII 码
        MOV    32H,A
        SJMP   $
        END
```

4.2.2 分支结构程序设计

分支程序是通过转移指令实现的，由于转移指令有无条件转移指令和条件转移指令之分，因此分支程序也可分为无条件分支程序和条件分支程序两类。无条件分支程序中含有无条件转移指令，因为这类程序十分简单，本节中不做专门讨论；条件分支程序中含有条件转移指令，在本节中重点讨论。

在 MCS-51 中，条件转移指令共有 13 条，分为累加器 A 判零转移指令、比较不相等转移指令、减 1 不为零转移指令和位控制条件转移四类。因此，MCS-51 汇编语言源程序的分支程序设计实际上就是如何正确运用这 13 条条件转移指令来进行编程的问题。

当程序的判别部分仅有两个出口流向时，称为单分支结构。

【例 4-2】 设内部数据存储器 30H 和 31H 单元中分别存放着两个无符号 8 位二进制数，试比较它们的大小，并将较大数存入 31H 单元中。

解：程序流程图如图 4-1 所示，为选择结构程序中的单分支程序流程图。汇编语言程序如下：

```
        ORG    0030H
STAR:   CLR    C             ;C←0
        MOV    A,30H         ;A←(30H)
        SUBB   A,31H         ;用减法比较两数大小
        JC     L1            ;(31H)>(30H)转移
        MOV    A,30H         ;A←(30H)
        XCH    A,31H         ;大数存入 31H 中
        MOV    30H,A         ;小数存入 30H 中
L1:     SJMP   $
        END
```

当程序的判别部分有三个及以上的出口流向时，称为多分支结构。

【例 4-3】 X 存放在 40H 单元中，Y 存放在 41H 单元，编写程序，使 Y 按照下式赋值。

$$Y = \begin{cases} 1 & X>0 \\ 0 & X=0 \\ -1 & X<0 \end{cases}$$

解：程序流程图如图 4-2 所示，为选择结构程序中的多分支程序流程图。汇编语言程序如下：

```
        ORG    0030H
MAIN:   MOV    A,40H         ;取 X
```

```
        JZ      ASSI            ;(A)=0,转移
        JB      ACC.7,NS        ;ACC.7=1,即为负数,则转移
        MOV     A,#1            ;(A)为正数,Y=1
        AJMP    ASSI
NS:     MOV     A,#0FFH         ;负数,Y=-1
        AJMP    ASSI
ASSI:   MOV     41H,A
        END
```

图4-1 例4-2 程序流程图

图4-2 例4-3 程序流程图

使用查转移指令表的方法实现多分支程序转移,表中放的是转移指令,通过查表来实现多分支程序转移。例如有多个分支程序,如果要通过绝对转移指令 AJMP 进行转移,则应把这些转移指令按序写入表中,并设置序号,然后使用查表程序实现程序转移。例如:

```
        MOV     A,R3            ;序号送给 A
        RL      A               ;AJMP 指令占2个字节,分支序号值乘2
        MOV     DPTR,#BRTAB     ;赋转移指令表首地址
        JMP     @A+DPTR
BRTAB:  AJMP    ROUT0           ;转分支0
        AJMP    ROUT1           ;转分支1
        AJMP    ROUT2           ;转分支2
        …
```

4.2.3 循环结构程序设计

循环结构程序是在程序中有需要反复执行的操作。例如,给100个外部 RAM 单元清0,没有必要写100个清0指令,此时只需要用一条指令反复执行100次即可。循环结构如图4-3所示,由四个主要部分组成。

1. 初始化

在进入循环体之前需给用于循环过程的工作单元设置初值,如循环控制计数初值、地址指针起始地址的设置、变量初值等。

2. 循环处理

循环处理是循环结构的核心部分,完成实际的处理工作,也是循环中需重复执行的部分。

图 4-3 循环结构图
a）先执行后判断 b）先判断后执行

3. 循环控制

循环控制部分是控制循环结束的部分，通常是由循环计数器修改和条件转移语句等组成。有时修改循环参数和判断结束条件由一条指令完成，如 DJNZ 指令。

4. 循环结束

循环结束用于存放执行循环程序所得到结果以及恢复各工作单元的初值。循环处理程序的结束条件不同，相应控制部分的实现方法也不一样：分循环计数控制法和条件控制法。

【例 4-4】已知 AT89S51 单片机的晶振是 12 MHz，试设计延时 50 ms 的程序。

解：软件延时程序与指令执行时间有关，最小单位为一个机器周期，如果晶振是 12 MHz，一个机器周期是 1 μs。延时程序的延时时间就是该程序的执行时间，DJNZ 指令的指令周期是两个机器周期，如果给出循环的次数，就可以实现程序延时。参考程序如下：

```
DEL:    MOV    R7,#200
DEL1:   MOV    R6,#125
DEL2:   DJNZ   R6,DEL2
        DJNZ   R7,DEL1
        RET
```

以上延时程序的指令的执行时间为：$[1 + (1 + 2 \times 125 + 2) \times 200 + 2]$ μs = 50603 μs = 50.603 ms

显然延时不太精确，如果要精确的延时需要修改程序。精确的延时程序如下：

```
DEL:    MOV    R7,#200
DEL1:   MOV    R6,#123
DEL2:   DJNZ   R6,DEL2
        NOP
        DJNZ   R7,DEL1
        RET
```

4.2.4 查表程序设计

查表程序是一种常用程序,是预先把数据以表格的形式存放在程序存储器中,然后使用程序读出来,这种能读出表格数据的程序就称为查表程序。

查表法是以要查的自变量值为单元地址,相应的函数值为该地址单元中的内容。使用 MSC-51 指令系统中提供的两条查表指令:

MOVC A,@A+PC
MOVC A,@A+DPTR

首先把表的首地址放入 DPTR 或 PC 中,再把要查的自变量放入累加器 A 中,利用上述两条指令就可以把查到的结果放入累加器 A 中。显然,查表程序的关键是定义表格。表格是指在程序中定义的一串有序的常数,如二次方表、字型码表、键码表或者是离线计算的数据等。

查表程序广泛应用于 LED 显示控制、打印机控制、数据补偿、数值计算、转换等功能程序中,这类程序具有结构简单、执行速度快等优点。

【例 4-5】设计一个巡回检测报警程序,实现对 8 路输入数值与报警值进行比较,如果超限,则报警,否则进行下一通道的检测。已知 8 个通道采集的数据依次存放在 20H 单元开始的内容中,将 8 个报警数值建立成数据表,使用查表指令将其查出并与输入值比较。如果超限,则将其通道序号送报警程序进行处理。

解: 程序流程图如图 4-4 所示。参考程序如下:

图 4-4 例 4-5 程序流程图

```
TB:     MOV     R0,#20H              ;设置采集的数据的首地址
        MOV     R2,#00H              ;设置通道号
        MOV     R7,#08H              ;设置通道数
TB1:    MOV     A,R2                 ;通道数给 A
        MOV     DPTR,#TAB            ;设置表格首地址给 DPTR
        MOVC    A,@A+DPTR            ;查表求出极限值
        CLR     C
        SUBB    A,@R0
        JNC     EX
        LCALL   ALARM                ;调用超限报警程序
EX:     INC     R0
        INC     R2                   ;通道数加 1
        DJNZ    R7,TB1               ;判断是否检测完一遍
        RET
TAB:    DB      0F4H,45H,0ADH,36H,8DH,60H
        DB      0EFH,0ECH            ;8 路数据极限值
```

4.2.5 子程序的设计

子程序是指完成确定任务并能为其他程序反复调用的程序段。调用子程序的程序称为主程序。例如代码转换、通用算术及函数计算、外部设备的输入/输出驱动程序等，都可以编成子程序。这样，主程序需要调用某个子程序时采用 LCALL 或 ACALL 调用指令，便可从主程序转入相应子程序执行，CPU 执行到子程序的 RET 返回指令，即可从子程序返回主程序断点处。

子程序是一种能完成某一特定任务的程序段，其资源需要被所有调用程序共享，因此子程序在结构上应具有通用性和独立性，在编写子程序时应注意以下问题：

1) 子程序的第一条指令地址称为子程序的起始地址或入口地址。该指令前必须有标号，通常以子程序的功能命名，以便于一目了然。例如，延时程序常以 DELAY 作为标号。

2) 主程序调用子程序是通过主程序中的子程序调用指令（LCALL 或 ACALL），子程序返回主程序需要执行子程序返回指令 RET 返回。

3) 保护现场和恢复现场。在执行子程序时，可能要使用累加器或某些工作寄存器。而在调用子程序之前，这些寄存器中可能存放有主程序的中间结果，这些中间结果是不允许被破坏的。因而在子程序中使用累加器或这些寄存器之前，要将其中的内容保护起来，即保护现场。当子程序执行完，即在返回主程序之前，再将这些内容取出，送回到累加器或原来的工作寄存器中，这一过程称为恢复现场。

4) 子程序参数可以分为入口和出口两类参数：入口参数是指子程序需要的原始参数，由调用它的主程序通过约定的工作寄存器 R0~R7、特殊功能寄存器 SFR、内存单元及堆栈等预先传送给子程序使用；出口参数是由子程序根据入口参数执行程序后获得的结果参数，应由子程序通过约定的 R0~R7、SFR、内存单元或堆栈等传递给主程序使用。

【例 4-6】 设 NUMA 和 NUMB 内有两数 a 和 b，请编写求 $c=a^2+b^2$，并把 c 送入 NUMC 的程序。设 a 和 b 均为小于 10 的整数。

解：本程序由两部分组成：主程序和子程序。主程序通过累加器 A 传送子程序，子程序也通过累加器 A 传送给主程序，该子程序为求二次方的通用子程序。参考程序如下：

```
        ORG     0030H
        NUMA    DATA    20H
        NUMB    DATA    21H
        NUMC    DATA    22H
        MOV     A,NUMA          ;入口参数送累加器 A
        ACALL   SQR             ;求 $a^2$
        MOV     R7,A            ;结果存入 R7 中
        MOV     A,NUMB          ;入口参数送累加器 A
        ACALL   SQR             ;求 $b^2$
        ADD     A,R7            ;求 $c = a^2 + b^2$
        MOV     NUMC,A          ;存结果
        SJMP    $
SQR:    MOV     DPTR,#SQRTAB    ;设置首地址
        MOVC    A,@A+DPTR       ;查二次方表
        RET                     ;子程序返回
SQRTAB: DB      0,1,4,9,16
        DB      25,36,49,64,81
        END
```

在本程序中,参数的传递是通过累加器 A 实现的。

4.2.6 关键字查找程序设计

【例 4-7】 在内部 RAM 30H~3FH 单元中查找数据 95H。若有,则将地址存入 40H 单元中;若没有,则将 40H 单元清 0。

解:例 4-7 的程序流程图如图 4-5 所示。参考程序如下:

图 4-5 例 4-7 程序流程图

```
                MOV    R0,#30H           ;预置数据块的首地址
                MOV    R7,#10H           ;预置数据的个数
        NEXT:   MOV    A,@R0             ;取数据给 A
                CJNE   A,#95H,L1         ;比较
                MOV    A,R0              ;找到数据将地址赋给 40H
                SJMP   FUZHZ
        L1:     INC    R0                ;地址加 1
                DJNZ   R7,NEXT           ;比较结束了吗?
                MOV    A,#00H            ;没有找到数据将 40H 单元清 0
        FUZHI:  MOV    40H,A             ;赋值
                END
```

4.2.7 数据极值查找程序设计

数据极值查找就是在指定的数据区中找出最大值或最小值。

【例 4-8】 片内 RAM 30H ~ 40H 单元中存放一批无符号数,查找出最大值并存放在 50H 单元中。

解:参考程序如下:

```
                MOV    R2,#11H           ;要比较的数据字节数
                MOV    R1,#30H           ;置数据块的首地址
                DEC    R2
                MOV    A,@R1
        LOOP:   MOV    50H,A
                INC    R1
                CLR    C
                SUBB   A,@R1             ;两个数比较
                JNC    LOOP1             ;C=0,A 中的数大,跳转到 LOOP1
                MOV    A,@R1             ;C=1,则把大数送给 A
                SJMP   LOOP2
        LOOP1:  MOV    A,50H
        LOOP2:  DJNZ   R2,LOOP           ;比较是否结束
                MOV    50H,A             ;把大数存入 50H 单元
```

4.2.8 数据排序程序设计

所谓的数据排序是将一批数由小到大排列,或从大到小排列。常用的方法为冒泡法。

冒泡法是一种相邻数互换的排序方法,因其过程类似水中气泡上浮,故称冒泡法。执行时从前向后进行相邻数比较,如数据的大小次序与要求顺序不符时,就将两个数互换,否则顺序符合要求不互换。为进行升序排序,应通过这种相邻数互换方法,使小数向前移,大数向后移。如此从前向后进行一次冒泡,就会把最大数换到最后;再进行一次冒泡,就会把次大数排在倒数第二的位置,从而实现数据的排序。下面通过实例说明数据升序排序算法及编程实现。

例如原始数据为顺序 5、8、3、7、10、15、2、9。第 1 次冒泡的过程是:
5、8、3、7、10、15、2、9 (正序,不互换)

5、3、8、7、10、15、2、9 （逆序，互换）
5、3、7、8、10、15、2、9 （逆序，互换）
5、3、7、8、10、15、2、9 （正序，不互换）
5、3、7、8、10、15、2、9 （正序，不互换）
5、3、7、8、10、2、15、9 （逆序，互换）
5、3、7、8、10、2、9、15 （逆序，互换）第 1 次冒泡结束

如此进行，各次冒泡的结果是：

第 1 次冒泡　　5、3、7、8、10、2、9、15
第 2 次冒泡　　3、5、7、8、2、9、10、15
第 3 次冒泡　　3、5、7、2、8、9、10、15
第 4 次冒泡　　3、5、2、7、8、9、10、15
第 5 次冒泡　　3、2、5、7、8、9、10、15
第 6 次冒泡　　2、3、5、7、8、9、10、15
第 7 次冒泡　　2、3、5、7、8、9、10、15

可以看出，冒泡排序到第 6 次已实际完成。

对于 n 个数，理论上说应进行 $n-1$ 次冒泡才能完成排序，但实际上有时不到 $n-1$ 次就已排好啦。如本例共 8 个数，按理说应进行 7 次冒泡，但实际进行到第 6 次时排序就完成了。判定排序是否完成的最简单方法是看各次冒泡中是否有互换发生，如果有数据互换，说明排序还没完成；否则就表示已排好序。为此，控制排序结束一般不使用计数方法，而使用设置互换标志的方法，以其状态表示在一次冒泡中有无数据互换进行。下面介绍使用排序法进行数据排序程序设计。

【例 4-9】假定 6 个数连续存放在 20H 为首地址的内部 RAM 单元中，使用冒泡法进行升序排序编程。

解：在此程序中设 R7 为比较次数计数器，初始值为 05H。F0 为冒泡过程中是否有数据互换的标志，F0 = 0 表明无互换发生，F0 = 1 表明有互换发生。程序流程图如图 4-6 所示。参考程序如下：

```
MAIN:  MOV   R0,#20H    ;数据存储区首单元地址
       MOV   R7,#05H    ;各次冒泡比较次数
       CLR   F0         ;互换标志清 0
LOOP:  MOV   A,@R0      ;取前数
       MOV   R2,A       ;存前数
       INC   R0
       MOV   A,@R0      ;取后数
       CLR   C
       SUBB  A,R2       ;比较大小
       JNC   LOOP1
```

图 4-6　例 4-9 程序流程图

```
        SETB   F0              ;互换,置标志位
        MOV    A,R2            ;互换数据
        XCH    A,@R0
        DEC    R0
        XCH    A,@R0
        INC    R0
LOOP1:  MOV    A,@R0
        DJNZ   R7,LOOP         ;进行下一次比较
        JB     F0,MAIN         ;进行下一轮冒泡
        SJMP   $               ;排序结束
```

4.3 软件调试仿真器 Keil 应用

4.3.1 用 Keil 软件进行延时程序的仿真调试和延时测量

用 Keil 软件可以查看指令的执行时间,延时子程序的观测和调试等。下面使用 Keil 软件,测量【例 4-4】50ms 延时程序。步骤如下:

1) 在 Keil 集成开发环境下,选用 AT89C51 单片机,即单击菜单栏中的"Project"→"New Project",建立工程文件。

2) 单击"File"→"New File",建立文本编辑窗口,将【例 4-4】的程序输入,并保存为"延时程序.asm",如图 4-7 所示。

3) 将源程序添加到工程中,并编译。

4) 设置时钟频率。单击"Options for Target"按钮,在"Target"选项卡下设置时钟频率为 12 MHz。

5) 运行、观察延时时间。

单击工具栏中的快捷按钮,进入调试状态。单击"Step Over"按钮或者按〈F10〉键,则运行调用子程序指令 LCALL Del,执行子程序 DEL 并返回到下一条指令处。"Step Over"是过程单步,也就是将子程序这个过程单步来完成。在本例中将 DEL 子程序一步执行完,不跳进子程序中去,然后返回到 SJMP $ 指令。如图 4-8 所示,在工程管理窗口的"Register"列表中单击"sys",打开下拉列表,可以看到"sec = 0.05060500",这是以秒为单位的运行时间,显然不是很精确,如果需要精确的延时需要修改程序。

图 4-7 输入源程序并保存

图 4-8 观察时间

4.3.2 用Keil软件进行查表程序的仿真调试

在Keil集成开发环境中,当AT89S51单片机晶振频率为12 MHz时,编制程序将一位十六进制数转换为ASCII码。设一位十六进制数存放在50H的低4位,转换后的ASCII码送入51H单元中。步骤如下:

1)建立工程文件。

2)把下面程序输入,保存为"查表程序.asm",并将其加入到工程文件中。参考程序如下:

```
        ORG   0000H
        AJMP  MAIN
        ORG   0100H
MAIN:   MOV   50H,#03H
        MOV   A,50H            ;读数据
        ANL   A,#0FH           ;屏蔽高4位
        MOV   DPTR,#TAB        ;置表格首地址
        MOVC  A,@A+DPTR        ;查表
        MOV   51H,A            ;存入51H单元中
        SJMP  $                ;停机
TAB:    DB    30H,31H,32H,34H,35H,36H,37H,38H,39H   ;0~9的ASCII码
        DB    41H,42H,43H,44H,45H,46H               ;A~F的ASCII码
        END
```

3)编译,并调试。

4)单击"View"→"Memory Window",弹出存储器窗口。如图4-9所示,在"address"文本框中输入"d:0050h",可以看到一位十六进制数3的ASCII码为34H。

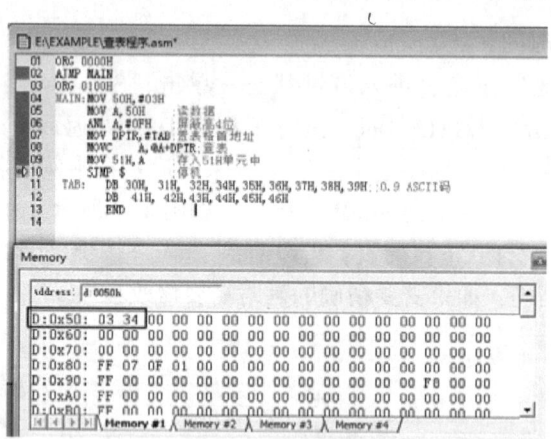

图4-9 调试界面

4.4 案例:延时控制彩灯闪烁电路设计

【任务目的】掌握循环程序的设计方法;理解子程序的设计方法和子程序中参数的传递方法。

【任务描述】 8 个发光二极管 LED1～LED8 分别接在 P1.0～P1.7 上，采用共阳极接法，即输出 0 时，发光二极管亮，输出 1 时发光二极管熄灭。每个二极管依次点亮，且点亮的不熄灭，全点亮后 1s 熄灭。然后 8 只发光二极管闪烁 4 次。

1. **硬件电路设计**

双击桌面上 [ISIS] 图标，打开 ISIS 7 Professional 窗口。执行菜单命令"File"→"New Design"，新建一个 DEFAULT 模板，保存文件名为"liushd.DSN"。在器件选择按钮→中单击"P"按钮，或执行菜单命令"Library" [P L DEVICES] "Pick Device/Symbol"，添加表 4-1 所示的元器件。

表 4-1　延时控制彩灯闪烁所用的元器件

序号	元器件	序号	元器件	序号	元器件	序号	元器件
1	单片机 AT89C51	3	瓷片电容 CAP 30 pF	5	晶振 CRYSTAL 12 MHz	7	电阻 RES
2	按钮 BUTTON	4	电解电容 CAP – ELEC	6	发光二极管 LED – GREEN	8	电阻排 R×8

在 ISIS 原理图编辑窗口中放置元器件，再单击工具箱中的"元器件终端"图标，在对象选择器中单击"POWER"和"GROUND"放置电源和地。放置好元器件后，布好线。左键双击各元器件，设置相应元器件参数，完成仿真电路设计，如图 4-10 所示。

图 4-10　延时控制彩灯闪烁仿真电路

2. **程序设计**

参考程序如下：

```
        ORG    0000H
        AJMP   START
        ORG    0030H
START:  MOV    A,#0FEH      ;赋初值
        MOV    R4,#8        ;设置闪烁次数
```

```
L1:     MOV     P1,A
        CLR     C               ;C 清 0
        RLC     A
        MOV     B,#02H          ;参数传递
        ACALL   DELAY           ;调用延时程序
        DJNZ    R4,L1
        MOV     B,#4
        ACALL   DELAY
        MOV     R4,#8
        MOV     A,#0FFH
L2:     MOV     P1,A
        CPL     A
        MOV     B,#4
        ACALL   DELAY
        DJNZ    R4,L2
        SJMP    $
DELAY:  MOV     R7,B            ;延时程序,若 B = 1 ,延时时间是 250 ms
DEL1:   MOV     R6,#0FAH
DEL2:   MOV     R5,#0F8H
        DJNZ    R5,$
        NOP
        DJNZ    R6,DEL2
        DJNZ    R7,DEL1
        RET
        END
```

3. 加载目标代码、设置时钟频率

将按键显示程序生成目标代码文件"liushd. hex",加载到图 4-11 中单片机 "Program File" 属性栏中,并设置时钟频率为 6 MHz。

4. 仿真

单击图标 ▶ ▶ ▮▮ ■ 中的 ▶ 按键,启动仿真。

思考题与习题

一、简答题

1. 什么是汇编语言源程序、汇编、汇编程序?
2. 什么叫伪指令?有什么作用?

二、编程题

1. 在外部 RAM 3000H 单元中有一个 8 位二进制数,试编程将该数的低 4 位屏蔽掉,并送给外部 RAM 3001H 单元中。
2. 已知 f_{osc} = 12 MHz,试编写延时 20 ms 和 1 s 的程序。
3. 编写程序用查表的方法求 0~6 之间的整数的三次方。已知整数存在内部 RAM 30H 单元中,查表结果回存 30H 单元。

4. 若有3个无符号数 x、y、z 分别在内部存储器 40H、41H、42H 单元中，试编写一个程序，实现当 $x \geqslant y$ 时，$x+z$ 的结果存放在 43H、44H 单元中；当 $x<y$ 时，$y+z$ 的结果存放入 43H、44H 单元中。

5. 在内部 RAM 的 BLOCK 开始的单元中有一无符号数据块，数据块长度存入 LEN 单元。试编程求其中的最小的数并存入 MINI 单元。

6. 在外部 RAM 3000H 起始的单元中存放一组有符号数，字节个数存在内部 RAM20H 单元中。编写程序，统计其中大于0、等于0和小于0的数的数目，并把统计结果存放在内部 RAM 21H、22H 和 23H 单元中。

7. 编写程序，查找内部 RAM 20H~40H 单元中是否有 0FFH 这一数据，如果有，将 PSW 中的 F0 位置1，没有则将其清0。

8. 在片内 RAM 的 30H 单元开始，相继存放5个无符号数，请使用冒泡法编写程序，使这组数据按照从小到大顺序排列。

第 5 章　AT89S51 中断系统与定时/计数器

【知识目标】

1. 了解单片机中断系统和定时器基本知识。
2. 掌握中断系统和定时器相关寄存器设置。
3. 掌握中断系统和定时器的程序设计。

【技能目标】

1. 能够利用 Keil 软件进行单片机的中断系统和定时器程序调试。
2. 掌握基于 Proteus 软件的中断系统和定时器电路的设计与仿真调试。

5.1　中断系统

中断是单片机应用中的重要概念。中断系统是单片机为实现中断、控制中断的功能组成部分，它使单片机能及时响应并处理运行过程中内部和外部的突发事件，解决单片机快速 CPU 与慢速外设间的矛盾，从而提高单片机的工作效率及可靠性。

5.1.1　中断的基本概念

1. 中断的定义

中断是指计算机暂时停止原程序执行转而为外设服务（执行中断服务程序），并在服务完后自动返回原程序执行的过程。中断由中断源产生，中断源在需要时可以向 CPU 提出中断请求。中断请求通常是一种电信号，CPU 对这个电信号进行检测，一旦响应便可自动转入该中断源的中断服务程序执行，并在执行后自动返回原程序继续执行。而且中断源不同，中断服务程序的功能也不同。

计算机中断过程如图 5-1 所示。

图 5-1　计算机中断过程示意图

2. 中断技术

在单片机应用系统的硬件、软件设计中，应用中断系统处理随机发生事件和突发事件的技术称为中断技术。

3. 中断系统

AT89S51 单片机的中断系统由中断源、与中断控制有关的特殊功能寄存器、中断入口、顺序查询逻辑电路等组成。它是由 5 个中断源（$\overline{INT0}$、$\overline{INT1}$、T0、T1、RXD/TXD）及中断标志位（位于 TCON、SCON 中）、中断允许控制器 IE 和中断优先级控制寄存器 IP 及中断入口地址组成。可对每个中断源，实现两级允许控制及两级优先级控制。

5.1.2 中断系统结构

AT89S51 单片机的中断系统结构如图 5-2 所示。

图 5-2 AT89S51 单片机的中断系统结构图

1. 中断源

中断源是指能够引起中断、发出中断请求的装置或事件。AT89S51 单片机的中断源有 5 个：

1）外部中断 0（$\overline{INT0}$）：中断请求信号从单片机的 P3.2 脚输入，触发方式为低电平或下降沿。

2）外部中断 1（$\overline{INT1}$）：中断请求信号从单片机的 P3.3 脚输入，触发方式为低电平或下降沿。

3）内部定时/计数器 0（T0）：溢出中断。

4）内部定时/计数器 1（T1）：溢出中断。

5）串行口中断：包括串行口的发送中断标志 TI 和串行口接收中断标志 RI。

2. 中断入口地址

5 个中断源对应的中断入口地址见表 5-1。它们都在 ROM 中。

表 5-1　AT89S51 中断入口地址及内部优先权

中断源	中断请求标志位	中断入口地址	优先权
$\overline{INT0}$	IE0	0003H	高↓低
T0	TF0	000BH	
$\overline{INT1}$	IE1	0013H	
T1	TF1	001BH	
串行口	RI、TI	0023H	

若启动中断功能，则在程序设计时必须留出 ROM 中相应的中断入口地址，并且该地址不得被其他程序占用。中断服务程序的首地址多经中断入口处的转移指令导入。

3. 中断优先级、优先权、中断嵌套

（1）优先级　AT89S51 单片机将 5 个中断源分为两个优先级：高优先级和低优先级。不同级的中断源同时申请中断时，CPU 优先服务于高优先级的中断申请，后服务于低优先级的中断申请；中断优先级的划分是可编程的，即用指令可设置哪些中断源为高优先级，哪些中断源为低优先级。

（2）优先权　对于同一优先级中所有中断源，按优先权先后排序，见表 5-1。$\overline{INT0}$ 优先权最高，串行口优先权最低。若在同一时刻发出请求中断的两个中断源属于同一优先级，CPU 先响应优先权排在前面的中断源中断申请，后响应优先权排在后面的中断源中断申请。优先权由单片机决定，而非编程决定。

（3）中断嵌套　当 CPU 响应某一中断请求并进行中断处理时，若有优先级级别高的中断源发出中断申请，则 CPU 要暂时中断正在执行的中断服务程序，保留暂时中断的断点（称中断嵌套断点）和现场，响应高优先级中断源的中断。高优先级中的中断处理完毕后，再回到中断的断点，继续处理被暂时中断的低优先级中断，这就是中断嵌套。图 5-3 所示为中断嵌套示意图。

图 5-3　中断嵌套示意图

5.1.3　与中断控制有关的寄存器

AT89S51 单片机中涉及中断控制的有 4 个特殊功能寄存器，通过对它们进行置 1 或清 0 操作，可实现中断控制功能。

1. TCON（定时/计数器和外中断控制寄存器）

TCON 是定时/计数器和外中断控制寄存器，字节地址为 88H，它是可位寻址的特殊功能寄存器。TCON 结构及位名称、位地址见表 5-2。其锁存中断请求标志的格式如下：

表 5-2　TCON 结构及位名称、位地址

位名称	TF1	TR1	TF0	TR0	IE1	IT1	IE0	IT0
位地址	8FH	8EH	8DH	8CH	8BH	8AH	89H	88H
位号	TCON.7	TCON.6	TCON.5	TCON.4	TCON.3	TCON.2	TCON.1	TCON.0

ITO：外部中断0请求（$\overline{INT0}$）触发方式控制位，由软件置1或清0。ITO=0，$\overline{INT0}$触发方式为电平触发方式，当P3.2引脚出现低电平时信号有效；ITO=1，$\overline{INT0}$触发方式为边沿触发方式，当P3.2引脚出现下降沿时信号有效。

IE0：外部中断0中断请求标志。当$\overline{INT0}$引脚P3.2出现有效的外部中断信号时，由硬件置1，请求中断。

IT1：外部中断1请求（$\overline{INT1}$）触发方式控制位。其意义和IT0类似。

IE1：外部中断1中断请求标志。其意义和IE0类似。

TF0：片内定时/计数器0溢出中断请求标志，在启动T0计数后定时/计数器0从初始开始计数，当最高位产生溢出时，由硬件置TF0为"1"，向CPU申请中断。CPU响应TF0中断时将该标志位清0，TF0也可用软件清0（查询方式）。

TF1：片内的定时/计数器1的溢出中断申请标志，功能和TF0类似。

2. SCON（串行口控制寄存器）

SCON为串行口控制寄存器，字节地址为98H，它是可位寻址的特殊功能寄存器。SCON的低2位TI和RI为串行口的接收中断和发送中断标志，表5-3所示为SCON结构及位名称、位地址。

表5-3 SCON结构及其位名称、位地址

位名称	SM0	SM1	SM2	REN	TB8	RB8	TI	RI
位地址	9FH	9EH	9DH	9CH	9BH	9AH	99H	98H
位号	SCON.7	SCON.6	SCON.5	SCON.4	SCON.3	SCON.2	SCON.1	SCON.0

TI：串行口发送中断标志。
RI：串行口接收中断标志。
CPU在响应串行发送、接收中断后，TI、RI不能自动清0，必须用软件清0。

3. IE（中断允许寄存器）

单片机是否接受中断申请，接受哪个中断申请由可以进行位寻址的特殊功能寄存器IE决定。其字节地址为A8H，各位名称与位地址见表5-4。各控制位为"1"表示允许中断，为"0"表示禁止中断。

表5-4 IE结构及其位名称、位地址

位名称	EA	×	×	ES	ET1	EX1	ET0	EX0
位地址	AFH	×	×	ACH	ABH	AAH	A9H	A8H
位号	IE.7	IE.6	IE.5	IE.4	IE.3	IE.2	IE.1	IE.0

EA：CPU中断允许总开关标志。若EA=0，则CPU禁止所有中断；若EA=1，则CPU开放中断。

ES：开放或禁止串行口中断。
ET1：T1中断允许控制位。
EX1：外部中断1中断允许控制位。
ET0：T0中断允许控制位。
EX0：外部中断0中断允许控制位。

【例5-1】如果要设置外中断0、外中断1及定时/计数器0中断允许,其他不允许,求IE值。

解:参照表5-4,根据题意将IE设置见表5-5。

表5-5 根据题意设置IE中断允许位

EA	×	×	ES	ET1	EX1	ET0	EX0
1	0	0	0	0	1	1	1

求得(IE)=87H。编写程序时,可用下面字节操作指令设置:

  MOV IE,#87H

也可以用下列位操作指令设置:

  SETB EA
  SETB EX1
  SETB ET0
  SETB EX0

4. IP(中断优先级控制寄存器)

IP是可以进行位寻址的特殊功能寄存器,其字节地址为B8H。各位名称与位地址见表5-6。

表5-6 IP结构及其位名称、位地址

位名称	×	×	×	PS	PT1	PX1	PT0	PX0
位地址	BFH	BEH	BDH	BCH	BBH	BAH	B9H	B8H
位号	IP.7	IP.6	IP.5	IP.4	IP.3	IP.2	IP.1	IP.0

以上某位被清0,则定义相应中断为低优先级;某位被置1,则定义相应中断为高优先级。

5个中断源全部设定为高优先级或全部设定为低优先级,相当于不分优先级。这时,相应中断的先后顺序依系统内规定的优先权行事,见表5-1。

PS:决定串行口的中断优先级。

PT1:决定T1的中断优先级控制位。

PX1:$\overline{INT1}$的中断优先级控制位。

PT0:决定T0的中断优先级控制位。

PX0:$\overline{INT0}$的中断优先级控制位。

【例5-2】如果要将外中断0、T1设为高优先级,其他为低优先级,求IP值。

解:根据表5-6来设置。IP高3位地址未用,可取任意值,设为000,其他各位根据题目要求进行设置,见表5-7。

表5-7 根据题意设置IP各位

×	×	×	PS	PT1	PX1	PT0	PX0
0	0	0	0	1	0	0	1

求得(IP)=09H，编写程序时，可用下面字节操作指令设置：

    MOV   IP,#09H

也可以用下列位操作指令设置：

    SETB PX0
    SETB PT1

5.1.4 中断响应过程

AT89S51中断处理过程大致可分4步：中断请求、中断响应、中断服务、中断返回，如图5-4所示。其中大部分操作是CPU完成的。用户只需了解来龙去脉，设置堆栈、设置中断允许、设置中断优先级、编写中断服务程序等，若为外中断还需设置触发方式。

图5-4 中断过程示意图

1. 中断请求

中断源要求CPU为它服务时，必须发出一个中断请求信号。若是外部中断源，则需将外中断源接到单片机的P3.2（$\overline{INT0}$）或P3.3（$\overline{INT1}$）引脚上。当外部中断源发出有效中断信号时，相应的中断请求标志IE0或IE1置1，提出中断请求。若是内部中断源发出有效信号，如T0、T1溢出，则相应的中断请求标志TF0或TF1置1，提出中断请求标志。CPU将不断查询这些中断请求标志，一旦查询到这些中断请求标志，CPU将根据中断响应条件响应中断请求。

2. 中断响应

（1）中断响应条件 中断源发出中断请求后，CPU响应中断必须满足如下条件：

1）已开总中断（EA=1）和相应中断源的中断（相应允许控制位置位）。
2）未执行同级或更高级的中断。
3）当前执行指令的指令周期已经结束。
4）正在执行的不是RETI和访问IE、IP指令，否则要再执行一条指令后才能响应。

（2）中断响应操作 CPU响应中断后，进行如下操作：

1）在一种中断响应后，屏蔽同优先级和低优先级的其他中断。
2）响应中断后，应清除该中断源的中断请求标志位，否则中断返回后将重复响应该中断而出错。有的中断请求标志（TF0、TF1，边沿触发方式下的 IE0、IE1）在 CPU 响应中断后，会由 CPU 自动清除。有的中断标志（RI、TI）CPU 不能清除，只能由用户编程清除。还有电平触发方式下的中断请求标志（IE0、IE1），一般要通过外电路清除。

CPU 响应中断后，首先将中断点的 PC 值压入堆栈保护起来。然后 PC 装入相应的中断入口地址，并转移到该入口地址执行中断服务程序。当执行完中断服务程序的最后一条指令 RETI 后，自动将原先压入堆栈的中断点的 PC 值弹回至 PC 中，返回执行中断点处的指令。

3. 中断服务

根据要完成的项目和任务编写中断服务程序。一般来说，中断服务程序包含以下几部分：

1）保护现场。一旦进入中断服务程序，便将与断点处信息相关的且在中断服务程序中可能改变的存储单元（如 ACC、PSW、DPTR 等）的内容通过"PUSH direct"指令压入堆栈保护起来，以便中断返回时恢复。

2）执行中断服务程序主体，完成相应操作。中断服务程序中的操作内容和功能是中断源请求中断的目的，是 CPU 完成中断处理操作的核心和主体。

3）恢复现场。与保护现场相对应，在返回前（即执行返回指令 RETI 前），通过"POP direct"指令将保护现场时压入堆栈的内容弹出，送到原来相关的存储单元后，再中断返回。

4. 中断返回

在中断服务程序的最后，应安排一条中断返回指令 RETI，其作用是：

1）恢复断点地址。将原来压入堆栈中的断点地址弹出，送到 PC 中。这样 CPU 就返回到原中断断点处，继续执行被中断的程序。

2）开放响应中断时屏蔽的其他中断。

5. 中断请求的撤除

中断响应后，如果中断请求信号及中断请求标志不清除，就意味着请求仍然存在，很容易造成中断程序的多次重复执行。有关中断请求的撤除，具体分析如下：

（1）硬件清 0。定时/计数器 T0、T1 和边沿触发方式下的外部中断 $\overline{INT0}$、$\overline{INT1}$ 的中断请求标志位 TF0、TF1、IE0、IE1，在中断响应后由 CPU 硬件自动撤除。

（2）软件清 0。CPU 响应串行中断后，其硬件不能自动清除其中断请求标志位。用户应在串行中断服务程序中用指令清除标志位 TI、RI。

（3）强制清 0。对于外部中断的电平触发方式，当外中断源使 $\overline{INT0}$ 或 $\overline{INT1}$ 引脚端低电平维持时间过长，很容易引起中断的再次响应。对于这种情况，可采用外加电路的方法，清除引起置位中断请求标志来源。图 5-5 为外加清零电路。图 5-5 中当外设出现低电平的中断请求信号时，Q 端输出为低电平，$\overline{INT0}$ 有效，向计算机发出中断申请。CPU 响应后，在中断服务程序中增加以下两指令，即可撤除中断申请信号。

    ANL P1,#7FH
    ORL P1,#80H

执行第一条指令使 P1.7 输出为"0"，延续时间为两个机器周期，加到锁存器 $\overline{S_D}$，使锁存器置位，Q 端输出为"1"，从而撤出中断请求。执行第二条指令使 P1.7 变为"1"，否则 D 触

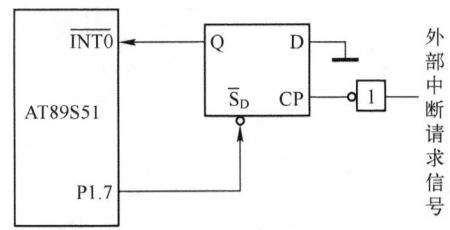

图 5-5 电平触发式外中断请求的撤除电路

发器的 $\overline{S}_D$ 引脚端始终有效，$\overline{INT0}$ 引脚端始终为"1"，下一次无法申请中断。可见，低电平方式的外部中断请求信号的完全撤除，是通过软硬件相结合的方法来实现的。

5.2 中断应用

5.2.1 中断应用步骤

中断系统应用中，编写程序要解决的问题是中断初始化和中断服务程序。

1. 中断初始化

中断初始化应在产生中断请求前完成，一般放在主程序中，并常与主程序初始化综合考虑一起进行。

1）开中断。将控制寄存器 IE 中的中断控制位 EA 和相应的中断允许控制位置 1。
2）若是外中断，则要定义外中断触发方式，将控制寄存器 TCON 中相关的控制位置 1。
3）定义中断优先级。将中断优先级控制寄存器 IP 中相关的控制位置 1。

2. 中断服务程序

中断服务程序中除包含中断处理的程序段外，还包括以下几个方面的内容，编程时应予以注意。

1）在相应的中断入口地址处设置一条跳转指令（SJMP、AJMP 或 LJMP），将中断服务程序转到合适的 ROM 空间。若中断服务程序长度不大于 8 B 时，可直接放置在中断入口地址处。
2）现场保护。为减轻堆栈负担，保护现场的数据存储单元数量力求少。
3）CPU 响应中断后，其硬件不能自动清除其中断请求标志位时，应考虑清除中断请求标志位的其他操作。
4）恢复现场最后一条指令必须是中断返回指令 RETI。

5.2.2 中断应用举例

【例 5-3】 将单脉冲接到外中断 0（$\overline{INT0}$）引脚，利用 P1.0 作为输出，经反相器接发光二极管，如图 5-6 所示。编写程序，每按动一次按钮，产生一个外中断信号，使发光二极管亮或灭。

解：依题意，需对外中断 0 开放中断，则中断允许寄存器 IE 设置如下：

	EA			ES	ET1	EX1	ET0	EX0
IE	1	—	—	0	0	0	0	1

图 5-6 以中断方式使发光二极管状态变化电路仿真图

根据题目要求，参考程序如下：

```
            ORG    0000H
            LJMP   MAIN          ;转主程序
            ORG    0003H         ;外中断0中断入口
            LJMP   EX0INT        ;转中断服务程序入口
            ORG    0030H         ;主程序
  MAIN：    SETB   IT0           ;置下降沿触发方式
            MOV    IE,#81H       ;外中断0开中断
            CLR    P1.0          ;灯的初始状态为暗
  WAIT：    NOP                  ;等待中断
            SJMP   WAIT
            ORG    0100H         ;中断服务程序
  EX0INT：  CPL    P1.0          ;中断处理
            RETI                 ;中断返回
            END
```

5.3 案例：中断系统应用

【任务目的】理解 AT89S51 单片机中断原理及中断过程，掌握中断系统编程方式。用 Proteus 软件设计电路、仿真 AT89S51 单片机外中断过程。

【任务描述】该任务用 AT89S51 单片机外中断功能控制 4 个发光二极管的显示。预先设定发光二极管的亮、灭。当无外中断 0 时，发光二极管不显示，当有外中断 0 输入时，立即产生中断，转而执行中断服务程序，查询相应发光二极管的设定值，使其点亮。

1. 硬件电路设计

双击桌面上 图标，打开 ISIS 7 Professional 窗口。执行菜单命令"File"→"New Design"，新建一个 DEFAULT 模板，保存文件名为"中断系统应用.DSN"。在器件选择按钮 中单击"P"按钮，或执行菜单命令"Library"→"Pick Device/Symbol"，添加表 5-8 所示的元器件。

表 5-8 中断系统应用电路所需元器件清单

序号	元器件	序号	元器件	序号	元器件
1	单片机 AT89C51	4	发光二极管 LED – RED	7	电阻 RES
2	发光二极管 LED – BLUE	5	开关 SW – SPDT	8	与非门 74LS00
3	开关 SW – SPST	6	发光二极管 LED – YELLOW	9	发光二极管 LED – GREEN

在 ISIS 原理图编辑窗口中放置元器件，再单击工具箱中的"元器件终端"图标，在对象选择器中单击"POWER"和"GROUND"放置电源和地。放置好元器件后，布好线。左键双击各元器件，设置相应元器件参数，完成原理图设计，如图 5-7 所示。

图 5-7 中断系统应用电路仿真图

2. 程序设计

参考程序如下：

```
            ORG     0000H
            LJMP    MAIN            ;上电,转向主程序
            ORG     0003H           ;外部中断 0 的入口地址
            LJMP    NEXT            ;转向中断服务程序
            ORG     0030H           ;主程序
MAIN:       SETB    EX0             ;允许外部中断 0 中断
            SETB    IT0             ;选择下降沿触发方式
            SETB    EA              ;开中断
HERE:       SJMP    HERE            ;等待中断
            ORG     0100H           ;中断服务程序
NEXT:       MOV     A,#0FFH
            MOV     P1,A            ;将 P1 口置高电平,准备读引脚
            MOV     A,P1            ;取开关状态
```

```
                SWAP    A                ;A 的高、低 4 位互换
                MOV     P1,A             ;输出驱动 LED 发光
                RETI                     ;中断返回
                END
```

3. 加载目标代码、设置时钟频率

将中断系统应用汇编程序生成目标代码文件"中断.hex",加载到图 5-7 中单片机"Program File"属性栏中,并设置时钟频率为 12 MHz。

4. 仿真

单击图标 ▶ ▌▌ ■ 中的按键 ▶ ,启动仿真。单击图 5-7 中的按键,可以看到二极管亮与灭,不仅取决于对应的按键,最终取决于外中断 0 的控制。

5.4 案例:中断优先控制

【任务目的】理解 AT89S51 单片机中断优先级和优先权,掌握中断系统编程方法。用 Proteus 软件设计电路、仿真 AT89S51 单片机的中断优先级控制。

【任务描述】该任务利用 AT89C51 单片机主程序控制 P0 口数码管循环显示 0~9;外中断 0($\overline{INT0}$)、外中断 1($\overline{INT1}$)发生时分别在 P2、P1 口依次显示 0~9;$\overline{INT1}$ 为高优先级,$\overline{INT0}$ 为低优先级。高优先级可以中断低优先级,低优先级不能中断高优先级,同一优先级不能相互中断。

1. 硬件电路设计

双击桌面上 ISIS 图标,打开 ISIS 7 Professional 窗口。执行菜单命令"File"→"New Design",新建一个 DEFAULT 模板,保存文件名为"中断优先控制.DSN"。在器件选择按钮 PL DEVICES 中单击"P"按钮,或执行菜单命令"Library"→"Pick Device/Symbol",添加表 5-9 所示的元器件。

表 5-9 中断优先控制所需元器件清单

序号	元 器 件	序号	元 器 件	序号	元 器 件
1	单片机 AT89C51	4	电解电容 CAP - ELEC	7	电阻 RES
2	按钮 BUTTON	5	晶振 CRYSTAL 12 MHz	8	排阻 R×8
3	瓷片电容 CAP 30 pF	6	7SEG - COM - AN - GRN	9	排阻 RESPACK - 8

在 ISIS 原理图编辑窗口中放置元器件,再单击工具箱中的"元器件终端"图标 ,在对象选择器中单击"POWER"和"GROUND"放置电源和地。放置好元器件后,布好线。左键双击各元器件,设置相应元器件参数,完成电路设计,如图 5-8 所示。

2. 程序设计

(1) 程序流程图 主程序流程图如图 5-9 所示,中断服务程序流程图如图 5-10 所示。
(2) 程序设计 参考程序如下:

```
                ORG     0000H
                SJMP    START
                ORG     0003H            ;外部中断 0 的入口地址
```

图 5-8　中断优先控制电路仿真图

图 5-9　主程序流程图　　　　图 5-10　中断服务程序流程图

```
          LJMP    W0              ;转向中断0服务程序
          ORG     0013H           ;外部中断1中断入口地址
          LJMP    W1              ;转向中断1服务程序
                                  ;主程序
          ORG     0030H
START：   MOV     IE,#85H         ;开中断
          MOV     TCON,#5         ;选择下降沿触发方式
          MOV     P3,#0FFH
          SETB    PX1             ;外部中断1高优先级
S0：      MOV     A,#0
S1：      PUSH    ACC             ;保护现场
          ACALL   SEG7            ;调显示段码
          MOV     P0,A            ;P0口输出
          ACALL   DELAY           ;调延时
          POP     ACC             ;恢复现场
          INC     A
          CJNE    A,#10,S1        ;显示是否超过9
          SJMP    S0              ;是,从0重新显示
                                  ;外部中断0服务程序
          ORG     1030H
W0：      PUSH    ACC             ;保护现场
          MOV     A,#0
LOOP：    PUSH    ACC             ;保护现场
          ACALL   SEG7            ;调显示段码
          MOV     P2,A            ;P2口输出
          ACALL   DELAY           ;调延时
          POP     ACC             ;恢复现场
          INC     A
          CJNE    A,#10,LOOP      ;显示是否超过9
          POP     ACC             ;恢复现场
          MOV     P2,#0FFH        ;P2口数码管各段全暗
          RETI
                                  ;外部中断1服务程序
          ORG     0230H
W1：      PUSH    ACC             ;保护现场
          MOV     A,#0
LOOP1：   PUSH    ACC             ;保护现场
          ACALL   SEG7
          MOV     P1,A            ;P1口输出
          ACALL   DELAY           ;调延时
          POP     ACC             ;恢复现场
          INC     A
          CJNE    A,#10,LOOP1     ;显示是否超过9
          MOV     P1,#0FFH        ;P1口数码管各段全暗
```

```
          POP    ACC              ;恢复现场
          RETI
                                  ;延时程序
          ORG    0280H
DELAY:    MOV    R7,#250          ;延时子程序,500ms
D1:       MOV    R6,#250
D2:       NOP
          NOP
          NOP
          NOP
          NOP
          NOP
          DJNZ   R6,D2
          DJNZ   R7,D1
          RET
SEG7:     INC    A
          MOVC   A,@A+PC
          RET
          DB     0C0H,0F9H,0A4H,0B0H,99H    ;0~4的共阳型显示码
          DB     92H,82H,0F8H,80H,90H       ;5~9的共阳型显示码
          END
```

3. 加载目标代码、设置时钟频率

将中断优先控制汇编程序生成目标代码文件"中断优先.hex",加载到图5-8中单片机"Program File"属性栏中,并设置时钟频率为12MHz。

4. 仿真

单击图标 ▶ ▐▶ ▍▍ ■ 中的按键 ▶ ,启动仿真。AT89C51单片机主程序控制P0口数码管循环显示0~9;低优先级($\overline{INT0}$)按键闭合,中断P0口数码管显示,在P2口输出依次显示0~9。高优先级($\overline{INT1}$)按键闭合,中断P2口数码管显示,在P1口输出依次显示0~9。

5.5 定时/计数器

在检测、控制和智能仪器等应用中,常用定时器作时钟,实现定时检测、定时控制,还可以用定时器产生毫秒宽的脉冲,驱动步进电动机一类的电气设备。AT89S51单片机有两个可编程的定时/计数器:T0和T1。它们既可以工作在定时状态,也可以工作在计数状态。作为定时器时,不能再作为计数器;反之亦然。

5.5.1 定时/计数器概述

1. 定时/计数器的结构

AT89S51单片机内部有两个可编程的定时/计数器T0、T1。每个定时/计数器都可以实现定时、计数功能。T0、T1的结构框图如图5-11所示。它各有一个16位的加1计数器,计数器由低8位TL和高8位TH组成。图中用特殊功能寄存器TH0、TL0、TH1、TL1表示,每输

入一个脉冲,计数器加 1。当加法计数器计满时,计数器发出溢出信号,可由程序安排产生中断请求信号或不产生中断请求信号。

图 5-11 定时/计数器 T0、T1 的结构图

定时/计数器可由程序选择作为定时器或作为计数器。作为定时器用时,加法计数器对内部机器周期脉冲计数。由于机器周期是定值,如机器周期 = 1 μs,计数值 100,相当于定时 100 μs。脉冲来自 T0(P3.4)或者 T1(P3.5)引脚时,可实现外部事件的计数功能。

TMOD 是定时工作方式寄存器,用来控制 T0、T1 的工作方式。TCON 定时器控制寄存器,用来控制定时器的运行及溢出标志等。

加法计数器的初值可以由程序设定,设置的初值不同,计数值或定时时间就不同。在定时/计数器的工作过程中,加法计数器的内容可由程序读回 CPU。

5.5.2 定时/计数器的控制

1. 工作方式寄存器 TMOD

TMOD 用来选择 T0、T1 的工作方式,低 4 位用于 T0,高 4 位用于 T1,TMOD 不可以进行位操作。TMOD 各位定义见表 5-10。

表 5-10 TMOD 结构及各位名称

定时/计数器	T1				T0			
位名称	GATE	$C/\overline{T}$	M1	M0	GATE	$C/\overline{T}$	M1	M0

(1)定时/计数器工作方式选择位 M1、M0 定时/计数器 4 种工作方式的选择由 M1、M0 的值决定,见表 5-11。

表 5-11 T0、T1 的工作方式

M1	M0	工作方式	工作方式	容 量
0	0	0	13 位计数器,$N=13$	$2^{13}=8192$
0	1	1	16 位计数器,$N=16$	$2^{16}=65536$
1	0	2	两个 8 位计数器,初值自动装入,$N=8$	$2^8=256$
1	1	3	两个 8 位计数器,仅适用于 T0,$N=8$	$2^8=256$

（2）定时/计数器功能选择位 C/T̄ 若 C/T̄ = 1，为计数器工作方式；若 C/T̄ = 0，为定时器工作方式。

（3）门控位 GATE 如果 GATE = 0，定时/计数器的工作只受控制寄存器 TCON 中的运行控制位 TR0/TR1 的控制，与引脚INT0、INT1无关；如果 GATE = 1，定时/计数器 0 的工作受运行控制位 TR0/TR1 和外部输入信号（INT0、INT1）的双重控制。

2. 控制寄存器 TCON

控制寄存器 TCON 的位名称和地址见表 5-12。高 4 位用于控制定时器 0、1 的运行；低 4 位用于控制外部中断。

表 5-12 TCON 结构及位名称、位地址

位名称	TF1	TR1	TF0	TR0	IE1	IT1	IE0	IT0
位地址	8FH	8EH	8DH	8CH	8BH	8AH	89H	88H
位号	TCON.7	TCON.6	TCON.5	TCON.4	TCON.3	TCON.2	TCON.1	TCON.0

（1）TF0 定时/计数器 T0 溢出标志。在启动 TR0 后，T0 从初始开始计数，当最高位产生溢出时，由硬件置 TF0 为"1"，向 CPU 申请中断。CPU 响应 TF0 中断时，由硬件自动将 TF0 清 0，TF0 也可用软件清 0（查询方式）。

（2）TF1 定时/计数器 T1 的溢出标志，功能和 TF0 类似。

（3）TR0 定时/计数器 T0 运行控制位 TR0，由软件置 1/清 0 来开启/关闭。

（4）TR1 定时/计数器 T1 运行控制位 TR1，由软件置 1/清 0 来开启/关闭。

5.5.3 定时/计数器的工作方式

1. 方式 0

当 M1M0 = 00 时，定时/计数器 T1 工作于方式 0，构成 13 位定时/计数器。图 5-12 为定时/计数器 1 方式 0 的结构图。

图 5-12 T1 工作方式 0 的结构图

TH1 是高 8 位加法计数器，TL1 是低 5 位加法计数器（只用 5 位，其高 3 位未用）。TL1 低 5 位计数满时不向 TL1 的第 6 位进位，而是向 TH1 进位。13 位计数溢出时，TF1 = 1，请求中断，最大计数值为 2^{13} = 8192（计数器初值为 0 时）。

可用程序将 0~8191 的某一数送入 TH1、TL1 作为初值，TH1、TL1 从初值开始计数直至溢出。所以设置的初值不同，定时或计数也不同。要注意的是：加法计数器 TH1 溢出后，必须用程序重新对 TH1、TL1 设置初值，否则下一次 TH1、TL1 将从 0 开始加法计数。

2. 方式1

当 M1M0 = 01 时，定时/计数器 T1 工作于方式 1，构成 16 位定时/计数器。图 5-13 为定时/计数器 1 方式 1 的结构图，由 TH1 高 8 位、TL1 低 8 位组成。16 位计数溢出时，TF1 = 1，请求中断，最大计数值为 2^{16} = 65536（计数器初值为 0 时）。其他与工作方式 0 相同。

图 5-13 T1 工作方式 1 的结构图

3. 方式2

当 M1M0 = 10 时，定时/计数器 T1 工作于方式 2。方式 2 是自动重新装入初值（自动重装载）的 8 位定时/计数器，结构如图 5-14 所示。

图 5-14 T1 工作方式 2 的结构图

在图 5-14 中，TL1 作为 8 位加法计数器使用。TH1 作为初值寄存器使用。TH1、TL1 的初值都由软件预置。TL1 计算溢出时，不仅置位 TF1，而且发出重装载信号，使三态门打开，将 TH1 中初值自动送入 TL1，使 TL1 从初值开始重新计数。重新装入初值后，TH1 的内容保持不变。工作方式 2 最大计数值为 2^8 = 256。可以看出，方式 2 的优点是定时初值可自动恢复，缺点是计数范围小。

4. 方式3

当 M1M0 = 11 时，定时/计数器 T1 工作于方式 3。T0 有工作方式 3，T1 无工作方式 3。有关工作方式 3 的情况，读者可参阅有关资料。

5.5.4 定时/计数器的编程和应用

1. 最大计数容量

定时/计数器本质上是个加 1 计数器，每来一个脉冲，计数器计数加 1，其最大的计数量就是定时/计数器的最大计数容量，若用 N 表示计数的位数，则最大计数容量 = 2^N。

若定时/计数器工作在方式 2，则 N = 8，为 8 位计数器，计数容量为 256。若从 0 开始计数，当计到 256 个数时，计数器的内容由 FFH 变为 100H，因为 8 位计数器只能容纳 8 位数，所以计数产生溢出,定时/计数器的中断标志位(TF0 或 TF1)被置 1,请求中断,与此同时,计数器内容变为 0。在方式 0 和方式 1 下,其最大计数容量分别为 $2^{13}=8192$ 和 $2^{16}=65536$。

2. 初值确定方法

定时/计数器的计数起点不一定要从 0 开始。计数起点可根据需要,预先设定为 0 或任意小于计数容量的值。这个预先设定的计数起点值称为计数初值。从该初值开始计数,直到计数溢出,计数容量为 $(2^N-$ 初值$)$。定时/计数器用作定时器时,由单片机内部提供脉冲源,为晶振频率 f_{osc} 的 1/12,其周期就是机器周期,当工作方式确定后,N 便可确定。定时时间与计数初值之间有如下关系式:

$$定时时间 = (2^N - 初值) \times 机器周期$$

$$初值 = 2^N - 定时时间/机器周期$$

其中,机器周期 $=12/f_{osc}$。所以又有

$$初值 = 2^N - (定时时间 \times f_{osc})/12$$

显然,初值为零时的定时时间最大,称为最大定时时间。

3. 初始化

初始化程序主要完成以下工作:

1) 对 TMOD 赋值,确定 T0 和 T1 的工作方式。
2) 计算初值,并将其送入 TH0、TL0 或 TH1、TL1。
3) 如使用中断,则还要对 IE 进行赋值,开放中断。
4) 将 TR0 或 TR1 置位,启动定时/计数器。

【例 5-4】 已知某单片机振荡频率 $f_{osc}=12\,\text{MHz}$,使用定时器产生周期为 1 ms 的等宽方波,由 P1.0 端输出。(1) 使用定时器 1,以工作方式 0,采用查询方式;(2) 使用定时器 0,以工作方式 1,采用中断方式。

解:

(1) 使用定时器 1,工作方式 0,查询方式为

1) 计算计数初值 TH1、TL1。要产生 1 ms 的等宽方波,只要使用 P1.0 端交替输出各为 500 μs 的高、低电平即可。定时时间为 500 μs,设计数初值为 x,由下式可得:

$$(2^{13}-x) \times 12/(12 \times 10^6) = 500 \times 10^{-6}$$

解得 $x=7692$,转化为二进制为 000 11110000 01100。将其低 5 位装入 TL1,TL1 = 0CH;高 8 位装入 TH1,TH1 = 0F0H。

2) TMOD 寄存器初始化。定时器 1 定时功能,$C/\overline{T}=0$;无需 $\overline{INT0}$ 控制,GATE = 0;工作方式为 M1M0 = 00,定时器 0 不用,有关位均设为 0。因此,TMOD 寄存器的内容为 00H。

3) TR 及 IE 的使用。因为查询方式,要关闭中断,IE 为 0。启动计数时,TR1 要置 1。

4) 程序设计如下:

```
        ORG    0000H
        MOV    TMOD,#00H    ;设置 T1 为工作方式 0
        MOV    TH1,#0F0H    ;设置计数初值
        MOV    TL1,#0CH
        MOV    IE,#00H      ;禁止中断
        SETB   TR1          ;启动定时
LOOP:   JNB    TF1,LOOP     ;查询计数溢出
```

```
        CPL    P1.0              ;输出取反
        MOV    TH1,#0F0H         ;重新设置计数初值
        MOV    TL1,#0CH
        CLR    TF1               ;清除计数溢出标志位
        AJMP   LOOP
        END
```

(2) 使用定时器0，工作方式1，中断方式为

1) 计算计数初值。由下式得：
$$(2^{16} - x) \times 12/(12 \times 10^6) = 500 \times 10^{-6}$$
$$x = 2^{16} - 500 = 10000H - 1F4H = 0FE0CH$$

所以 TH0 = 0FEH，TL0 = 0CH。

2) TMOD 寄存器初始化。

(TMOD) = 01H

3) IE 及 IR 的使用。中断方式，要使 EA = 1 及 ET0 开放中断。由 TR0 = 1 启动定时。

4) 程序设计如下：

```
;主程序
        ORG    0000H
        LJMP   START
        ORG    000BH
        LJMP   T0F
        ORG    0100H
START:  MOV    TMOD,#01H         ;定时器0 工作方式1
        MOV    TH0,#0FEH         ;设置计数初值
        MOV    TL0,#0CH
        SETB   EA                ;开放中断
        SETB   ET0               ;开放定时0 中断
        SETB   TR0               ;定时开始
        SJMP   $                 ;等待中断
;中断服务程序
        ORG    0200H
T0F:    CPL    P1.0              ;输出取反
        MOV    TH0,#0FEH         ;重新设置计数初值
        MOV    TL0,#0CH
        RETI
        END
```

【例5-5】使用定时器0以工作方式2，由P1.6输出周期为100μs 连续等宽方波。已知晶振频率为12 MHz。

解： 计算计数初值

等宽方波周期100μs，定时时间应为50μs，设计数初值为 x，可得
$$(2^8 - x) \times 12/(12 \times 10^6) = 50 \times 10^{-6}$$

$$x = 2^8 - 50 = 100H - 32H = 0CH$$

程序设计如下：

```
;主程序
        ORG     0000H
        LJMP    MAIN
        ORG     000BH
        LJMP    T0F
        ORG     0100H
MAIN:   MOV     TMOD,#02H
        MOV     TH0,#0CEH
        MOV     TL0,#0CEH
        SETB    EA
        SETB    ET0
        SETB    TR0
        SJMP    $
;中断服务程序
        ORG     0200H
T0F:    CPL     P1.6
        RETI
        END
```

5.6 案例：60 s 倒计时装置电路设计

【任务目的】理解定时及定时中断原理，掌握中断与定时/计数器综合程序设计及外围电路的设计。

【任务描述】AT89S51 有两个定时/计数器，在任务中，定时/计数器1（T1）作定时器用，选用方式1。基本定时时间为50 ms，则定时溢出次数计数达20次为定时1 s。显示器采用共阳极数码管，静态显示，每1 s显示刷新一次。

1. 硬件电路设计

双击桌面上 ISIS 图标，打开 ISIS 7 Professional 窗口。执行菜单命令"File"→"New Design"，新建一个 DEFAULT 模板，保存文件名为"60s倒计时.DSN"。在器件选择按钮 P L DEVICES 中单击"P"按钮，或执行菜单命令"Library"→"Pick Device/Symbol"，添加表 5-13 所示的元器件。

表 5-13 60 s 倒计时装置所需元器件清单

序号	元器件	序号	元器件	序号	元器件	序号	元器件
1	单片机 AT89C51.BUS	3	瓷片电容 CAP 30 pF	5	晶振 CRYSTAL 12 MHz	7	电阻 RES
2	按钮 BUTTON	4	电解电容 CAP-ELEC	6	7SEG-COM-AN-GRN	8	排阻 R×8

在 ISIS 原理图编辑窗口中放置元器件，再单击工具箱中的"元器件终端"图标，在对象选择器中单击"POWER"和"GROUND"放置电源和地。放置好元器件后，布好线。左键双击各元器件，设置相应元器件参数，完成电路设计，如图 5-15 所示。

图 5-15 60 s 倒计时电路仿真图

2. 程序设计

（1）程序流程 主程序流程图如图 5-16 所示，中断服务程序流程图如图 5-17 所示。

图 5-16 主程序流程图

图 5-17 中断服务程序流程图

(2) 参考程序　参考程序如下：

```
            ORG    0000H
            SJMP   MAIN
            ORG    001BH
            LJMP   TS              ;转 T1 中断服务程序
;**********************
; 主程序
;**********************
            ORG    0030H
MAIN:       MOV    R1,#60          ;倒计时初值
            MOV    R2,#20          ;定时中断溢出计数器 R2 初值为 20
            MOV    IE,#88H         ;T1 开中断
            MOV    TMOD,#10H       ;T1 方式 1
            MOV    TH1,#3CH        ;定时初值
            MOV    TL1,#0B0H       ;定时初值
            SETB   TR1             ;启动 T1
            ACALL  DIS
            SJMP   $
;**********************
;定时器 1 中断服务子程序
;**********************
            ORG    0100H
TS:         MOV    TH,#3CH         ;重装初值
            MOV    TL1,#0B0H
            DJNZ   R2,TS1          ;定时 1 s 到否
            MOV    R2,#20          ;到 1 s,重置 R2 = 20
            DJNZ   R1,TS0          ;倒计时递减
            CLR    TR1             ;倒计时结束,关定时器
            SJMP   TS1
TS0:        ACALL  DIS             ;调显示
TS1:        RETI                   ;中断返回
;**********************
;单字节十六进制数转为十进制数子程序
;**********************
DIS:        MOV    A,R1
            MOV    B,#10
            DIV    AB
            ACALL  SEG7            ;显示十位
            MOV    P1,A
            MOV    A,B
            ACALL  SEG7            ;显示个位
            MOV    P2,A
```

107

```
                RET                              ;子程序返回
    SEG7:   INC     A
            MOVC    A,@A+PC                      ;取显示段
            RET
            DB      0C0H,0F9H,0A4H,0B0H          ;0~3 的共阳型显示码
            DB      99H,92H,82H,0F8H             ;4~7 的共阳型显示码
            DB      80H,90H,88H,83H              ;8~B 的共阳型显示码
            DB      0C6H,0A1H,86H,8EH            ;C~F 的共阳型显示码
            END
```

3. 加载目标代码、设置时钟频率

将 60 s 倒计时装置汇编程序生成目标代码文件"60 s 倒计时. hex",加载到图 5-15 中单片机"Program File"属性栏中,并设置时钟频率为 12 MHz。

4. 仿真

单击图标 ▶ ▐▶ ▐▐ ■ 中的按键 ▶ ,启动仿真。可以见到两个数码管从 60 开始显示,每 1 s 显示刷新一次,数据依次递减,直到显示 01 停止,完成 60 s 倒计时。

思考题与习题

一、填空题

1. AT89S51 单片机的五个中断源的中断入口地址分别是$\overline{INT0}$:_____;$\overline{INT1}$:_____;T0:_____;T1:_____;串行口:_____。

2. AT89S51 单片机中断系统中共有_____、_____、_____、_____、_____五个中断源,其中在相同优先级的情况下,优先权最高的是_____,优先权最低的是_____。

3. 在 CPU 未执行同级或更高优先级中断服务程序的条件下,中断响应等待时间最少需要_____。

4. AT89S51 单片机的堆栈区只可设置在_____,堆栈寄存器 SP 是_____位寄存器。

5. 若(IP) = 00010100B,则中断优先级最高者为_____,最低者为_____。

6. 对中断进行查询时,查询的中断标志位共有_____、_____、_____、_____、_____和_____六个中断标志位。

7. AT89S51 单片机内部有_____个位加 1 定时/计数器,可通过编程决定它们的工作方式,其中可进行 13 位定时/计数器的是方式是_____。

8. 处理定时/计数器的溢出请求有两种方法,分别是中断方式和查询方式。使用中断方式时,必须_____;使用查询方式时,必须_____。

9. 假定定时器 1 工作在方式 2,单片机的振荡频率为 6 MHz,则最大的定时时间为_____。

二、选择题

1. CPU 响应中断后,能自动清除中断请求"1"标志的有( )。
   A. $\overline{INT0}/\overline{INT1}$采用电平触发方式   B. $\overline{INT0}/\overline{INT1}$采用两边触发方式
   C. 定时/计数器 T0/T1 中断   D. 串行口中断 TI/RI

2. AT89S51 单片机五个中断源中,属外部中断的有( )。
   A. $\overline{INT0}$ B. $\overline{INT1}$

C. T0   D. T1
E. TI   F. RI

3. 按下列中断优先顺序排列，有可能实现的有（　　）。
    A. T1、T0、$\overline{INT0}$、$\overline{INT1}$、串行口   B. $\overline{INT0}$、T1、T0、$\overline{INT1}$、串行口
    C. $\overline{INT0}$、$\overline{INT1}$、串行口、T0、T1   D. $\overline{INT1}$、串行口、T0、$\overline{INT0}$、T1

4. 各中断源发出的中断申请信号，都会标记在 AT89S51 系统中的（　　）中。
    A. TMOD   B. TCON/SCON
    C. IE   D. IP

5. 外中断初始化的内容不包括（　　）。
    A. 设置中断响应方式   B. 设置外中断允许
    C. 设置中断总允许   D. 设置中断触发方式

6. 在 AT89S51 单片机中，需要软件实现中断撤销的是（　　）。
    A. 定时中断   B. 脉冲触发的外部中断
    C. 电平触发的外部中断   D. 串行口中断

7. 在下列寄存器中，与定时/计数器控制无关的是（　　）。
    A. TCON   B. SCON
    C. IE   D. TMOD

8. 与定时工作方式 0 和 1 相比较，定时工作方式 2 具备的特点是（　　）。
    A. 计数溢出后能自动恢复计数初值
    B. 增加计数器的位数
    C. 提高了定时的精度
    D. 适于循环定时和循环计数

9. 对定时器 0 进行关中断操作，需要复位中断允许控制寄存器的（　　）。
    A. EA 和 ET0   B. EA 和 EX0
    C. EA 和 ET1   D. EA 和 EX1

三、判断题

1. 中断响应最快响应时间为 3 个机器周期。（　　）
2. AT89S51 单片机每个中断源相应地在芯片上都有其中断请求输入引脚。（　　）
3. AT89S51 单片机对最高优先权的中断响应是无条件的。（　　）
4. 中断初始化时，对中断控制器的状态设置，只可使用位操作指令，而不能使用字节操作指令。（　　）
5. 外部中断$\overline{INT0}$入口地址为 0013H。（　　）

四、简答题

1. 什么叫中断？AT89S51 单片机能提供几个中断源？几个优先级？各个中断源的优先级怎样确定？在同一优先级中各个中断源的优先级怎样确定？
2. 写出 AT89S51 单片机五个中断源的入口地址、中断请求标志位名称、位地址及其所在的特殊功能寄存器。
3. 打开 AT89S51 单片机外中断 1，如何操作？写出操作指令。
4. AT89S51 单片机有几个定时/计数器？定时和计数有何异同？

5. AT89S51 单片机内部的定时/计数器控制寄存器有哪些？各有何作用？

6. 定时器 T0 和 T1 各有几种工作方式？

7. 设 AT89S51 单片机的晶振频率为 12 MHz，问定时器处于不同的工作方式时，最大定时范围分别是多少？

8. 设单片机的 $f_{OSC}=12$ MHz，要求用 T0 定时 150 μs，分别计算采用定时方式 0、定时方式 1 和定时方式 2 的定时初值。

五、编程题

1. 使用定时器从 P1.0 输出周期为 1 s 的方波，设系统时钟频率为 12 MHz。

2. 将定时器 T1 设置为外部事件计数器，要求每计 500 个脉冲，T1 转为定时方式，在 P1.2 输出一个脉宽 10 ms 的正脉冲。设系统时钟频率为 12 MHz。

3. 已知 $f_{OSC}=12$ MHz，采用查询方式编写 24 小时制的模拟电子钟程序，将秒、分钟、小时分别存放于 R2、R3、R4 中。

第6章　单片机人机交互通道的接口技术

【知识目标】
1. 正确使用 LED 数码管、LCD。掌握单片机的静态、动态显示电路设计及程序设计。
2. 掌握矩阵式键盘工作原理及程序设计。

【技能目标】
1. 掌握利用 Keil 软件进行键盘、显示电路的程序设计及调试。
2. 掌握利用 Proteus 软件完成键盘、显示电路的程序设计及调试。

6.1　单片机与 LED 数码管的接口技术

在单片机系统中，要实现良好的人-机界面，除了需要键盘等输入设备以外，一般还配有显示输出设备。常用的显示器有：发光二极管显示器（简称 LED 显示器）和液晶显示器（简称 LCD 显示器）。LED 显示器和 LCD 具有结构简单、成本低、配置灵活、与单片机接口方便等特点。

6.1.1　LED 的结构

1. LED 的结构和显示原理

发光二极管（LED）是由半导体发光材料做成的 PN 结，只要在发光二极管两端通过正向电流 5~20 mA 就能正常发光。LED 的发光颜色通常有红、绿、黄、白，其外形和电气图形符号如图 6-1 所示。单个 LED 通常是通过点亮、熄灭来指示系统运行状态和用快速闪烁来报警。

图 6-1　LED 外形及图形符号
a）外形　b）图形符号

通常所说的 LED 显示器由 7 个条形发光二极管组成，因此也称为七段 LED 数码管显示器。其排列形状如图 6-2a 所示。数码管中还有一个圆点型发光二极管（在图中以 dp 表示），用于显示小数点。通过 7 个 LED 亮暗的不同组合，可以显示多种数字、字母以及其他符号。LED 数码管中的发光二极管有共阳极和共阴极两种连接方法，如图 6-2 所示。

（1）共阳极接法　把 LED 的阳极连在一起构成公共阳极。使用时公共端 COM 接 +5 V。当阴极端输入低电平的段，对应 LED 导通点亮；当输入高电平的段，对应 LED 截止不点亮。

（2）共阴极接法　把 LED 的阴极连在一起构成公共阴极。使用时公共端 COM 接地，当阳

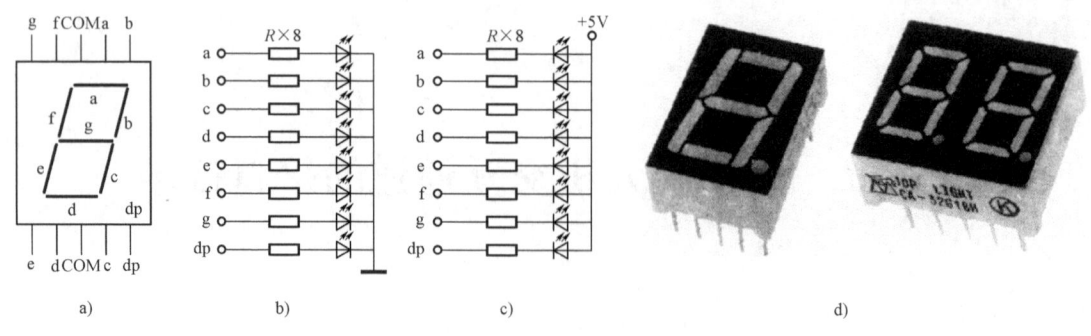

图 6-2 LED 数码管
a）引脚图 b）共阴极 c）共阳极 d）数码管外形

极端输入高电平的段，对应 LED 导通点亮；当阳极端输入低电平的段，对应 LED 截止不点亮。

2. 字形码（字段码）

由数码管的结构可知，直接将要显示的数码或字符发送到显示器的驱动端是不可能正确显示的，七段 LED 显示器所显示的字形是由对应的字形代码确定的。七段 LED，再加上一个小数点位，共计八段。因此，提供给 LED 显示器的字形代码正好一个字节。各位代码位的对应关系见表 6-1。

表 6-1 各位代码位的对应关系

代码位	D7	D6	D5	D4	D3	D2	D1	D0
显示段	dp	g	f	e	d	c	b	a

用 LED 显示器，显示十六进制数的字形代码见表 6-2。

表 6-2 十六进制数字形代码表

字形	共阳极代码	共阴极代码	字形	共阳极代码	共阴极代码
0	C0H	3FH	9	90H	6FH
1	F9H	06H	A	88H	77H
2	A4H	5BH	B	83H	7CH
3	B0H	4FH	C	C6H	39H
4	99H	66H	D	A1H	5EH
5	92H	6DH	E	86H	79H
6	82H	7DH	F	8EH	71H
7	F8H	07H	暗	FFH	00H
8	80H	7FH			

要获得显示数据的字段码，一般可以通过硬件译码或软件译码方式得到。硬件译码采用专用译码器芯片将 BCD 码译成 LED 显示需要的字段码。软件译码采用程序转换方法是将等待显示数据，翻译成显示字段码，通过数据总线直接驱动输出字段码。硬件译码可以简化程序，减少对 CPU 的依赖；软件译码则能充分发挥 CPU 功能，简化硬件结构，降低成本。在单片机实际应用系统中，普遍采用软件译码。

在单片机应用系统中，只有一位的数字显示是不常见的，往往要驱动多个 LED 数码管。一般来说，显示器显示常用静态显示和动态扫描显示两种方法。

6.1.2 LED 显示器应用

1. 静态显示

静态显示就是当数码管显示器显示某一字符时，相应段的 LED 恒定地导通或截止。这种显示方法的每一位 LED 都需要有一个 8 位输出口控制。

静态显示的优点是显示稳定，在 LED 导通、电流一定的情况下数码管的亮度高。控制系统在运行过程中，仅仅在需要更新显示内容时，CPU 才执行一次显示更新子程序，这样大大节省了 CPU 的时间，提高了 CPU 的工作效率；缺点是位数较多时，所需的 I/O 接口较多，硬件开销太大。静态显示电路如图 6-3 所示。

【例 6-1】编程实现在两个 LED 数码管上显示数字"1""2"。

解：LED 数码管采用共阳极接法，只需要写两条指令：

　　MOV　P0,#0F9H
　　MOV　P2,#0A4H

静态显示接口电路仿真图如图 6-3 所示，其中 RN1、RN2 为电阻排，起限流作用。

图 6-3　静态显示接口电路仿真图

2. 动态显示

动态显示就是一位一位地轮流点亮各位显示器（扫描），对于显示器的每一位而言，每隔一段时间点亮一次。在同一时刻只有一位显示器在工作（点亮），利用人眼的视觉暂留效应和 LED 熄灭时的余辉效应，看到的却是多个字符"同时"显示。一般来说，1 s 内对 4 位数码管扫描 24 次，就可看到不闪烁的显示，即扫描一次时间约为 42 ms。由此可以计算出，对应于每位数码管，显示延时约为 11 ms。经实验证实，每位延时超过 18 ms，就可以观察到明显的闪烁，例 6-1 中选择每位数码管延时时间为 10 ms。

显示器亮度既与点亮时的导通电流有关，也与点亮时间和间隔时间的比例有关。调整电流和时间参数,可实现亮度较高且稳定地显示。

动态显示器的优点是节省硬件资源,成本较低。但在控制系统运行过程中,为了保证显示器正常显示,CPU 必须每隔一段时间执行一次显示子程序,占用 CPU 大量时间,降低了 CPU 的工作效率,同时显示亮度较静态显示器低。

若显示器的位数不大于 8 位,则控制显示器公共端电位只需一个 8 位 I/O 接口(称为扫描口或字位口),控制各位 LED 显示器所显示的字形也需要一个 8 位接口(称为数据口或字形口)。

【例 6-2】编程实现四位一体共阳极数码管从左到右显示数字"1""2""3""4"。

解:数码管动态显示电路仿真图如图 6-4 所示。晶振为 12 MHz,设计采用动态显示数码管方式,它既满足 4 个数码管的显示要求,又节省了单片机的 I/O 口资源。采用共阳极数码管,与其相串的 7 只限流电阻为 300 Ω(电路采用电阻排 RN1)。

图 6-4 数码管动态显示电路仿真图

接口程序设计如下:

```
            ORG    0000H
            SJMP   START
            ORG    0030H
    START:  MOV    P1,#0FFH      ;闭位选口
            MOV    P0,#0FFH      ;关闭段选口
    L1:     MOV    R0,#1         ;计数器预设为1
            MOV    R1,#0FEH      ;选通 P1.0 控制的显示器
    L2:     MOV    A,R0
```

```
           LCALL  SEG7              ;将 R0 中的数字转换为显示码,从 P0 口输出
           CPL    A                 ;取反,将阴码变为阳码
           MOV    P0,A              ;通过 R0 得到的显示段码送 P0 口
           MOV    A,R1              ;未选通数据送 P1
           MOV    P1,A
           LCALL  DLY               ;延时 10 ms
           MOV    P1,#0FFH          ;关闭选通位
           INC    R0                ;计数加 1
           CJNE   R0,#5H,L3         ;4 位是否扫描完
           SJMP   L1                ;1~4 扫完重新开始
    L3:    MOV    A,R1              ;1~4 依次显示
           RL     A                 ;更新选通位
           MOV    R1,A
           SJMP   L2                ;循环,显示下一位
    DLY:   MOV    R7,#14H           ;延时 10 ms
    DL1:   MOV    R6,#0
           DJNZ   R6,$
           DJNZ   R7,DL1
           RET
    SEG7:  INC    A                 ;将数字转换为显示码
           MOVC   A,@A+PC
           RET
           DB     3FH,06H,5BH,4FH
           DB     66H,6DH,7DH,07H
           DB     7FH,6FH,77H,7CH
           DB     39H,5EH,79H,71H
           END
```

说明:在实际的单片机系统中,LED 显示程序都是作为一个子程序供监控程序调用。因此各位显示器都扫过后,就返回监控程序。返回监控程序后,经过一段时间间隔后,再调用显示扫描程序。通过这种反复调用来实现 LED 显示器的动态扫描。

6.2 单片机与字符型 LCD 的接口技术

液晶显示器(LCD)由于其体积小巧和功耗低等特点已在显示器领域获得了广泛应用。在单片机系统中也随处可见 LCD 的影子。在单片机系统中广泛应用的 LCD 主要有两种:字符型和点阵型。字符型可以用来显示 ASCII 码字符,点阵型可用来显示中文、图形等更复杂的内容。

6.2.1 基础知识

1. 字符型 LCD 结构

字符型 LCD 是专用于显示字母、数字、符号等的点阵式 LCD。它们多与 HD44780 控制驱动器集成在一起,构成字符型 LCD 模块,用 LCM 表示,有 16×1、16×2、20×2、40×2 等产

品。图 6-5 所示 1602 型字符液晶是 16×2（每行显示 16 个，两行共 32 个 ASCII 码字符）模块，接口引脚为 16 条。1601、1602 两种液晶显示模块的引脚定义相同，见表 6-3。

图 6-5　LCD1602 外形及引脚分配图
a）外形图　b）引脚分配图

表 6-3　液晶显示模块的引脚定义

编号	符号	引脚说明	编号	符号	引脚说明
1	V_{SS}	接地	9	D2	Data I/O
2	V_{CC}	+5V	10	D3	Data I/O
3	VL	液晶显示的偏压信号	11	D4	Data I/O
4	RS	数据/命令选择端	12	D5	Data I/O
5	R/W	读写选择端	13	D6	Data I/O
6	E	使能信号	14	D7	Data I/O
7	D0	Data I/O	15	BLA	背光源正极
8	D1	Data I/O	16	BLK	背光源负极

2. LCD1602 的控制命令

LCD1602 内部采用一片型号为 HD44780 的集成电路作为控制器。它具有驱动和控制两个主要功能。内部包含了 80B 显示缓冲区 DDRAM 及用户自定义的字符发生存储器（CGROM），可以用于显示数字、英文字母、常用符号和日文假名等，每个字符都有一个固定代码，如数字的代码为 30H~39H。将这些字符代码输入 DDRAM 中就可以显示。还可以通过对 HD44780 的编程实现字符的移动、闪烁等功能。

显示缓冲区的地址分配按 16×2 格式一一对应，格式如下：

00	01	02	03	04	05	06	07	08	09	0A	0B	0C	0D	0E	0F	…	27
40	41	42	43	44	45	46	47	48	49	4A	4B	4C	4D	4E	4F	…	67

如果是第一行第一列，则地址为 00H；若为第二行第五列，则地址为 44H。

控制器内部设有一个数据地址指针，可用它访问内部显示缓冲区的所有地址，数据指针的设置必须在缓冲区地址基础上加 80H。例如，要访问左上方第一行第一列的数据，则指针为 80H+00H=80H。

LCD1602 内部控制器有四种工作状态。

1）当 RS=0、RW=1、E=1 时，可从控制器中读出当前的工作状态。

2) 当 RS = 0、RW = 0、E = 上升沿时,可向控制器写入控制命令。
3) 当 RS = 1、RW = 1、E = 1 时,可从控制器中读数据。
4) 当 RS = 1、RW = 0、E = 上升沿时,可向控制器写入数据。
LCD1602 内部控制命令共有 11 条,这里简单介绍以下几条。
(1) 清屏

功能	RS	R/W	E	D7	D6	D5	D4	D3	D2	D1	D0
清屏	0	0	1	0	0	0	0	0	0	0	1

该命令用于清除显示器的内容,即将 DDRAM 中的内容全部写入"空"的 ASCII 码"20H"。

此时,光标回到显示器的左上方。同时将地址计数器 AC 的值设置为 0。
(2) 光标归位

功能	RS	R/W	E	D7	D6	D5	D4	D3	D2	D1	D0
光标归位	0	0	1	0	0	0	0	0	0	1	×

该命令用于将光标回到显示器的左上方,同时地址计数器 AC 值设置为 0,DDRAM 中的内容不变。
(3) 模式设定

功能	RS	R/W	E	D7	D6	D5	D4	D3	D2	D1	D0
模式设定	0	0	1	0	0	0	0	0	1	I/D	S

该命令用于设定每写入一个字节数据后,光标的移动方向及字符是否移动。
1) 若 I/D = 0、S = 0,则光标左移一格且地址计数器 AC 减 1。
2) 若 I/D = 1、S = 0,则光标右移一格且地址计数器 AC 加 1。
3) 若 I/D = 0、S = 1,则显示器字符全部右移一格,但光标不动。
4) 若 I/D = 1、S = 1,则显示器字符全部左移一格,但光标不动。
(4) 显示器开关控制

功能	RS	R/W	E	D7	D6	D5	D4	D3	D2	D1	D0
开关控制	0	0	1	0	0	0	0	1	D	C	B

控制显示器开/关,光标显示/关闭以及光标是否闪烁。
1) 当 D = 1 时,显示器显示;当 D = 0 时,显示器不显示。
2) 当 C = 1 时,光标显示;当 C = 0 时,光标不显示。
3) 当 B = 1 时,光标闪烁;当 B = 0 时;光标不闪烁。
(5) 功能设定

功能	RS	R/W	E	D7	D6	D5	D4	D3	D2	D1	D0
功能设定	0	0	1	0	0	1	1	1	0	0	0

该命令表示设定当前显示器的显示方式为 16×2,字符点阵为 5×7,8 位数据接口。

6.2.2 接口电路设计

对 LCD1602 的编程分两步完成。首先进行初始化,即先设置液晶控制模块的工作方式、显示模式控制、光标位置控制、起始位置控制、起始字符地址等,然后再将待输出显示的数据传送出去。

AT89S51 单片机与 LCD1602 的接口电路如图 6-6 所示。其中,VL 用于调整液晶显示器的对比度。接地时,对比度最高;接电源时,对比度最低。

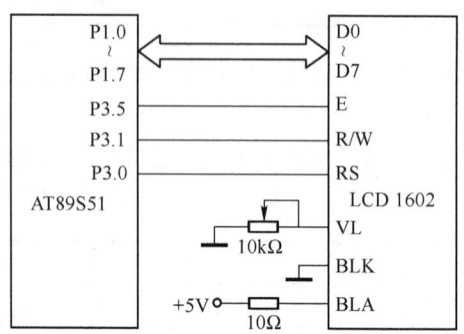

图 6-6 LCD1602 的接口电路原理图

【例 6-3】设计将字符"B"通过液晶模块 LM016L 显示在屏幕的中间。

解:1. 硬件电路设计

LM016L 液晶显示电路仿真图如图 6-7 所示。

图 6-7 LM016L 液晶显示电路仿真图

2. 接口程序设计

参考程序如下:

```
        ORG     0000H
        LJMP    START
        ORG     000BH
        LJMP    L1
        ORG     0100H
```

```
START:  MOV    TMOD,#00H
        MOV    TH0,#00H
        MOV    TL0,#00H
        MOV    IE,#82H
        SETB   TR0
        MOV    R5,#50H
        MOV    SP,#60H
        LCALL  NEXT              ;调用初始化程序
        MOV    A,#88H             ;写入显示地址
        ACALL  WHITE
        MOV    A,#42H             ;字母"B"的代码
        LCALL  WDR
        SJMP   $
L1:     MOV    TH0,#00H           ;中断服务子程序
        MOV    TL0,#00H
        DJNZ   R5,L2
        MOV    R5,#50H
L2:     RETI
NEXT:   MOV    A,#38H             ;初始化功能设定,显示方式为 16×2
        LCALL  WHITE
        MOV    A,#0EH             ;显示器开、光标开、光标不闪烁
        LCALL  WHITE
        MOV    A,#06H             ;字符不动,光标自动右移一格
        LCALL  WHITE
        RET
WHITE:  LCALL  L3                 ;写入指令寄存器子程序
        CLR    P3.5               ;提供 E 端上升沿脉冲
        CLR    P3.0               ;使 RS=0,选通命令寄存器
        CLR    P3.1               ;使 R/W=0,发出写信号
        SETB   P3.5
        MOV    P1,A               ;写控制命令
        CLR    P3.5
        RET
WDR:    LCALL  L3                 ;写入数据寄存器子程序
        CLR    P3.5               ;提供 E 端上升沿脉冲
        SETB   P3.0               ;使 RS=0,选通命令寄存器
        CLR    P3.1               ;使 R/W=0,发出写信号
        SETB   P3.5
        MOV    P1,A               ;写显示数据
        CLR    P3.5
        RET
L3:     PUSH   ACC                ;检查忙碌子程序
LOOP:   CLR    P3.0
        SETB   P3.1               ;使 R/W=1,发出读信号
```

```
            CLR    P3.5
            SETB   P3.5
            MOV    A,P1              ;读状态
            CLR    P3.5
            JB     ACC.7,LOOP        ;若最高位=1,表示 LCD 忙,等待
            POP    ACC
            ACALL  DELAY
            RET
    DELAY:  MOV    R6,#255           ;延时子程序
    D1:     MOV    R7,#255
    D2:     DJNZ   R7,D2
            DJNZ   R6,D1
            RET
            END
```

6.3 单片机与键盘的接口技术

在微机应用系统中,为了输入数据、查询和控制系统的工作状态,一般都设置有键盘,主要包括数字键、复位键和各种功能键。根据按键的连接方式可分为独立式按键和矩阵式键盘。本节主要讲述单片机与矩阵式键盘的接口技术。

6.3.1 键盘概述

1. 键的可靠输入

常用键盘的键是一个机械开关结构,按键被按下时,由于机械触点的弹性作用,在触点闭合或断开的瞬间会出现电压抖动,抖动的时间一般为 5~10 ms,如图 6-8 所示。抖动现象会引起单片机对一次按键操作进行多次处理,因此必须加入去抖动措施。

图 6-8 按键电压波形

去抖动有硬件和软件两种方法。硬件方法就是在键盘中附加去抖动电路(RS 触发器),从根本上消除抖动产生的可能性;而软件方法则是采用时间延迟以躲过抖动(延时 5~10 ms 即可),等待行线上状态稳定之后,再进行状态输入。一般多采用软件方法。

2. 独立式键盘

独立式键盘是一组相互独立的按键,这些按键可直接与单片机的 I/O 接口或扩展口相连,每个按键独占一条口线,接口简单,电路如图 6-9 所示。按键输入采用低电平有效,上拉电阻保证按键断开时,I/O 口线有确定的高电平。当 I/O 口的内部有上拉电阻时,外电路可不连

接上拉电阻。图中虚线部分为中断按键处理法而设定。

图 6-9 独立式按键电路

【例 6-4】 如图 6-9 所示，S0、S1、S2 按键分别与单片机的 P1.0、P1.1、P1.2 相连，当不考虑虚线内电路时，试编制键盘管理程序。

解：参考程序如下：

```
        ORG    0000H
KEY:    MOV    P1,#0FFH     ;置 P1 口为输入态
        MOV    A,P1         ;读键
        CPL    A            ;取反
        ANL    A,#07H       ;屏蔽高 5 位
        JZ     NEXT         ;无键闭合,返回
        LCALL  DELAY        ;延时 12 ms,去抖动
        JB     ACC.0,S0     ;转 S0 键功能程序
        JB     ACC.1,S1     ;转 S1 键功能程序
        JB     ACC.2,S2     ;转 S2 键功能程序
NEXT:   SJMP   KEY…
S0:     AJMP   PS0          ;执行 S0 键功能程序
S1:     AJMP   PS1          ;执行 S1 键功能程序
S2:     AJMP   PS2          ;执行 S2 键功能程序
        ⋮
PS0:    ……
PS1:    ……
PS2:    ……
DELAY:  MOV    R6,#20H      ;延时 12 ms
Q6:     MOV    R5,#0BBH
Q5:     DJNZ   R5,Q5
        DJNZ   R6,Q6
        RET
        END
```

由于独立式键盘占用单片机的硬件资源较多，一般只适合按键较少的场合。

3. 矩阵式键盘

（1）行列式键盘结构　独立式键盘每一按键都需要一根 I/O 线，当按键数较多时，占用

硬件资源较多，I/O 接口利用率不高。在这种情况下，可采用矩阵式键盘，也称行列式键盘。图 6-10 为单片机与 4×4 键盘的接口电路。按键设置在行列的交叉点上，只要有键按下，就将对应的行线和列线接通，使其电平互相影响。键盘中共有 16 个按键，每一个键都给予编号，键号分别为 0、1、2、…、15。

图 6-10　单片机与 4×4 键盘的接口电路图

设键盘中有 $m×n$ 个按键，采用矩阵式结构需要 $m+n$ 条口线。图 6-10 中，键盘有 4×4 个按键，则需要（4+4）条口线，若键 7 按下，则行线 1 与列线 3 接通。行 1 若为低电平，则列 3 也输出低电平，而其他列输出都为高电平，根据行和列的电平信号就可以判断出按键所处的行和列的位置。

（2）按键的识别　按键的识别包括判断有无键的按下以及当前按下键的键号，判断键号是设计键盘接口程序的重要部分。按键的识别通常有两种方法：一种称为扫描法，另一种称为线反转法。其中扫描法使用较为常见，下面以图 6-11 所示键盘为例，说明扫描法识别按键的过程。

其识别过程如下：

1）判别键盘上有无按键闭合。由 AT89S51 单片机向所有行线发出低电平信号，如果该行线所连接的键没有按下，则连线所连接的输出端口得到的是全 1 信号；如果有键按下，则得到的是非全 1 信号。

2）判别键号。方法是先扫描第 0 行，即输出 1110B（第 0 行为 0，其余 3 行为 1），然后读入列信号，判断是否为全 1。若是全 1，则表明当前行没有键按下，行输出值右移，即输出 1101B（第 1 行为 0，其余 3 行为 1），再次读入列信号，判断是否为全 1。如此逐行扫描下去，直到读入的列信号不为全 1 为止。根据此时的行号和列号即可计算出当前闭合的键号。整个工作过程可用图 6-11 表示。

3）键码计算。如图 6-12 所示，键号是按从左到右、从上到下的顺序编排的，各行的首号依次是 00H、08H、10H、18H，如列号按 0~7 顺序排列，则键码的计算公式为

键值 = 为低电平行的首键号 + 为低电平的列号

图 6-11 键盘扫描法工作原理
a) 扫描第 0 行　b) 扫描第 1 行　c) 扫描第 2 行　d) 扫描第 3 行

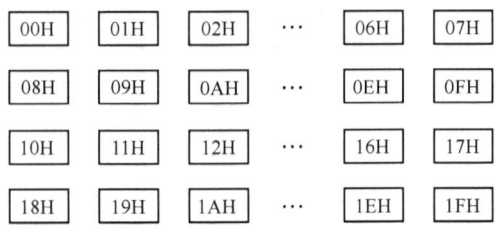

图 6-12 键码图

6.3.2 键盘的接口及程序设计

单片机对键盘的扫描方法有随机方式、中断扫描方式和定时扫描方式三种。

1. 随机方式

随机方式是利用 CPU 的空闲时间，调用键盘扫描子程序，响应键盘的输入请求。

【例 6-5】利用随机方式，编写图 6-10 所示电路的键扫描程序。其中 R3 存放为低电平的列号，R4 存放为低电平行的首键号，R0 存放键号。

解：参考程序如下：

```
        ORG    0020H
MAIN:   MOV    P1,#0F0H      ;给列送高电平
        LCALL  DELAY         ;延时,使电路稳定
        MOV    A,P1          ;取 P1 口的值
        ANL    A,#0F0H       ;屏蔽行线
        CJNE   A,#0F0H,L     ;如果有按键按下,就跳转 L
        AJMP   MAIN
L:      LCALL  Delay         ;消抖
```

```
            MOV     A,P1
            JB      ACC.4,L1        ;第 0 列是否有按键按下
            MOV     R3,#00H         ;若有将 0 存入 R3
            AJMP    Q1
    L1：    JB      ACC.5,L2        ;第 1 列是否有按键按下
            MOV     R3,#01H         ;若有将 1 存入 R3
            AJMP    Q1
    L2：    JB      ACC.6,L3        ;第 2 列是否有按键按下
            MOV     R3,#02H         ;若有将 2 存入 R3
            AJMP    Q1
    L3：    JB      ACC.7,MAIN      ;第 3 列是否有按键按下
            MOV     R3,#03H         ;若有将 3 存入 R3
    Q1：    MOV     P1,#0FH         ;行线送高电平
            LCALL   DELAY
            MOV     A,P1
            ANL     A,#0FH          ;屏蔽高 4 位
            JB      ACC.0,Q2        ;判断是不是第 0 行
            MOV     R4,#00H         ;如果是,将第 0 行首键号 0 送给 R4
            AJMP    JIA             ;调用加法程序,取得键盘值
    Q2：    JB      ACC.1,Q3        ;判断是不是第 1 行
            MOV     R4,#04H         ;如果是,将第 1 行首键号 4 送给 R4
            AJMP    JIA             ;调用加法程序,取得键盘值
    Q3：    JB      ACC.2,Q4        ;判断是不是第 2 行
            MOV     R4,#08H         ;如果是,将第 2 行首键号 8 送给 R4
            AJMP    JIA             ;调用加法程序,取得键盘值
    Q4：    JB      ACC.3,MAIN      ;判断是不是第 3 行
            MOV     R4,#0CH         ;如果是,将第 3 行首键号 12 送给 R4
    JIA：   MOV     A,R3            ;计算键值
            ADD     A,R4
            DA      A
            MOV     R0,A
            AJMP    MAIN
    DELAY：MOV     R6,#20H          ;延时 12 ms
    Q6：    MOV     R5,#0BBH
    Q5：    DJNZ    R5,Q5
            DJNZ    R6,Q6
            RET
            END
```

图 6-13 为键码仿真电路。在运行的 Proteus 软件中，通过菜单"Debug"→"8051 CPU Registers - U1"打开单片机寄存器窗口，弹出对应的观察窗，可以看出 14 号键码值存放在寄存器 R0 中。

2. 中断扫描方式

在图 6-10 中，当按键按下时，列线中必有一个为低电平，经与门输出低电平，向单片机

图 6-13 键码电路仿真图

INT0 引脚发出中断请求，CPU 执行中断服务程序，判断闭合的键号，并进行相应的处理，这种方式可大大提高 CPU 的效率。

3. 定时扫描方式

利用单片机内部定时器，每隔一定时间 CPU 执行一次键盘扫描程序，并在有键闭合时转入该键的功能处理程序。定时扫描方式要求扫描间隔时间不能太长，否则有可能漏掉按键输入，一般取几十毫秒。

6.4 案例：按键显示电路设计

【任务目的】掌握单片机的键盘、显示接口电路设计方法，并用 Proteus 软件实现该接口电路设计，利用 Keil 软件完成程序设计，并进行实时交互仿真。

【任务描述】该任务用 AT89S51 单片机对 4×4 矩阵键盘进行动态扫描，当按键盘的键时，可将相应按键值（0~F）实时显示在数码管上。

1. 硬件电路设计

双击桌面上 ISIS 图标，打开 ISIS 7 Professional 窗口。执行菜单命令"File"→"New Design"，新建一个 DEFAULT 模板，保存文件名为"键盘.DSN"。在器件选择按钮 P L DEVICES 中单击"P"按钮，或执行菜单命令"Library"→"Pick Device/Symbol"，添加表 6-4 所示的元器件。

表 6-4 按键显示所用的元器件

序号	元器件	序号	元器件	序号	元器件	序号	元器件
1	单片机 AT89C51	3	瓷片电容 CAP 30 pF	5	晶振 CRYSTAL 12 MHz	7	电阻 RES
2	按钮 BUTTON	4	电解电容 CAP-ELEC	6	7SEG-COM-AN-GRN	8	排阻 R×8

在 ISIS 原理图编辑窗口中放置元器件，再单击工具箱中的"元器件终端"图标，在对象选择器中单击"POWER"和"GROUND"放置电源和地。放置好元器件后，布好线。左键双击各元器件，设置相应元器件参数，完成电路设计，如图 6-14 所示。

图 6-14 按键显示电路仿真图

2. 程序设计

参考程序如下：

	ORG	0000H	
	SJMP	STAR	
	ORG	0030H	
STAR:	ACALL	DE100	
KEY:	MOV	R3,#0FEH	;扫描初值
	MOV	R1,#0	;取码指针
Q1:	MOV	A,R3	;开始扫描
	MOV	P2,A	;将扫描值输出至 P2
	MOV	A,P2	;读入 P2 值,判断是否有按键按下
	SWAP	A	
	MOV	R4,A	;有按键按下,存入 R4,以判断是否放开
	SETB	C	;C = 1
	MOV	R5,#4	;扫描 P2.4 ~ P2.7
Q2:	RRC	A	;将按键值右移 1 位
	JNC	Q3	;C = 0 有键按下,转 Q3
	INC	R1	;无按键按下,取码指针加 1
	DJNZ	R5,Q2	;4 列扫描完?
	MOV	A,R3	
	SETB	C	
	RLC	A	;扫描下一行
	MOV	R3,A	;存扫描指针
	JB	ACC.4,Q1	
	JMP	KEY	;4 行扫描完
Q3:	ACALL	DE10	;消抖动
K1:	MOV	A,P2	;与上次读入值做比较
	XRL	A,R4	
	JZ	K1	;相等,键未放开

```
            ACALL   Q4                          ;键放开后调显示段码
            MOV     P1,A                        ;段码送 P1 口显示
            SJMP    KEY                         ;不相等,键放开,进入下一次的扫描
Q4:         MOV     A,R1
            INC     A
            MOVC    A,@A+PC                     ;取显示码(即共阳段码)
            RET
            DB      0C0H,0F9H,0A4H,0B0H         ;共阳段码 0,1,2,3
            DB      99H,92H,82H,0F8H            ;4,5,6,7
            DB      80H,90H,88H,83H             ;8,9,A,B
            DB      0C6H,0A1H,86H,8EH           ;C,D,E,F
DE100:      MOV     R6,#200                     ;延时 100 ms
D1:         MOV     R7,#250
            DJNZ    R7,$
            DJNZ    R6,D1
            RET
DE10:       MOV     R6,#20                      ;延时 10 ms
D2:         MOV     R7,#248
            DJNZ    R7,$
            DJNZ    R6,D2
            RET
            END
```

3. 加载目标代码、设置时钟频率

将按键显示程序生成目标代码文件"键盘.hex",加载到图 6-14 中单片机"Program File"属性栏中,并设置时钟频率为 12 MHz。

4. 仿真

单击图标 ▶ ▷ ▮▮ ■ 中的 ▶ 按键,启动仿真。当按下键盘的键时,可将相应按键值 (0~F) 实时显示在数码管上。

思考题与习题

一、填空题

1. LED 数码管的使用与发光二极管相同,根据其材料不同正向压降一般为_____V,额定电流为_____mA,最大电流为_____mA。

2. 在单片机系统中,常用的显示器有_____、_____和_____等显示方式。

3. 键盘扫描控制方式可分为_____控制、_____控制和_____控制方式。

4. LED 显示器的静态驱动显示的优点是:_____;缺点是:_____。动态驱动显示的优点是:_____;缺点是:_____。

5. 矩阵键盘的识别有_____和_____两种方式。

二、判断题

1. 为了消除按键的抖动,常用的方法有硬件和软件两种方法。(   )

2. LED 显示器有两种显示方式：静态方式和动态方式。（   ）

3. LED 显示器有共阴极和共阳极两种。（   ）

三、简答题

1. 为什么要消除按键的机械抖动？消除按键抖动的方法有几种？

2. 说明矩阵式键盘按键按下的识别原理。

3. 键盘有哪三种工作方式？它们各自的工作原理及特点是什么？

4. 说明 LCD 的工作原理，画出 AT89S51 单片机与 LCD1602 的接口电路连接图。

四、设计题

1. 设计将字符"AB"通过液晶模块 LCD1602 显示在屏幕的左边。

2. 设计一个 AT89S51 单片机外扩键盘和显示电路，要求扩展 8 个键，4 位 LED 显示器。

第7章 单片机的存储器及I/O口扩展技术

【知识目标】
1. 掌握AT89S51单片机外部扩展时总线的形成。
2. 掌握程序存储器及数据存储器的扩展方法。
3. 掌握8255A硬件接口设计及软件驱动程序设计。

【技能目标】
掌握基于Proteus软件的单片机扩展8255A接口电路的仿真调试。

7.1 系统扩展结构及地址分配

7.1.1 系统扩展结构

在构建单片机应用系统时,许多情况下只靠片内资源是不够的。为此经常需要对单片机进行扩展,其中主要是存储器扩展和I/O接口扩展,以构成一个满足需要功能更强的单片机应用系统。

AT89S51单片机系统的扩展结构如图7-1所示,单片机扩展是以单片机为核心进行的,主要包括数据存储器ROM、程序存储器RAM和I/O接口电路的扩展。

图7-1 单片机扩展系统结构图

7.1.2 系统总线及总线构造

1. 系统总线

总线就是连接计算机各部件的一组公共信号线。AT89S51单片机使用的是并行总线结构,按功能分为地址总线、数据总线和控制总线三组。AT89S51单片机存储器扩展总线结构示意图如图7-2所示。

(1) 数据总线(Data Bus,DB) 数据总线用于数据传送,AT89S51单片机是8位字长,数据总线有8根,存储单元和I/O端口等数据单元的各位由低到高分别与8根线相连。数据传输是双向的，但某一时刻只能有一个存储单元或外设与总线信号相通，其他单元尽管连接在数据总线上，但与数据总线的信息是隔离的。

图7-2　AT89S51单片机存储器扩展总线结构示意图

（2）地址总线（Address Bus，AB）　地址总线上传送的是地址信号，用于数据单元（包括存储器单元或外设端口）的选择。CPU从地址总线上发出地址信息，经地址译码器控制其中一个数据单元与数据总线相通。

地址总线的数目决定可直接访问的存储单元数目。例如，10位地址线可以产生 2^{10} = 1024 个连续地址编码，因此可以访问1024个存储单元，即通常所说的寻址范围为1 KB地址单元。AT89S51单片机存储器最多可扩展64 KB，因此地址总线共有16条地址线。

（3）控制总线（Control Bus，CB）　控制总线实际上是一组控制信号线，有一些是CPU发出的，如数据读写命令等。

2. 总线构造

（1）数据总线　AT89S51单片机数据总线是由P0口提供的，由P0口引出8根线作为数据总线。

（2）地址总线　AT89S51单片机地址总线为16根，其中高8位由P2口提供，低8位由P0口提供。P0口既作为数据总线，又作为低8位地址总线，采用分时复用技术，对地址和数据进行分离。

（3）控制总线　AT89S51单片机控制线有$\overline{WR}$、$\overline{RD}$、$\overline{PSEN}$、ALE、$\overline{EA}$等，分别说明如下：

1）$\overline{WR}$、$\overline{RD}$为读、写信号。用于扩展片外数据存储器及I/O端口的读写选通信号，当执行外部数据存储器操作MOVX指令时，这两个信号分别自动生成。

2）$\overline{EA}$为片外ROM选通信号。

3）$\overline{PSEN}$为外部ROM读选通信号。用于片外扩展程序存储器的读选通信号，执行片外程序或查表指令 MOVC 时,该信号自动生成。$\overline{PSEN}$ 与扩展的程序存储器输出允许端相接。

4)ALE 为地址锁存允许信号。

当 P0、P2、P3 口用作系统总线时,就不能再作为 I/O 接口使用,程序中尽量不要出现对 P0、P2、P3 口的操作指令,以免造成总线的混乱。

3. 单片机的串行扩展技术

串行扩展是通过串行接口实现的,这样可以减少芯片的封装引脚,降低成本,简化系统结构,增加系统扩展的灵活性。在第 10 章会详细介绍串行扩展技术。

7.1.3 存储器扩展与编址技术

存储器扩展是单片机系统扩展的主要内容,因为扩展是在单片机芯片之外进行的,因此通常把扩展的程序存储器 ROM 称之为外部 ROM,把扩展的数据存储器 RAM 称之为外部 RAM。

AT89S51 单片机片内集成了 4KB 的 Flash 存储器和 128 B 的数据存储器,外部存储器结构采用的是哈佛结构,即程序存储器和数据存储器是分开的。但有时片内资源不能满足系统的设计需求,就需要扩展存储器,AT89S51 单片机数据存储器和程序存储器的最大扩展空间都是 64 KB。为了使一个存储单元唯一地对应一个地址,这就要求合理地使用系统提供的地址线,通过适当的连接来达到要求,这就是编址。内存储单元已经编址,只有扩展存储器才有编址问题。常用的编址方法有两种,即线选法和译码法。

1. 线选法

线选法是将高位地址线直接连到存储器芯片的片选端,如图 7-3 所示。图中,芯片 6264 是 8K×8 位存储器芯片,高位地址线 P2.5、P2.6、P2.7 实现片选,均为低电平有效;低位地址线 A0~A12 实现片内寻址。为了不出现寻址错误,要求在同一时刻 P2.5、P2.6、P2.7 中只允许有一根为低电平,另两根必须为高电平,否则寻址会出现错误。三片存储器芯片地址分配见表 7-1。

图 7-3 线选法扩展存储器电路图

表 7-1 图 7-3 中各 6264 芯片的地址空间分配

P2.7	P2.6	P2.5	选中芯片	地址范围	存储容量
0	1	1	3#6264	6000H~7FFFH	8 KB
1	0	1	2#6264	A000H~BFFFH	8 KB
1	1	0	1#6264	C000H~DFFFH	8 KB

从表 7-1 中可以看出，3 个存储器片内地址线 A0 ~ A12 都是从 0000000000000 到 1111111111111（共 13 位），为 8 KB 空间；而 P2.5、P2.6、P2.7 分别连接 3 个芯片的片选端，也就是用来区别是哪一片存储器芯片。

线选法电路的优点是连接简单，缺点是芯片的地址空间相互之间可能不连续，致使存储空间得不到充分利用，扩充存储容量受限。因此线选法适用于扩展存储容量较小的场合。

2. 译码法

所谓译码法就是使用译码器对系统的高位地址进行译码，以其译码输出作为存储器的片选信号。这是一种最常用的存储器编址方法，能有效地利用存储空间，适用于大容量多芯片存储器扩展。译码电路通常使用现有的译码器芯片，如译码芯片 74LS139（双 2-4 译码器）和 74LS138（3-8 译码器）等。

（1）74LS139 译码器　74LS139 片中共有两个 2-4 译码器，其中一个译码器的引脚排列如图 7-4 所示。其中，E 为使能端，低电平有效；A、B 为选择端，即译码输入；Y0、Y1、Y2、Y3 为译码输出信号，低电平有效。74LS139 对两个输入信号译码后得 4 个输出状态，其真值表见表 7-2。

表 7-2　74LS139 真值表

输　入　端			输　出　端			
使能	选择		Y0	Y1	Y2	Y3
E	B	A				
1	×	×	1	1	1	1
0	0	0	0	1	1	1
0	0	1	1	0	1	1
0	1	0	1	1	0	1
0	1	1	1	1	1	0

（2）74LS138 译码器　74LS138 是 3-8 译码器，即对 3 个输入信号进行译码，得到 8 个输出状态。74LS138 的引脚排列如图 7-5 所示。

图 7-4　74LS139 引脚排列图

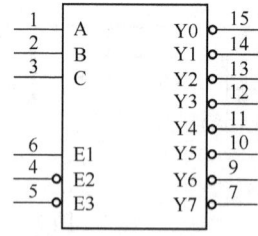
图 7-5　74LS138 引脚排列图

其中，E1、E2、E3 为使能端，用于引入控制信号，E2、E3 低电平有效，E1 高电平有效；A、B、C 为选择端，即译码信号输入端；Y7 ~ Y0 为译码输出信号，低电平有效。

74LS138 的真值表见表 7-3。

表 7-3　74LS138 真值表

输入端						输出端							
使能			选择			Y0	Y1	Y2	Y3	Y4	Y5	Y6	Y7
E1	E2	E3	C	B	A								
0	×	×	×	×	1	1	1	1	1	1	1	1	1
×	1	×	×	×	1	1	1	1	1	1	1	1	1
×	×	1	×	×	1	1	1	1	1	1	1	1	1
1	0	0	0	0	0	0	1	1	1	1	1	1	1
1	0	0	0	0	1	1	0	1	1	1	1	1	1
1	0	0	0	1	0	1	1	0	1	1	1	1	1
1	0	0	0	1	1	1	1	1	0	1	1	1	1
1	0	0	1	0	0	1	1	1	1	0	1	1	1
1	0	0	1	0	1	1	1	1	1	1	0	1	1
1	0	0	1	1	0	1	1	1	1	1	1	0	1
1	0	0	1	1	1	1	1	1	1	1	1	1	0

图 7-6 为使用 74LS139 译码器的存储器扩展电路，74LS139 地址线的输入端 A、B 分别接 P2.5、P2.6，使能端接 P2.7；输出仅使用 3 根，Y0、Y1、Y2 分别接 3 片存储器的片选端。3 片 6264 芯片地址分配见表 7-4。

图 7-6　使用 74LS139 译码器的存储器扩展电路

表 7-4　图 7-6 中各 6264 芯片的地址分配

P2.7	P2.6	P2.5	选中芯片	地址范围	存储容量
0	1	1	3#6264	6000H ~ 7FFFH	8 KB
1	0	1	2#6264	A000H ~ BFFFH	8 KB
1	1	0	1#6264	C000H ~ DFFFH	8 KB

译码法与线选法比较，硬件电路稍复杂，需要使用译码器，但可充分利用存储空间，全译码时还可避免地址重叠现象。译码法的另一个优点是，若译码器输出端留有剩余端线未用时，便于继续扩展存储器或 I/O 接口电路。

不论是片选法还是译码法，不仅适用于扩展存储器（包括外部 RAM 和外部 ROM），还可以适用于扩展 I/O 口（包括各种外设和接口芯片）。

7.1.4 外部地址锁存器

由于 P0 口在扩展存储器时既做地址总线的低 8 位,又做数据总线,为了将它们分离出来,需要在单片机外部增加地址锁存器,以锁存低 8 位地址,一般可采用 74LS373。74LS373 引脚排列如图 7-7 所示。

74LS373 的引脚功能说明如下:

D0～D7:数据输入端。

Q0～Q7:数据输出端。

$\overline{OE}$:三态输出允许,低电平有效,高电平时输出呈高阻态。

LE:数据锁存端。

图 7-7 74LS373 引脚排列图

74LS373 有 8 个带三态输出的锁存器,适用于总线结构的系统。地址锁存信号 LE 由单片机 ALE 控制线提供,当 ALE 为高电平时,锁存器传输数据,输出端(Q0～Q7)的状态和输入端(D0～D7)的状态相同。ALE 下降沿时,锁存低 8 位地址。

7.2 程序存储器 EPROM 的扩展

单片机的程序存储器扩展使用只读存储器芯片。只读存储器简称为 ROM。ROM 中的信息一旦写入之后就不能随意更改,特别是不能在程序的运行过程中写入新的内容,而只能读存储单元内容,故称之为只读存储器。根据编程方式的不同,ROM 共分为以下五种:

1. 掩模存储器 ROM

掩模存储器 ROM 由芯片制造商在制造时写入内容,以后只能读而不能再次写入。基本存储原理是:以元器件的"有/无"来表示存储的信息("1"或"0"),可以用二极管或晶体管作为元器件。

2. 可编程存储器 PROM(Programmable ROM,PROM)

PROM 可由用户根据自己的需要来确定 ROM 中的内容。常见的熔丝式 PROM 是以熔丝的接通和断开来表示所存的信息("1"或"0")。显而易见,断开后的熔丝是不能再接通了,因此,它是一次性写入的存储器。

3. 紫外线擦除可编程存储器 EPROM(Erasable Programmable ROM,EPROM)

EPROM 中的内容可多次修改。这种芯片的上面有一个透明窗口,紫外线照射后能擦除芯片内的所有数据。当需要改写 EPROM 内容时,需先用紫外线擦除芯片的全部内容,然后再对芯片重新编程。

4. 电擦除可编程存储器 E^2PROM(Electrically Erasable Programmable ROM,E^2PROM)

E^2PROM 也称 EEPROM。E^2PROM 的编程原理与 EPROM 相同,但擦除原理完全不同,它利用电信号擦除数据,并能对单个存储单元擦除和写入,使用十分方便。

5. 闪速存储器(Flash Memory)

E^2PROM 虽然具有可读又可写的特点,但是写入的速度较慢,使用起来不太方便。闪速存储器是在 EPROM 与 E^2PROM 基础上发展起来的,读写速度都很快,存取时间可达 70 ns,而成本却比普通的 E^2PROM 低得多,所以目前大有取代 E^2PROM 的趋势。

7.2.1 常用的 EPROM 芯片

EPROM 芯片是常用程序存储器芯片之一,是系列器件,以 27×××命名,其中×××代表存储器的容量,单位为 kbit,即千位。常见的有 2716、2732、2764、27128、27256、27512,其容量分别为 2 KB、4 KB、8 KB、16 KB、32 KB、64 KB。下面以 2764 为典型芯片进行说明。

2764 的引脚如图 7-8 所示,引脚功能如下:

D7～D0:三态数据总线;

A0～A12:地址输入线;

$\overline{CE}$:片选控制端;

$\overline{OE}$:输出允许控制端;

V_{PP}:编程电源输入端,编程电压为 +12 V 或者 +25 V;

$\overline{PGM}$:编程脉冲输入端;

在读出方式下,电源电压为 +5 V,最大功耗 500 mW,信号电平与 TTL 电平兼容,最大读出时间为 250 ns;当使用 12 mW/cm² 紫外线灯时,擦除时间为 15～20 min。写好的芯片其窗口上宜贴上一层不透光的胶纸,以防止在强光照射下破坏片内信息。

图 7-8 2764 引脚功能图

7.2.2 单片机与 EPROM 的接口电路设计

由于 AT89S51、AT89S52 等单片机片内都集成了不同容量的 Flash ROM,所以在设计中,可根据实际需要来决定是否外部扩展 EPROM。当系统的应用程序不大于单片机片内的 Flash ROM 容量时,无需扩展外部程序存储器。但是当应用程序大于单片机片内的 Flash ROM 容量时,就必须扩展外部程序存储器。

1. AT89S51 单片机扩展单片 EPROM 的硬件电路

以单片 2764 芯片为例,说明程序存储器扩展的有关问题,AT89S51 单片机与 2764 的接口电路如图 7-9 所示。存储器扩展的主要工作是地址线、数据线和控制信号线的连接。

图 7-9 AT89S51 单片机与 2764 芯片的接口电路图

地址线的连接与存储芯片的容量有直接关系。2764 芯片的存储容量为 8 KB,需 13 位地址(A12～A0)进行存储单元的选择。为此,先把芯片的 A7～A0 引脚与地址锁存器的 8 位地址输出对应连接，剩下的高位地址（A12～A8）引脚与 P2 口的 P2.0～P2.4 相连。由于在本系统中扩展了一片 EPROM，所以片选端$\overline{CE}$直接接地，或者可以接到 P2.5～P2.7 的任何一位地址线均可。数据线只要把存储芯片的数据输出引脚与单片机 P0 口线对应连接就可以了。

程序存储器的扩展只涉及$\overline{PSEN}$（外部程序存储器读选通）信号，把该信号接 2764 芯片的$\overline{OE}$端，以便进行存储单元的读出选通。

根据图 7-9 分析存储器在存储空间中占据的地址范围，也就是根据地址线连接情况确定 2764 芯片的最低地址和最高地址。如把 P2 口中没用到的高位地址线假定为"0"状态，则图中 2764 芯片的地址范围是 0000H～1FFFH。

2. AT89S51 单片机扩展多片 EPROM 的硬件电路

如图 7-10 所示，使用两片 2764 芯片扩展的程序存储器系统，两片 2764 共用数据线、地址线 A0～A12 及控制信号$\overline{PSEN}$。片选信号由 74LS139 译码产生，即采用的是译码法编址。1#2764 芯片的地址范围为 0000H～1FFFH，2#2764 芯片的地址范围为 2000H～3FFFH。

图 7-10 AT89S51 单片机与两片 2764 的接口电路图

7.3 静态数据存储器 RAM 的扩展

单片机都有内部 RAM，其容量大小与单片机型号有关，通常在几百至几千字节之间：如 AT89S51 单片机内部有 128B RAM，AT89S52 单片机内部有 256B RAM。这些内部 RAM 通常作为数据缓冲区、堆栈等使用，如果进行数据采集，则需要大量的数据需要存储，那么在单片机系统中需要扩展外部数据存储器。通常在单片机系统中外部扩展的数据存储器采用静态数据存储器（SRAM）。

7.3.1 常用的静态 RAM（SRAM）芯片

单片机系统中常用的数据存储器芯片的典型型号有 6116、6264、62128、62256，其容量分别为 2 KB、8 KB、16 KB、64 KB。下面以 6264 为典型芯片进行说明。

图 7-11 所示为 6264 芯片的引脚图，其各引脚功能如下：

D7～D0：双向三态数据线；

A0～A12：地址输入线；

$\overline{CE}$：片选控制端，低电平有效；

CS：片选控制端，高电平有效；

$\overline{OE}$：读选通信号输入端，低电平有效；

$\overline{WE}$：写选通信号输入端，低电平有效。

7.3.2 单片机与 RAM 的接口电路设计

数据存储器的扩展与程序存储器的扩展在数据总线、地址总线的连接上是完全相同的。所不同的是控制信号、数据存储器使用的是 $\overline{OE}$ 和 $\overline{WE}$，分别作为读选通信号的写选通信号。

图 7-11 6264 的引脚功能图

1. 单片数据存储器的扩展

图 7-12 是为 AT89S51 单片机扩展一片 6264 芯片的接线图。扩展中用到 RD、WR、ALE 等控制线。此 RAM 扩展电路的寻址范围为 0000H～1FFFH（无关位为 0）。

图 7-12 AT89S51 单片机扩展一片 6264 芯片的接线图

2. 多片数据存储器的扩展

图 7-3 所示为使用线选法扩展外部数据存储器的电路，图 7-6 为使用译码法扩展外部数据存储器的电路。

【例 7-1】编写程序，将外部数据存储器中的 4000H～40FFH 单元中的内容全部清 0。

解：程序如下：

```
        MOV    DPTR,#4000H    ;置数据块首地址
        MOV    R7,#00H        ;设置循环次数
        CLR    A
L1:     MOVX   @DPTR,A        ;向数据存储器写数据
        INC    DPTR           ;地址指针加 1
```

```
        DJNZ    R7,L1           ;次数减1,若不为0,则跳转到L1
        SJMP    $               ;停机
```

7.4 AT89S51 扩展并行 I/O 接口芯片 8255A 的设计

7.4.1 I/O 接口扩展概述

虽然 AT89S51 单片机有 4 个 I/O 口，但是真正用作 I/O 口的只有 P1 口和 P3 口的某些位，因此在较为复杂的单片机应用系统中，常常不可避免地要进行 I/O 接口的扩展。在单片机应用系统中，扩展 I/O 接口电路主要是实现以下几项功能：

1. 实现与不同外设的速度匹配

单片机的运行速度很快，但大多数外设的速度很慢，无法和微秒量级的单片机相比。CPU 和外设间的数据传送必须确认外设已经准备好，就需要接口电路产生或传送设备的状态信息，也就是接口电路本身必须能实现 CPU 和外设间工作速度的匹配。通常，I/O 接口采用中断方式传送数据，以提高 CPU 的工作效率。

2. 改变信号的性质和电平

单片机只能处理数字信号，但是有些设备所提供或所需要的并不是数字信号。因此，需要使用接口电路将模拟信号转换为数字信号，或者将数字信号转换为模拟信号。

通常，CPU 输入/输出的数据和控制信号是 TTL 电平，即小于 0.6V 表示 "0"，大于 3.4V 表示 "1"。但是外设的信号电平类型较多，例如 RS-232、RS-485 等。为了实现 CPU 和外设间的信号传送，I/O 接口电路要具备信号电平的这种自动变换。

3. 输出锁存

在单片机应用系统中，数据输出都是通过系统的公用数据通道（数据总线）进行的，单片机的工作速度快，数据在数据总线上保留的时间短，无法满足慢速输出设备的需要。在扩展 I/O 接口电路中应具有数据锁存器，以保存输出数据直至能为输出设备所接收。

4. 输入数据三态缓冲

数据输入时，输入设备向单片机传送的数据要通过数据总线，但数据总线是系统公用的，上面可能"挂"着多个数据源，为了维护数据总线上数据传送的"次序"，使数据传送时不发生冲突，只允许当前时刻正在进行数据传送的数据源使用数据总线，其余数据源都必须与数据总线处于隔离状态。为此要求接口电路能为数据输入提供三态缓冲功能。

单片机是怎么对 I/O 端口进行操作的呢？下面简要介绍 AT89S51 单片机外设端口的编址。

在介绍 I/O 端口编址之前，首先需要介绍 I/O 接口和 I/O 端口的区别。I/O 端口简称为 I/O 口，常指 I/O 接口中带有端口地址的寄存器或缓冲器，CPU 通过端口地址就可以对端口中的信息进行读写。I/O 接口是指 CPU 和外设间的 I/O 接口芯片，一个外设通常需要一个 I/O 接口，但一个 I/O 接口中可以有多个 I/O 端口，传送数据的端口称为数量口，传送命令字的端口称为命令口，传送状态字的端口称为状态口。当然，不是所有外设都需要三端口齐全的 I/O 接口。

AT89S51 单片机将外设端口和存储器统一编址，这种编址方式是把外设端口当作外部存储单元对待，也就是让外设端口地址占用部分外部数据存储器单元地址。AT89S51 单片机对外设 I/O 端口操作时，使用的指令是访问外部数据存储器的指令进行输入、输出等操作。这种编址方式增强了 CPU 对外设端口信息的处理能力，而且不需要专门的操作指令，外设端口地址安排灵活，数量不受限制。但是这种方式外设端口占用了部分存储器地址。

目前常用的 I/O 接口芯片有 8255A 和 81C55。

7.4.2 并行 I/O 芯片 8255A 简介

8255A 是 Intel 公司生产的一种可编程并行 I/O 接口芯片，其内部集成了锁存、缓冲及与 CPU 联络的控制逻辑，通用性强、应用广泛，是一种可以与 AT89S51 单片机方便地连接和编程应用的 I/O 接口芯片。

1. 8255A 的引脚

8255A 共有 40 个引脚，一般为双列直插 DIP 封装，40 个引脚分为与 CPU 连接的数据线、地址线和控制信号、以及与外设连接的三个端口线等。图 7-13 所示为 8255A 的功能引脚图。

其各引脚功能说明如下：

D0 ~ D7：三态双向数据线。与单片机数据总线相连，用来传送数据、命令和状态字等信息。

RESET：复位信号线，高电平有效。复位后，片内各寄存器被清 0，且 A 口、B 口、C 口被置为输入方式。

$\overline{CS}$：片选信号线。低电平有效时，8255A 芯片被选中工作。

$\overline{RD}$：读命令信号线。低电平有效时，允许 CPU 通过 8255A 的 D0 ~ D7 读取数据或状态信息。

$\overline{WR}$：写命令信号线。低电平有效时，允许 CPU 将数据控制字通过 D0 ~ D7 写入 8255A。

A1、A0：地址线。2 位可构成四种状态，分别寻址 A 口、B 口、C 口和控制寄存器。

PA0 ~ PA7：A 口双向数据线。

PB0 ~ PB7：B 口双向数据线。

PC0 ~ PC7：C 口双向数据/信号线。

A1、A0 与 $\overline{WR}$、$\overline{RD}$、$\overline{CS}$ 信号一起，可确定 8255A 的操作状态，8255A 读/写控制表见表 7-5。

图 7-13 8255A 的功能引脚图

表 7-5 8255A 读/写控制表

$\overline{CS}$	A1	A0	$\overline{RD}$	$\overline{WR}$	所选端口	操　　作
0	0	0	0	1	A 口	读端口 A
0	0	1	0	1	B 口	读端口 B
0	1	0	0	1	C 口	读端口 C
0	0	0	1	0	A 口	写端口 A
0	0	1	1	0	B 口	写端口 B
0	1	0	1	0	C 口	写端口 C
0	1	1	1	0	控制寄存器	写控制字
1	×	×	×	×	/	数据总线缓冲器输出阻抗

2. 8255A 的工作方式

8255A 共有 3 种工作方式，即方式 0、方式 1 及方式 2。

(1) 方式 0：基本输入/输出方式　方式 0 下，可供使用的是两个 8 位口（A 口和 B 口）及两个 4 位口（C 口高位部分和低位部分）。4 个口可以是输入和输出的任何组合。方式 0 适用于无条件数据传送，也可以把 C 口的某一位作为状态位，实现查询方式的数据传送。

(2) 方式 1：选通输入/输出方式　方式 1 下，A 口和 B 口分别用于数据的输入/输出，而 C 口则作为数据传送的联络信号。

(3) 方式 2：双向数据传送方式　只有 A 口才能选择这种工作方式，这时 A 口既能输入数据，又能输出数据。在这种方式下，需使用 C 口的 5 位口线作为控制线。方式 2 适用于查询或中断方式的双向数据传送。如果 A 口置于方式 2 下，B 口可工作于方式 0 或方式 1。

3. 8255A 控制字

8255A 是可编程接口芯片，以控制字形式对其工作方式以及 C 口各位的状态进行设置。为此共有两种控制字，即工作方式控制字和 C 口位置位/复位控制字。

(1) 工作方式控制字　工作方式控制字用于确定各口的工作方式及数据传送方向。其格式如图 7-14 所示。D7 为工作方式控制字标志位，"1" 有效；D6~D3 为 A 组（包括 A 口和 C 口高 4 位）工作方式；D2~D0 为 B 组（包括 B 口和 C 口低 4 位）工作方式。

(2) C 口位置位/复位控制字　在应用情况下，C 口用来定义控制信号和状态信号，因此 C 口的每一位都可以进行置位或复位。对 C 口各位的置位或复位是由位置位/复位控制字进行的。8255A 的 C 口位置位/复位控制字格式如图 7-15 所示。

图 7-14　8255A 工作方式控制字格式　　　图 7-15　8255A 的 C 口位置位/复位控制字格式

其中，D7 是该控制字的标志，其状态固定为 "0"。在使用中，控制字每次只能对 C 口中的 1 位进行置位或复位。

7.4.3 单片机与8255A的接口设计

图7-16为AT89S51单片机扩展一片8255A的电路图，图中，8255A的$\overline{WR}$、$\overline{RD}$、RESET与AT89S51单片机的$\overline{WR}$、$\overline{RD}$、RST端相连；8255A的D0~D7与AT89S51单片机的P0.0~P0.7端相连；8255的片选端$\overline{CS}$与AT89S51单片机的P0.7经过74LS373锁存后的信号Q7相连，8255A的A1、A0与74LS373锁存后的信号Q1、Q0相连，其他地址线悬空。因此，只要P0.7端为低电平，即可选中8255A。如果P0.1、P0.0为00，则选中8255A的PA口。如果没有用到的位取1，则PA口的地址为FF7CH。同理，可以得到PB口的地址为FF7DH，PC口的地址为FF7EH，控制口的地址为FF7FH。

图7-16 AT89S51单片机扩展一片8255A的电路图

【**例7-2**】8255A的PA口低4位接一组开关，PB口高4位接一组指示灯，将PA口低4位的开关状态用PB口高4位指示灯显示，设计该电路并编写相应程序。

解：设计的仿真电路图如图7-17所示。

图7-17 例7-2仿真电路图

根据图7-17，可得到PA口的地址为FF7CH，PB口的地址为FF7DH，控制口的地址为FF7FH。PA口作为输入，PB口作为输出，所以控制字为90H。

程序设计如下：

```
        ORG   0000H
MAIN:   MOV   DPTR,#0FF7FH    ;置8255A控制字地址
```

```
        MOV    A,#90H
        MOVX   @DPTR,A           ;写入控制字,A口输入,B口输出
    L:  MOV    DPTR,#0FF7CH      ;置8255A的A口地址
        MOVX   A,@DPTR           ;读A口
        SWAP   A                 ;高低半交换
        INC    DPTR              ;置8255A的B口地址
        MOVX   @DPTR,A           ;状态送给B口
        AJMP   L
        END
```

7.5 案例：使用EPROM扩展AT89S51单片机程序存储器

【任务目的】 用EPROM 2764芯片扩展AT89C51单片机程序存储器。掌握使用外部程序存储器的方法；学会使用虚拟逻辑分析仪和高级仿真图表观察地址总线、数据总线和控制总线的信号的变化。

【任务描述】 使用2764芯片扩展AT89C51单片机程序存储器，使用虚拟逻辑分析仪和高级仿真图表观察地址总线、数据总线和控制总线的信号的变化。

1. 硬件电路设计

双击桌面上 图标，打开ISIS 7 Professional窗口。执行菜单命令"File"→"New Design"，新建一个DEFAULT模板，保存文件名为"外部ROM.DSN"。在器件选择按钮 中单击"P"按钮，或执行菜单命令"Library"→"Pick Device/Symbol"，添加表7-6所示的元器件。

表7-6 使用EPROM扩展AT89S51单片机程序存储器所用的元器件

序 号	元 器 件	序 号	元 器 件
1	单片机AT89C51.BUS	3	锁存器74LS373
2	数码管7SEG-BCD-BLUE	4	EPROM 2764

在ISIS原理图编辑窗口中放置元器件，再单击工具箱中的"虚拟仪器"图标 ，在对象选择器中单击"LOGIC ANALYSER"按钮，在原理图中的适当位置单击，则可将逻辑分析仪放置到设计电路中，如图7-18所示。

单击工具箱中的"元器件终端"图标 ，在对象选择器中单击"POWER""GROUND""DEFAULT""BUS"，放置电源、地、终端及总线终端。放置好元器件后，布线。

2. 程序设计

参考程序如下。

```
        ORG    0000H
        MOV    A,#0
        MOV    R7,#9
    L1: MOV    P1,A
        ACALL  DELAY
        INC    A
```

图 7-18 使用 2764 芯片扩展 AT89C51 单片机程序存储器

```
        DJNZ    R7,L1
        SJMP    $
DELAY:  MOV     R4,#10H
DELAY1: MOV     R5,#250
DELAY2: MOV     R6,#200
        DJNZ    R6,$
        DJNZ    R5,DELAY2
        DJNZ    R4,DELAY1
        RET
        END
```

3. 加载目标代码、设置时钟频率

将按键显示程序生成目标代码文件"ROM.hex",加载到图 7-18 中 2764 芯片"Image File"属性栏中,并设置时钟频率为 1 MHz。

4. 仿真

单击图标中的按键,启动仿真。

5. 逻辑分析仪的使用

逻辑分析仪是通过将连续记录的输入信号存入到捕捉缓冲器进行工作的。逻辑分析仪的 ISIS 原理图符号如图 7-19 所示。其中 A0~A15 为 16 路数字信号输入,B0~B3 为总线输入,每条总线支持 8 位数据,主要用于接单片机的地址总线和数据总线信号。运行后,可以显示 A0~A15、B0~B3 的数据输入波形。

逻辑分析仪的使用方法如下:

图 7-19 逻辑分析仪

1）把逻辑分析仪放置到原理图编辑区，在 A0 输入端上接 ALE 信号，A1 接 PSEN 信号，B0[0..7]接[0..7]信号，B1[0..7]接 A[8..15]信号，如图 7-18 所示。

2）单击仿真运行按钮，出现仿真操作界面，如图 7-20 所示。

图 7-20 逻辑分析仪的操作界面

3）调整水平显示范围旋钮"Display Scale"和分辨率。

4）单击光标按钮"Cursors"使其不再显示。单击捕捉按钮"Capture"，开始显示波形，该按钮变红，再变绿，稍后显示如图 7-21 所示的波形。

图 7-21 逻辑分析仪的仿真结果

从图 7-21 中，我们可以观察到 A0 通道、A1 通道、B0 通道及 B1 通道的信号。

6. 数字分析图表的使用

单击工具箱中的 Simulation Graph 图标，在对象选择器中选择 DIGITAL 仿真图表，在编辑窗口中放置图表的位置单击鼠标左键，并拖动鼠标，此时将出现一个矩形图表轮廓。在期望的结束点单击鼠标左键，放置图表，如图 7-22 所示。

图 7-22 数字分析图表

单击"Graph"→"Digital Analysis"，打开仿真图表窗口，如图 7-23 所示。单击图仿真图表窗口中的"Graph"→"Add Trace"，加入轨迹信号。单击"Graph"→"Simulate Graph"启动信号捕捉。其结果如图 7-18 所示。

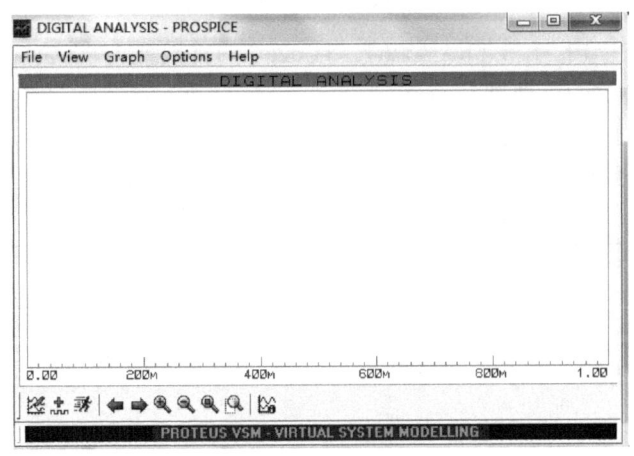

图 7-23 仿真图表

从图 7-18 中，我们可以观察到数据总线和控制总线信号的变化。

思考题与习题

一、填空题

1. 单片机程序存储器的主要功能是存储_____和_____。

2. AT89S51 单片机程序存储器的寻址范围是由程序计数器 PC 的位数所决定的，因为 AT89S51 的 PC 是_____的，因此其寻址空间为_____，地址范围是从 0000H 到_____。

3. 13 根地址线可选_____个存储单元，64 KB 存储单元需要_____根地址线。

4. 在 AT89S51 单片机中，使用 P2、P0 口传送_____信号，且使用 P0 口传送_____信号，这里采用的是_____技术。

5. 8255A 能为数据 I/O 操作提供 A、B、C 3 个 8 位口，其中 A 口和 B 口能作为数据口使用，而 C 口则既可作为_____使用，又可作为_____使用。

二、判断题

1. AT89S51 单片机片的数据存储器与扩展 I/O 口是分别独立编址。（　　）
2. 单片机系统扩展时使用锁存器是用于锁存低 8 位地址。（　　）
3. 使用 8255 可以扩展的 I/O 口线是 32 根。（　　）
4. 使用线选法扩展存储器不会使地址空间造成不连续的现象。（　　）

三、简答题

1. 为什么扩展外部程序存储器时，低 8 位的地址需要锁存？
2. 访问外部 RAM 和内部 RAM 时，所用指令有什么不同？分别写出读片内 RAM 30H 单元和写片外 RAM 30H 单元的程序。
3. 为什么要进行地址空间的分配？线选法和译码法分别是什么，各有何优、缺点？
4. 什么是 8255A 的控制字？控制字的主要内容是什么？
5. 8255A 的"方式控制字"和"C 口按位置复位控制字"都可以写入 8255A 的同一控制寄存器，8255A 是如何来区分这两个控制字的？

四、设计题

使用 AT89S51 芯片外扩 1 片 SRAM6264，且 6264 的首地址为 8000H。要求：

（1）确定 6264 芯片的末地址。
（2）画出该应用系统的硬件连线图。
（3）编程，将扩展 RAM 中 8000H～80FFH 单元中的内容移至 8100H 开始的单元中。

第8章　AT89S51单片机串行通信接口技术

【知识目标】
1. 掌握串行通信接口的工作原理及相关的特殊功能寄存器。
2. 熟悉标准串行通信接口的硬件接口设计。
3. 掌握串行通信程序的设计。

【技能目标】
1. 掌握串行通信接口的硬件接口电路设计及软件驱动程序设计。
2. 掌握基于Proteus软件的串行通信接口电路的仿真调试。

8.1　串行通信的相关概念

8.1.1　数据通信的方式

按照串行数据的同步方式，串行通信可以分为同步通信和异步通信两类。同步通信是按照软件识别同步字符来实现数据的发送和接收的通信方式，异步通信是一种利用字符的再同步技术的通信方式。

1. 异步通信

在异步通信中，数据通常以字符（或字节）为单位组成字符帧传送。字符帧由发送端逐帧发送，通过传输线被接收设备逐帧接收。发送端和接收端可以由各自的时钟来控制数据的发送和接收，这两个时钟源彼此独立，互不同步。

在异步通信中，字符帧格式和波特率是两个重要指标，由用户根据实际情况选定。

（1）字符帧　字符帧也称数据帧，由起始位、数据位、奇偶校验位和停止位四部分组成，如图8-1所示。现对各部分结构和功能分述如下：

1）起始位：位于字符帧开头，只占1位，始终为逻辑0低电平，用于向接收设备表示发送端开始发送一帧信息。

2）数据位：紧跟起始位之后，用户根据情况可取5位、6位、7位或8位，低位在前高位在后。若所传数据为ASCII字符，则常取7位。

3）奇偶校验位：位于数据位后，仅占1位，用于表征串行通信中使用奇校验还是偶校验，由用户根据需要决定。

4）停止位：位于字符帧末尾，为逻辑"1"高电平，通常可取1位、1.5位或2位，用于向接收端表示一帧字符信息已发送完毕，也为发送下一帧字符做准备。

在串行通信中，发送端逐帧发送信息，接收端逐帧接收信息。两相邻字符帧之间既可以无空闲位，也可以有若干空闲位，这由用户根据需要决定。图8-1b中有三个空闲位时的字符帧格式。

图 8-1 异步通信的字符帧格式
a) 无空闲位字符帧 b) 有空闲位字符帧

(2) 波特率 波特率的是每秒传送二进制数码的位数（亦称比特数），单位是 bit/s。波特率是串行通信的重要指标，用于表征数据传输的速度。波特率越高，数据传输速度越快。

异步通信的优点是不需要传送同步脉冲，字符帧长度也不受限制，故所需设备简单，缺点是字符帧中因包含有起始位和停止位而降低了有效数据的传输速率。

2. 同步通信

同步通信是一种连续串行传送数据的通信方式，一次通信只传送一帧信息。这里的信息帧和异步通信中的字符帧不同，通常含有若干个数据字符，但它们均由同步字符、数据字符和校验字符三部分组成。

同步通信的数据传输速率较高，通常可达 56 Mbit/s 或更高。同步通信的缺点是要求发送时钟和接收时钟保持严格同步，故发送时钟除应和发送波特率保持一致外，还要求把它同时传送到接收端。

8.1.2 串行数据的传输方式

一般情况下，串行通信中数据信息的传输总是在两个通信端口之间进行的。根据数据信息的传输方向可分为以下几种方式：

(1) 单工方式 在串行通信单工方式下，用一根通信传输线的一端与发送方相连接，称为发送端，其另一端与接收方相连接，称为接收端。数据信息只允许按照一个固定的单方向传送，也就是只能发送端向接收端传输数据信息，而不能反过来传输。

(2) 半双工方式 半双工方式的串行通信系统中设有接收器和发送器，通过控制电子模拟开关进行切换，两台串行通信设备或计算机之间只用一根通信传输线相互连接。这样，通信双方可以相互进行数据信息的接收或发送，但在同一时间仍只能单方向传输，不能同时进行接收和发送。由于只有一根通信传输线，所以每次只能从一方传输给另一方，要改变传输方向时，必须通过电子模拟开关互相切换，即由一方的接收切换成发送状态，另一方由发送切换成接收状态，然后才能进行反方向数据信息的传输。其优点是节省了一根通信传输线，缺点则是显而易见的。

（3）全双工方式 半双工通信方式只用一根通信传输线进行数据信息的接收或发送，其通信的速度和效率较低。要改变数据信息的传输方向必须通过软件编程双方均需进行方向切换，由方向切换所产生的延时较长，由无数次重复切换所引起的延时积累，正是半双工串行通信效率不高的主要原因。克服上述半双工缺点的方法是采用信道划分技术，即一方的发送端与另一方的接收端用一根专用的信息传输线相连接，再用另一根信息传输线按相反方向连接。所谓全双工方式，就是采用两根通信传输线各自连接发送与接收端，从而实现数据信息的双向传输。这样，可方便地同时实施接收、发送数据信息的双向传输，大大提高了数据信息的传输速率和效率，操作简单而方便，故而得以被广泛应用。

8.2 AT89S51 单片机的串行口

AT89S51 单片机内部有一个全双工的异步通信串行口。

8.2.1 串行口结构

AT89S51 单片机的串口由 2 个数据缓冲寄存器（SBUF）、1 个移位寄存器和 1 个串行口控制寄存器（SCON）等组成，如图 8-2 所示。数据缓冲器由串行接收缓冲器和发送缓冲器构成，它们在物理上是独立的，既可以接收数据也可以发送数据，还可以同时发送和接收数据。接收缓冲器只能读出，不能写入，而发送缓冲器则只能写入，不能读出，它们共用一个地址（99H）。

图 8-2 串行通信接口内部逻辑电路结构示意图

数据缓冲寄存器（SBUF）用于保存要发送的数据或者从串口接收到的数据，CPU 执行写 MOV SBUF,A 指令便开始触发串口数据的发送。SBUF 便一位一位地发送数据，发送完成后置标志 TI＝1；在 CPU 允许接收串行数据的时，外部串行数据经 RXD 送入 SBUF 时，电路便自动启动接收，第 9 位则装入 SCON 寄存器的 RB8 位，直至完成一帧数据后将 RI 置 1，当串口接收缓冲器接收到一帧数据时，可以执行"MOV A,SBUF"指令进行读取。

与串行通信相关的寄存器有 SBUF、SCON、PCON 和 IE。

8.2.2 串行口控制寄存器（SCON）

SCON 是 AT89S51 单片机可位寻址的特殊功能寄存器，主要用于控制串行口的数据通信。单元地址是 98H，复位后是 00H。各位的定义见表 8-1。

表 8-1 SCON 各位的定义

位名称	SM0	SM1	SM2	REN	TB8	RB8	TI	RI
位地址	9FH	9EH	9DH	9CH	9BH	9AH	99H	98H
位号	SCON.7	SCON.6	SCON.5	SCON.4	SCON.3	SCON.2	SCON.1	SCON.0

SM0 SM1：串行口四种工作方式的选择位，见表 8-2。

表 8-2 串行通信工作方式

SM0	SM1	工作方式	功能简述
0	0	工作方式 0	移位寄存器工作方式，波特率为 $f_{osc}/12$
0	1	工作方式 1	8 位数据异步收发，波特率可变
1	0	工作方式 2	9 位数据异步收发，波特率为 $f_{osc}/32$ 或 $f_{osc}/64$
1	1	工作方式 3	9 位数据异步收发，波特率可变

SM2：多机通信控制位。因为多机通信是在方式 2 和方式 3 下进行的，因此，SM2 位主要用于方式 2 和方式 3 中。当串行口以方式 2 或方式 3 接收时，如果 SM2 = 1，则只有当接收到的第 9 位数据（RB8）为 1 时，才将接收到的前 8 位数据送入 SBUF，并将 RI 置 1，产生中断请求；当接收到的第 9 位数据（RB8）为 0 时，则将接收到的前 8 位数据丢弃。而当 SM2 = 0 时，则不论第 9 位数据是 1 还是 0，都将前 8 位数据送入 SBUF 中，并将 RI 置 1，产生中断请求。在方式 1 时，如果 SM2 = 1，则只有收到有效的停止位时才会激活 RI。在方式 0 时，SM2 必须为 0。

REN：允许串行接收位。由软件置 1 或清 0。若 REN = 1，允许串行口接收数据；若 REN = 0，禁止串行口接收数据。

TB8：发送的第 9 位数据。在方式 2 和 3 时，TB8 是要发送的第 9 位数据。其值由软件置 1 或清 0。在双机通信时，TB8 一般作为奇偶校验位使用；在多机通信中用来表示主机发送的是地址帧还是数据帧，TB8 = 1 为地址帧，TB8 = 0 为数据帧。

RB8：接收到的第 9 位数据。在方式 2 和 3 时，RB8 存放接收到的第 9 位数据。在方式 1 时，如果 SM2 = 0，RB8 接收到的是停止位。在方式 0 时，则不使用 RB8。

TI：发送中断标志位。串行口工作在方式 0 时，串行发送第 8 位数据结束时由硬件置 1，在其他工作方式，串行口发送停止位的开始时置 1。TI = 1，表示一帧数据发送结束，可供软件查询，也可申请中断。CPU 响应中断后，在中断服务程序中向 SBUF 写入要发送的下一帧数据。TI 必须由软件清 0。

RI：接收中断标志位。串行口在工作方式 0 时，接收完第 8 位数据时，RI 由硬件置 1。在其他工作方式中，串行口接收到停止位时，该位置 1。RI = 1，表示一帧数据接收完毕，并申请中断，要求 CPU 从接收 SBUF 取走数据。该位的状态也可供软件查询。RI 必须由软件清 0。

8.2.3 电源控制寄存器（PCON）

PCON 是电源控制寄存器，不能位寻址。地址为 87H。各位的定义见表 8-3。

表 8-3 PCON 各位定义

位 名 称	SMOD	—	—	—	GF1	GF0	PD	IDL
住地址	8EH	8DH	8CH	8BH	8AH	89H	88H	87H
位 号	PCON.7	PCON.6	PCON.5	PCON.4	PCON.3	PCON.2	PCON.1	PCON.0

其中，与串行通信相关的位是 SMOD。

SMOD：串行口波特率系数控制位。若 SMOD=1，方式 1、方式 2 和方式 3 的波特率加倍。若 SMOD=0，各工作方式的波特率保持不变。

8.3 串行口的工作方式

AT89S51 单片机的串行接口有四种工作模式，可通过对 SCON 中的 SM0、SM1 位的设置来进行选择。

1. 工作方式 0

在方式 0 下，串行口的 SBUF 是作为同步移位寄存器使用的。在串行口发送数据时，发送 SBUF 相当于一个并入串出的移位寄存器，由 AT89S51 单片机的内部总线并行接收 8 位数据，并从 TXD 线串行输出数据；在接收操作数据时，接收 SBUF 相当于一个串入并出的移位寄存器，从 RXD 线接收一帧串行数据，并把它并行地送入内部总线。在方式 0 下，SM2、RB8 和 TB8 均不起作用，它们通常均应设置为"0"状态。

在串行口方式 0 下工作并非是一种同步通信方式。它的主要用途是和外部同步移位寄存器外接，以达到扩张一个并行 I/O 口的目的。

2. 工作方式 1

串行数据通过 TXD 发送，RXD 接收。一帧数据是 10 位，包括 1 位起始位、8 位数据位和 1 位停止位，如图 8-3 所示。波特率是可变的，由定时器 T1 溢出率和串行口波特率系数控制位 SMOD 共同决定。方式 1 的波特率由下式确定：

$$方式 1 波特率 = \frac{2^{SMOD}}{32} \times 定时器 T1 的溢出率$$

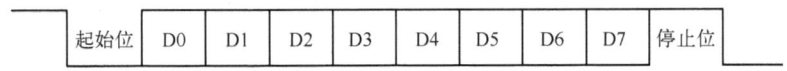

图 8-3 方式 1 帧格式

发送操作是在 TI=0 时，执行"MOV SBUF, A"指令后开始，然后发送电路自动在 8 位发送字符前后分别添加 1 位起始位和停止位，并在移位脉冲作用下在 TXD 线上依次发送一帧信息，发送完后自动维持 TXD 线为高电平。TI 也由硬件在发送停止位时置 1，并通知 CPU 数据发送已经结束，可以发送下一帧数据。

接收操作在 RI=0 和 REN=1 条件下进行，这点与方式 0 时相同。当接收电路连续 8 次采样到 RXD 线为低电平时，相应检测器便可确认 RXD 线上有了起始位。在接收到停止位时，接收电路必须同时满足以下两个条件：RI=0 且 SM2=0 或接收到的停止位为"1"，才能把接收到的 8 位字符存入接收 SBUF 中，当一帧数据接收完毕后，将 SCON 中的 RI 置 1，通知 CPU 从 SBUF 取走接收到的数据。

3. 工作方式 2

串行数据通过 TXD 发送，RXD 接收。每帧数据均为 11 位，包括 1 位起始位、8 位数据位、1 位可程控位，即 1 或 0 的第 9 位以及 1 位停止位，如图 8-4 所示。此方式下，波特率由下式确定：

$$方式2的波特率 = \frac{2^{SMOD}}{64} \times f_{osc}$$

图 8-4 方式 2 帧格式

第 9 位数据可以自己定义，一般在双机通信时作为奇偶校验位，多机通信时作为地址/数据的标志位。发送前，先根据通信协议由软件设置 TB8，然后将要发送的数据写入 SBUF，即可启动发送过程。串行口能自动把 TB8 取出，并装入到第 9 位数据位的位置，再逐一发送出去。发送完毕，则使 TI 位置 1。

当串行口的 SCON 寄存器的 SM0、SM1 两位为 10，且 REN=1 时，允许串行口以方式 2 接收数据。接收时，数据由 RXD 端输入，接收 11 位信息。当位检测逻辑采样到 RXD 引脚从 1 到 0 的负跳变，并判断起始位有效后，便开始接收一帧信息。在接收完第 9 位数据后，如果 RI=0 且 SM2=0 或接收到的第 9 位数据位 RB8=1。则将接收到的数据送入 SBUF，第 9 位数据送入 RB8，将 RI 置 1。否则，接收的信息将被丢弃。

4. 工作方式 3

除了波特率外，工作方式 3 和方式 2 相同，方式 3 的波特率由下式确定：

$$方式3波特率 = \frac{2^{SMOD}}{32} \times 定时器 T1 的溢出率$$

8.4 波特率的设定

AT89S51 单片机的串行口以方式 0 工作时，波特率为 $f_{osc}/12$。

串行口工作于方式 2 时，若 SMOD=1，波特率为振荡频率的 1/32；若 SMOD=0，波特率为振荡频率的 1/64。

串行口以方式 1 或方式 3 工作时，波特率是可变的。波特率的计算公式为

$$波特率 = \frac{2^{SMOD}}{32} \times 定时器 T1 的溢出率$$

如果定时器 T1 用作波特率发生器，则就不能用作中断。在典型的应用中，T1 以定时器方式工作，并处于定时方式 2 即自动重新装载的模式下，因为定时器 T1 在方式 2 下工作，TH1 和 TL1 分别设定为两个 8 位重装计数器（当 TL1 从全"1"变为全"0"时，TH1 中内容重装 TL1）。这种方式不仅可使操作方便，也可避免因重装初值（时间常数初值）而带来的定时误差。如果使用定时器 T1 处于模式 2 下，则

$$溢出率 = \frac{1}{定时器\ T1\ 定时时间} = \frac{f_{osc}}{12 \times (256 - C)}$$

其中，C 为初值。

所以，波特率为

$$波特率 = \frac{2^{SMOD}}{32} \times \frac{f_{osc}}{12 \times (256 - C)}$$

在实际应用时，经常根据已知波特率和时钟频率来计算初值，常用的波特率和初值间的关系可列成表 8-4，以供查用。

表 8-4 常用波特率与系统时钟和初值间的关系

时钟频率/MHz	波特率/bit·s^{-1}	常 数	
		SMOD = 1	SMOD = 0
12	28800	FEH	FFH
	19200	FDH	--
	14400	FCH	FEH
	9600	F9H	FDH
	4800	F3H	F9H
	2400	E6H	F3H
	1200	CCH	E6H
11.0592	28800	FEH	FFH
	19200	FDH	--
	14400	FCH	FEH
	9600	FAH	FDH
	4800	F4H	FAH
	2400	E8H	F4H
	1200	D0H	E8H

8.5 单片机的串行通信接口技术

AT89S51 单片机串行口的输入、输出均为 TTL 电平。使用 TTL 电平进行串行数据的传送，传输距离短，抗干扰能力差。为了提高通信的可靠性，增大串行通信的距离，通常采用标准串行接口，如 RS-232C、RS-422A 以及 RS-485 等标准接口。

RS-232C 是美国电子工业协会（EIA）的推荐标准，适用于短距离或带调制解调器的串行通信场合。为了提高串行数据传输率和通信距离以及抗干扰能力，EIA 又公布了 RS-422A 和 RS-485 串行总线接口标准。

8.5.1 标准串行通信接口

1. RS-232C 接口

RS-232C 是异步串行通信中应用最广的标准串行接口，它定义了数据终端设备和数据通信设备之间的串行接口标准。

(1) RS-232C 信号引脚定义 RS-232C 标准规定了 25 针连接器,但许多信号是为了通信业务联系或信息控制而定义的,所以 PC 配置的都是 9 针 D 形连接器。图 8-5 为 RS-232C 的 D 形 9 针插头的引脚定义。

(2) 电气特性 RS-232C 上传送的数字量采用负逻辑,且与地对称。

逻辑 1:-3 ~ -15 V;

逻辑 0:+3 ~ +15 V。

RS-232C 标准的信号传输的最大电缆长度为 30 m,最高数据传输速率为 20 kbit/s。

(3) 电平转换 由于 AT89S51 单片机串行口的输入、输出都是 TTL 电平,TTL 电平和 RS-232C 电平互不兼容,所以必须进行电平转换,常用的芯片是美国 MAXIM 公司的产品 MAX232 芯片。MAX232 是 RS-232C 双工发送器/接收器电路芯片,其外部引脚如图 8-6 所示,使用 MAX232 可以实现 TTL/RS-232C 之间的电平转换,电路如图 8-7 所示。

图 8-5 D 形 9 针插头的引脚定义

图 8-6 MAX232 芯片引脚图

图 8-7 RS-232C 接口的电平转换电路

2. RS-422A 接口

由于 RS-232C 传输的速率低、通信距离短、抗干扰能力差等,所以 EIA 又制定了 RS-422A 标准。

(1) 电气特性 RS-422A 的全称是"平衡电压数字接口电路的电气特性",全双工,传输信号为两对平衡差分信号线,因此 RS-422A 的传输距离长,最大传输距离可达到 1200 m,最大传输速率位 10 Mbit/s。

(2) 电平转换 TTL 电平转换成 RS-422A 电平的常用芯片有 MC3487、SN75174 等;RS-422A 电平转换成 TTL 电平的常用芯片有 MC3486、SN75175 等。典型的电平转换电路如图 8-8 所示。

图 8-8 RS-422A 接口的电平转换电路

3. RS-485 接口

RS-485 是 RS-422A 的变形，它与 RS-422A 的区别是 RS-485 为半双工，采用 1 对平衡差分信号线。

（1）电气特性　RS-485 的信号传输采用两线间的电压来表示逻辑 1 和逻辑 0，数据采用差分传输，抗干扰能力强，传输距离可达到 1200 m，传输速率可达 10 Mbit/s。

驱动器输出电平在 -1.5 V 以下时为逻辑 1，在 +1.5 V 以上时为逻辑 0。接收器输入电平在 -0.2 V 以下时为逻辑 1，在 +0.2 V 以上为逻辑 0。

（2）电平转换　适用于 RS-422A 标准中所用的驱动器和接收器芯片，在 RS-485 中均可以使用。普通的 PC 一般不带 RS-485 接口，因此要使用 TTL/RS-485 转换器。RS-485 接口电平转换电路如图 8-9 所示。

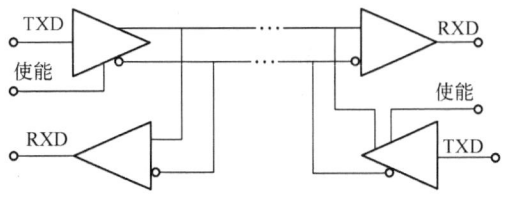

图 8-9　RS-485 接口电平转换电路

8.5.2　串口转换为并口输出

【例 8-1】用 AT89S51 单片机串行口外接 74LS164 扩展并行输出口，8 位并行口的各位分别接一个发光二极管，要求发光二极管轮流点亮。

解：1. 硬件电路的设计

根据例 8-1 中的要求，接口电路仿真图如图 8-10 所示。图中使用了 74LS164，74LS164 为 8 位移位寄存器，引脚如图 8-11 所示。

图 8-10　AT89S51 单片机串行口扩展 74LS164 电路仿真图

CP：时钟输入端。

$\overline{MR}$：同步清除输入端，低电平有效。

A，B：串行数据输入端。

Q0~Q7：数据输出端。

2. 程序设计

　　　　ORG　　　　0000H

图 8-11　74LS164 引脚图

```
            AJMP    MAIN
            ORG     0030H
MAIN:   MOV     SCON,#00H       ;设置方式 0
            MOV     A,#80H          ;最高位先亮
OUT:    MOV     SBUF,A          ;开始串行输出
            JNB     TI,$            ;输出是否完毕？
            CLR     TI              ;清 TI
            ACALL   DELAY           ;延时
            RR      A               ;循环右移
            SJMP    OUT             ;循环
DELAY:  MOV     R7,#5           ;延时程序
D1:     MOV     R6,#250
D2:     MOV     R5,#250
            DJNZ    R5,$
            DJNZ    R6,D2
            DJNZ    R7,D1
            RET
            END
```

8.5.3 多机串行通信接口

单片机的多机通信是指一台主机和多台从机之间的通信，在多机通信中，使用单片机构成分布式系统，主机与各从机可实现全双工通信，各从机之间只能通过主机交换信息。

【例 8-2】甲乙丙三机相距 1 m 进行串行通信，要求：甲机是主机，乙机和丙机是从机，乙机的编号是 1，丙机的编号是 2；主机将要发送的 10 个数据存放在内部数据存储器 30H 开始的单元中，从机将接收到的数据放入内部数据存储器 30H 开始的单元中；主机和从机时钟振荡频率为 11.0592 MHz。

解：

1. 接口电路

根据例 8-2 中的要求，选择 TTL 电平进行通信。接口电路如图 8-12 所示。

图 8-12　单片机多机通信系统逻辑连接图

2. 通信协议

在单片机多机通信中，要确保主机与从机之间可靠的通信，必须保证通信接口具有识别功能，串行口控制器 SCON 的 SM2 就可以满足这一要求。当串行口以方式 2 或方式 3 工

作时,发送和接收的每一帧信息都是 11 位,其中第 9 位数据是可编程的,通过对 SCON 中的 TB8 置 1 或清 0,以区分发送的是地址还是数据,若 TB8 为 1 发送的是地址帧,否则发送的是数据帧。如果从机的控制位 SM2 = 1,则当接收的是地址帧时,数据装入 SBUF,并置 RI = 1;如果接收的是数据帧时,则从机不予理睬,数据丢弃。若 SM2 = 0,则无论接收地址帧还是数据帧都将 RI 置 1,数据装入 SBUF。因此,我们可以拟定多机通信的编程要求如下:

1) 将所有从机的 SM2 置 1,只接收地址帧。

2) 主机发送一帧地址信息,第 9 位为 1。

3) 当从机接收到地址帧后,与自己的地址相比较。若相同,则从机将 SM2 清 0,否则从机维持 SM2 = 1 不变。

4) 主机将第 9 位清 0,发送数据或控制信息。对于已经被寻址的从机,因为 SM2 = 0,故可以接收主机的信息;而其他从机因为 SM2 = 1,对主机发来的信息不予理睬。

5) 从机接收数据结束后,恢复其 SM2 = 1。

6) 当主机改为与另外从机联系时,再发出地址帧寻址其他从机。

3. 程序设计

主机程序如下:

```
            ORG     0000H
            LJMP    MAIN
            ORG     0100H
MAIN:       CLR     EA
            MOV     SP,#75H         ;设置堆栈指针
            MOV     TMOD,#20H       ;定时器 1 处于工作方式 2
            MOV     TH1,#0F4H       ;2400 bit/s 的时间常数,时钟频率为 11.0592 MHz
            MOV     TL1,#0F4H
            MOV     PCON,#00H       ;SMOD = 0
            MOV     20H,#01H        ;置下位机编号
            MOV     22H,#02H        ;置下位机个数
MAIN1:      SETB    TR1             ;启动定时器
            CLR     ES              ;使用查询方式,关中断
            CLR     ET1
            CLR     RI
            MOV     SCON,#0F0H      ;串行口处于工作方式 3,允许接收
            MOV     R0,#30H         ;设置数据块起始地址
            MOV     21H,#0AH        ;置要发送的数据个数
CONNECT:    SETB    TB8             ;多机通信,置 TB8
            MOV     A,20H
            MOV     SBUF,A          ;发送地址编号
            JNB     TI,$
            CLR     TI
            CLR     TB8             ;与寻址的下位机通信,清 TB8
SEND:       MOV     A,@R0           ;取数据
            MOV     SBUF,A          ;送数据
```

```
        JNB     TI,$
        CLR     TI
        LCALL   DELAY
        INC     R0
        DJNZ    21H,SEND
        INC     20H             ;地址号加1
        DJNZ    22H,MAIN1
        SJMP    $
DELAY:  MOV     R6,#20H         ;延时程序
DELAY1: MOV     R5,#255
        DJNZ    R5,$
        DJNZ    R6,DELAY1
        RET
        END
```

从机程序如下:

```
        ORG     0000H
        LJMP    MAIN
        ORG     0023H
        LJMP    SINT
        ORG     0100H
MAIN:   MOV     SP,#70H         ;设置堆栈指针
        MOV     TMOD,#20H       ;定时器1处于工作方式2
        MOV     TH1,#0F4H       ;2400 bit/s 的时间常数,时钟频率为 11.0592 MHz
        MOV     TL1,#0F4H
        MOV     PCON,#00H       ;SMOD = 0
        MOV     R0,#30H         ;设置数据起始地址
        CLR     RI
MAIN1:  MOV     SCON,#0F0H      ;串行口处于工作方式3,允许接收
        MOV     21H,#0AH        ;置要接收的数据个数
        SETB    ES
        SETB    EA
        SETB    TR1             ;启动定时器
        SJMP    $
SINT:   CLR     EA              ;关中断
        MOV     C,RB8           ;判断是地址还是数据
        JNC     DATA1
        MOV     A,SBUF
        CLR     RI
        CJNE    A,#02H,SRET     ;判断地址编号
        CLR     SM2             ;清 SM2
        LJMP    SRET
DATA1:  MOV     A,SBUF          ;接收数据
        CLR     RI
```

```
            MOV     @R0,A
            INC     R0
            DJNZ    21H,SRET
            SETB    SM2                    ;数据接收完,置 SM2
            MOV     21H,#0AH
            CLR     P1.7                   ;数据传输完毕,点亮 P1.7
            LCALL   DELAY
            SETB    P1.7
    SRET:   SETB    EA                     ;开中断
            RETI
            END
```

8.6 案例:双机通信

【任务目的】 理解 AT89S51 单片机串行通信原理,掌握双机串行通信的软件设计。用 Proteus 软件设计、仿真 AT89S51 单片机双机通信过程。

【任务描述】 该任务用甲、乙两台 AT89S51 单片机完成双机串行通信。两机相距 1 m;甲机将 P1 口指拨开关数据传送给乙机,乙机将接收的数据输出至 P1 口,点亮相应端口的 LED,然后乙机将接收的数据加 1 后发送给甲机,甲机将数据输出至 P2 口,点亮对应的 LED。要求:使用串口方式 3,波特率为 9600 bit/s。

1. 硬件电路设计

双击桌面上 ISIS 图标,打开 ISIS 7 Professional 窗口。执行菜单命令"File"→"New Design",新建一个 DEFAULT 模板,保存文件名为"双机通信.DSN"。在器件选择按钮 P L DEVICES 中单击"P"按钮,或执行菜单命令"Library"→"Pick Device/Symbol",添加表 8-5 所示的元器件。

表 8-5 双机通信所用的元器件

序号	元 器 件	序号	元 器 件	序号	元 器 件	序号	元 器 件
1	单片机 AT89C51	2	发光二极管 LED-YELLOW	3	DIPSW-9 开关	4	电阻 RES

在小工具栏中单击虚拟仪器按钮,然后在对象选择器中选择"VIRTUAL TERMINAL"(虚拟终端),如图 8-13 所示。

图 8-13 虚拟终端

单击"POWER"和"GROUND"放置电源和地。放置好元器件后,布好线。左键双击各元器件,设置相应元器件参数,完成仿真电路设计,如图 8-14 所示。

图 8-14 双机通信电路仿真图

2. 程序设计

（1）程序流程图（见图 8-15、图 8-16）

图 8-15　甲机流程图　　　图 8-16　乙机流程图

(2) 汇编源程序

甲机程序：

```
                ORG     0000H
                LJMP    MAIN
                ORG     0100H
        MAIN:   CLR     EA
                MOV     SP,#75H         ;设置堆栈指针
                MOV     TMOD,#20H       ;定时器1处于工作方式2
                MOV     TH1,#0FDH       ;9600 bit/s 的时间常数,时钟频率为 11.0592 MHz
                MOV     TL1,#0FDH
                MOV     PCON,#00H       ;SMOD=0
        MAIN1:  SETB    TR1             ;启动定时器
                CLR     ES              ;使用查询方式,关中断
                CLR     ET1
                CLR     RI
                MOV     SCON,#0F0H      ;串行口处于工作方式3,允许接收
                MOV     30H,#0FFH
        CONNECT: MOV    P1,#0FFH
                MOV     A,P1            ;读 P1 口状态
                CJNE    A,30H,CONNECT1
                AJMP    CONNECT
        CONNECT1: MOV   30H,A
                SETB    TB8
                MOV     SBUF,A          ;发送数据
                JNB     TI,$
                CLR     TI
                JNB     RI,$
                MOV     A,SBUF
                CLR     RI
                MOV     P2,A
                LJMP    CONNECT
                END
```

乙机程序：

```
                ORG     0000H
                LJMP    MAIN
                ORG     0023H
                LJMP    SINT
                ORG     0100H
        MAIN:   MOV     SP,#70H         ;设置堆栈指针
                MOV     TMOD,#20H       ;定时器1处于工作方式2
                MOV     TH1,#0FDH       ;9600 bit/s 的时间常数,时钟频率为 11.0592 MHz
                MOV     TL1,#0FDH
```

```
              MOV    PCON,#00H        ;SMOD = 0
              CLR    RI
       MAIN1: MOV    SCON,#0F0H       ;串行口处于工作方式 3,允许接收
              SETB   ES
              SETB   EA
              SETB   TR1              ;启动定时器
              SJMP   $
       SINT:  JB     RI,REC
              CLR    TI
              LJMP   SRET
       REC:   MOV    A,SBUF           ;读取数据
              CLR    RI
              MOV    P1,A             ;将数据送 P1 口
              INC    A
              SETB   TB8
              MOV    SBUF,A           ;发送数据
       SRET:  RETI
              END
```

3. 加载目标代码、设置时钟频率

将甲机汇编源程序文件生成目标代码文件"甲机.hex",加载到图 8-14 中单片机 U1 "Program File"属性栏中,将乙机汇编源程序文件生成目标代码文件"乙机.hex",加载到图 8-14 中单片机 U2 "Program File"属性栏中,同时设置时钟频率为 12 MHz。

4. 仿真

单击图标 ▶ ▷ ⏸ ■ 中的 ▶ 按键,启动仿真。拨动指拨开关,在与单片机 U2 的 P1 口显示当前状态,在单片机 U1 的 P2 口显示加 1 后的状态。

思考题与习题

一、填空题

1. 按照串行数据的同步方式,串行通信可以分为_____和_____两类。
2. 串行通信按照数据传送方向可分为三种制式:_____、_____和_____。
3. 帧格式为 1 个起始位、9 个数据位和 1 个停止位的异步串行通信方式是方式_____。
4. AT89S51 单片机串行接口有四种工作方式,由特殊功能寄存器_____中的_____、_____确定。
5. AT89S51 单片机有一个_____异步串行口。
6. 串行通信对波特率的要求是通信双方的波特率必须_____。
7. 多机通信时,主机向从机发送信息分地址帧和数据帧两类,以第 9 位可编程的 TB8 作区分标志。TB8 = 0,表示_____;TB8 = 1,表示_____。
8. AT89S51 单片机发送数据后将标志位_____置 1。
9. 多机通信开始时,主机首先发送地址,各从机校对主机发送的地址与本机地址是否相

符，若相符，则置_____，从机将_____清0。

二、判断题

1. 进行多机通信，AT89S51 单片机串行接口的工作方式应为方式 1。（　　）
2. AT89S51 单片机的串行口是全双工的。（　　）
3. AT89S51 单片机上电复位时，SBUF = 00H。（　　）
4. 串行通信接收到的第 9 位数据送 SCON 寄存器的 RB8 中保存。（　　）
5. 串行口工作于方式 0 的波特率是可变的。（　　）
6. 串行口工作于方式 3 的波特率是可变的，通常使用定时器 T0 工作于方式 1 实现。（　　）

三、选择题

1. AT89S51 单片机用串行扩展并行 I/O 口时，串行口工作方式选择（　　）。
   A. 方式 0　　　　B. 方式 1　　　　C. 方式 2　　　　D. 方式 3
2. 串行口工作方式 3 的波特率是（　　）。
   A. 固定的，为 $f_{osc}/32$　　　　　　　　　　B. 固定的，为 $f_{osc}/16$
   C. 可变的，通定时器/计数器 T1 的溢出率设定　　D. 固定的，为 $f_{osc}/64$
3. 通过串行口发送或接收数据时，在程序中应使用（　　）指令。
   A．MOVC　　　　B．MOVX　　　　C．MOV　　　　D．XCHD

四、简答题

1. 解释并行通信和串行通信。
2. 串行通信有几种传输方式？说出每种方式的特点。
3. AT89S51 单片机串行口有几种工作方式？有几种帧格式？各种工作方式的波特率如何确定？
4. AT89S51 单片机串行口接收/发送数据缓冲器都用 SBUF，如果同时接收/发送数据时，是否会发生冲突？为什么？
5. 简述串行口接收和发送数据的过程。
6. 简述利用串行口进行多机通信的原理。
7. AT89S51 单片机晶振频率是 11.0592 MHz，串行口工作于方式 1，波特率是 9600 bit/s，写出控制字和计数初值。

第 9 章 AT89S51 单片机的串行扩展技术

【知识目标】

1. 理解单总线串行扩展技术。
2. 掌握 SPI 总线、I^2C 串行总线的原理。
3. 掌握常用的串行总线芯片与单片机的接口设计。

【技能目标】

1. 学会使用 AT89S51 单片机的 I/O 口及相关编程,模拟 I^2C 串行接口总线时序及实现 I^2C 接口的方法。
2. 学会使用 AT89S51 单片机的 I/O 口及相关编程,模拟 SPI 总线时序及实现 SPI 接口的方法。

9.1 单总线串行扩展

9.1.1 单总线概述

单总线(1-Wire)是美国 Dallas 公司的一项专利技术。与目前广泛应用的其他串行数据通信方式不同,它采用单根信号线完成数据的双向传输,并同时通过该信号线为单总线器件提供电源,具有节省 I/O 引脚资源、结构简单、成本低廉、便于总线扩展和维护等诸多优点,在电池供电设备、便携式仪器以及现场监控系统中有良好的应用前景。

单总线标准为外设器件沿着一条数据线进行双向数据传输提供了一种简单的方案,任何单总线系统都包含一台主机和一个或多个从机,它们共用一条数据线。这条数据线被地址、控制和数据信息复用。由于主机和从机都是开漏输出,在主设备的总线一侧必须加上拉电阻,系统才能正常工作。此外,单总线器件通常采用 3 引脚封装,在这三个引脚中有一个地端、一个数据输入/输出端和一个电源端。该电源端可为单总线器件提供外部电源,从而免除总线集中馈电。如图 9-1 所示为一个由单总线构成的分布式测温系统。带有单总线接口的温度计集成电路 DS18B20 都挂在 DQ 总线上。单片机对每个 DS18820 通过总线 DQ 寻址。DQ 为漏极开路,加上拉电阻 R。

单总线技术有 3 个显著的特点:

1)单总线芯片通过一根信号线进行地址信息、控制信息和数据信息的传送,并通过该信号线为单总线芯片提供电源。

图 9-1 单总线构成的分布式测温系统
a) DS18B20 芯片 b) 分布式测温系统

2)每个单总线芯片都具有唯一的访问序列号,当多个单总线器件挂在同一单总线上时,对所有单总线芯片的访问都通过该唯一序列号进行区分。

3)单总线芯片在工作过程中,不需要提供外接电源,而通过它本身具有的"总线窃电"技术从总线上获取电源。

此外,单总线技术采用特殊的总线通信协议实现数据通信。在通信过程中,单总线数据波形类似于脉冲宽度调制信号,总线发出复位信号(保持低电平的周期最长)同步整个总线,然后由系统主机初始化每一位数据时隙,利用宽脉冲或窄脉冲来实现写"0"或写"1"。在读数据时,主机利用窄脉冲初始化时隙,从机将数据线保持在低电平,通过展宽低电平脉冲返回逻辑"0",或保持脉冲宽度不变来返回逻辑"1"。多数单总线器件支持两种数据速率,较低的数据速率约为14 kbit/s,较高的数据速率约为140 kbit/s。

9.1.2 常用的单总线器件

单线总线器件主要提供存储器、混合信号电路、识别、安全认证等功能。目前 Dallas 公司采用单总线技术生产的芯片包括数字温度计、数字电位器、A-D 转换器(ADC)、定时器、RAM 与 E^2PROM 存储器、线路驱动器及微型局域网耦合器等系列器件。常用的单线总线器件见表 9-1。

表 9-1 常用的单线总线器件

类 型	型 号
存储器	DS2431、DS28EC20、DS2502、DS1993
温度传感元件和开关	DS28EA00、DS1825、DS1822、DS18820、DS18S20、DS1922、DS1923
A-D 转换器(ADC)	DS2450
计时时钟	DS2417、DS2422、DS1904
电池监护	DS2871、DS2762、DS2438、DS2775
身份识别和安全应用	DS1990A、DS1961S
单线总线控制和驱动器	DSIWM、DS2482、DS2480B

9.1.3 单总线器件温度传感器 DS18B20

DS18B20 是 Dallas 公司生产的单总线数字式温度传感器,采用单总线协议,即与单片机接口仅需占用一个 I/O 端口,无需任何外部元件,直接将环境温度转化为数字信号,以数字码形式串行输出,从而极大地简化了传感器与微处理器的接口。在使用过程中,可由一根 I/O 数据线实现传输数据,并可由用户设置温度报警界限,被广泛应用于精密仪器、存储仓库等需要测量和控制温度的地方。DS18B20 具有的特点及应用见 11.2.2 节内容。

9.2 SPI 总线扩展

9.2.1 SPI 总线简介

SPI(Serial Peripheral Interface)总线是由美国 Motorola 公司提出的一种同步串行总线,采用 3 根或 4 根信号线进行数据传输,所需要的信号包括使能信号、同步时钟、同步数据(输入和输出)。它允许 MCU 与各种外设以串行方式进行通信。

SPI 设备既可以工作在主设备模式下,也可以工作在从设备模式下。系统主设备为 SPI 总线通信过程提供同步时钟信号,并决定从设备片选信号的状态,并控制将要进行通信的 SPI 从器件。SPI 从器件则从系统主设备获取时钟及片选信号,因此从器件的控制信号 CS、SCLK 都是输入信号。

SPI 总线使用两条控制信号线 CS 和 SCLK,一条或两条数据信号线 SDI、SDO。在 Motorola 公司的 SPI 技术规范中,将数据信号线 SDI 称为 MISO(Master In Slave Out),数据信号线 SDO 称为 MOSI(Master Out Slave In),控制信号线 CS 称为 SS(Slave Select),时钟信号线 SCLK 称为 SCK(Serial Clock)。

在 SPI 扩展系统中,作为主器件的单片机在启动一次传送时,便产生 8 个时钟,传送给接口芯片作为同步时钟,控制数据的输入和输出。数据的传送格式是高位(MSB)在前,低位(LSB)在后,如图 9-2 所示。数据线上输出数据的变化以及输入数据时的采样,都取决于 SCK。但对于不同的外围芯片,有的可能是 SCK 的上升沿起作用,有的可能是 SCK 的下降沿起作用。SPI 有较高的数据传输速度,最高可达 1.05 Mbit/s。

图 9-2 SPI 数据传送格式

采用 SPI 总线可以简化系统结构,降低系统成本,使系统具有灵活的可扩展性,此外还可用于多 MCU 间的通信。

9.2.2 常用的 SPI 总线器件

目前采用 SPI 总线接口的器件非常多,有 A-D 与 D-A 转换器、存储器(E^2PROM/Flash)、实时时钟(RTC)、LCD 控制器、温度传感器、压力传感器等。常用的 SPI 总线器件见表 9-2。

表 9-2 常用的 SPI 总线器件

类 型	型 号
存储器	Microchip 公司的 93LCXX 系列 E^2PROM、Atmel 公司的 AT25XXX 系列 E^2PROM、Xicor 公司的 X5323/25 等
SPI 扩展并行 I/O 口	PCA9502、MAX7317、MAX7301
实时时钟芯片	PCA2125、DS1390、DS1391、DS1305、DS1302
数据采集 ADC 芯片	ADS8517(16 位 ADC)、TLC4541(16 位 ADC)、MAX11200(24 位 ADC)、MAX1225(12 位 ADC)、AD7789(24 位 ADC)
DAC 芯片	DAC7611(12 位 DAC)、DAC8881(16 位 DAC)、DAC7631(16 位 DAC)、AD421(16 位 DAC)
键盘、显示芯片	MAX6954、MAX6966、MAX7219、ZLG7289、CH451
温度传感器	MAX6662、MAX31722、DS1722

9.2.3 扩展带有 SPI 的显示芯片 MAX7219

MAX7219 是 MAXIM 公司生产的串行输入/输出共阴极数码管驱动芯片，一片 MAX7219 可驱动 8 个 7 段（包括小数点共 8 段）数码管、LED 条线图形显示器、或 64 个分立的 LED。该芯片具有 10MHz 传输率的三线串行接口，可与任何微处理器相连，只需一个外接电阻即可设置所有 LED 的段电流。它的操作很简单，MCU 只需通过模拟 SPI 三线接口就可以将相关的指令写入 MAX7219 的内部指令和数据寄存器，同时它还允许用户选择多种译码方式和译码位。

1. MAX7219 的引脚

MAX7219 的外部引脚图如图 9-3 所示。各引脚的功能为：

DIN：串行数据输入端。

DOUT：串行数据输出端，用于多片 MAX7219 级联扩展。

LOAD：数据锁定控制引脚，在 LOAD 的上升沿到来时片内数据被锁定。

CLK：串行时钟输入。

A ~ G、DP：7 段驱动和小数点驱动。

ISET：段电流大小控制端，通过一个 10 kΩ 电阻和 V_{CC} 相连，设置段电流。

DIG0 ~ DIG7：数码管位选择引脚。

图 9-3 MAX7219 的外部引脚图

2. MAX7219 的数据格式

MAX7219 的串行数据为 16 位串行数据，由 4 位无效数据、4 位地址和 8 位数据组成，见表 9-3。

表 9-3 MAX7219 的数据格式

D15	D14	D13	D12	D11	D10	D9	D8	D7	D6	D5	D4	D3	D2	D1	D0
×	×	×	×	地址				数据							

MAX7219 在 DIN 端口上输入的 16 位数据在每一个 CLK 时钟信号的上升沿被移入内部移位寄存器，然后在 LOAD 信号的上升沿到来时这些数据被送到数据/控制寄存器，在发送过程中遵循高位在前、低位在后的原则。

MAX7219 内部有 14 个可寻址的数据/控制寄存器，8 字节的数据寄存器在片内是一个 8×8 的内存空间，5B 的控制寄存器包括编码模式、显示亮度、扫描控制、关闭模式及显示检测五个寄存器，见表 9-4。编程时只有正确操作这些寄存器，MAX7219 才可工作。

表 9-4 MAX7219 的内部寄存器

寄 存 器	D11	D10	D9	D8	编 码
位 0/DIG0	0	0	0	1	01H
位 1/DIG1	0	0	1	0	02H
位 2/DIG2	0	0	1	1	03H

(续)

寄存器	D11	D10	D9	D8	编码
位 3/DIG3	0	1	0	0	04H
位 4/DIG4	0	1	0	1	05H
位 5/DIG5	0	1	1	0	06H
位 6/DIG6	0	1	1	1	07H
位 7/DIG7	1	0	0	0	08H
编码模式	1	0	0	1	09H
显示亮度	1	0	1	0	0AH
扫描限制	1	0	1	1	0BH
关闭模式	1	1	0	0	0CH
显示检测	1	1	1	1	0DH

(1) 译码控制寄存器 (09H) MAX7219 有两种译码方式：译码方式和非译码方式。当选择非译码方式时，8 个数据位分别一一对应 7 个段和小数点位；译码方式是 BCD 译码，直接送数据就可以显示。实际应用中可以按位设置选择译码或非译码方式，也就是译码的位为 1，非译码的位为 0。

(2) 扫描控制寄存器 (0BH) 此寄存器用于设置显示的 LED 的个数。扫描控制寄存器与扫描位的关系见表 9-5。

表 9-5 MAX7219 扫描控制寄存器与扫描位的关系

扫描的位	D7 ~ D3	D2	D1	D0	编码
0	×	0	0	0	00H
0 ~ 1	×	0	0	1	01H
0 ~ 2	×	0	1	0	02H
0 ~ 3	×	0	1	1	03H
0 ~ 4	×	1	0	0	04H
0 ~ 5	×	1	0	1	05H
0 ~ 6	×	1	1	0	06H
0 ~ 7	×	1	1	1	07H

(3) 亮度控制寄存器 (0AH) 共有 16 级可选择，用于设置 LED 的显示亮度，从 00H ~ FFH。

(4) 关断模式寄存器 (XCH) 共有两种模式选择，一是关断状态 (最低位 D0 = 0)，一是正常工作状态 (D0 = 1)。

(5) 显示测试寄存器 (0FH)，用于设置 LED 是测试状态还是正常工作状态，当测试状态时，最低位 D0 = 1，各位显示全亮，正常工作状态时，D0 = 0。

3. MAX7219 的应用

【例 9-1】使用 AT89S51 单片机利用 I/O 引脚扩展 MAX7219 驱动 8 位数码管，显示 "20150709"。

解：根据要求扩展 8 位数码管，仿真电路如图 9-4 所示。51 单片机使用 P2.0 ~ P2.2 和

MAX7219 相连接，MAX7219 的位输出和数据输出分别连接 8 位数码管的对应端口。

图 9-4　例 9-1 仿真电路图

根据要求，设计程序如下：

```
            SBDIN   BIT P2.0
            SBLOAD  BIT P2.1
            SBCLK   BIT P2.2
            ORG     0000H
            LJMP    MAIN
    MAIN:   LCALL   DISPLAY     ;调用显示程序
            SJMP    MAIN
    DISPLAY:PUSH    PSW
            ACALL   INIT7219    ;7219 初始化
    MAIN1:  MOV     30H,#2      ;30H 单元开始存入要显示的内容
            MOV     31H,#0
            MOV     32H,#1
            MOV     33H,#5
            MOV     34H,#0
            MOV     35H,#7
            MOV     36H,#0
            MOV     37H,#9
            MOV     R0,#30H
            MOV     R1,#01H
            MOV     R6,#8
            CLR     SBLOAD
    L1:     MOV     A,R1
            MOV     B,@R0
            ACALL   WRITE
            INC     R0
            INC     R1
            DJNZ    R6,L1
            POP     PSW
```

```
            RET
WRITE:   CLR      SBLOAD              ;地址放在A,数据放在B中
         ACALL    WR7219              ;写地址
         MOV      A,B
         ACALL    WR7219              ;写数据
         SETB     SBLOAD
         NOP
         NOP
         RET
WR7219:  MOV      R7,#8               ;8位数据分别移入
WRITE1:  CLR      SBCLK               ;CLK拉低
         RLC      A                   ;A中的值左移
         MOV      SBDIN,C             ;输出的值送给DIN
         NOP
         SETB     SBCLK               ;CLK拉高,上升沿,数据移入
         NOP
         DJNZ     R7,WRITE1
         RET
INIT7219:MOV      A,#09H              ;译码模式寄存器
         MOV      B,#0FFH             ;均译码
         ACALL    WRITE
         MOV      A,#0AH
         MOV      B,#05H              ;显示亮度控制
         ACALL    WRITE
         MOV      A,#0BH              ;扫描控制
         MOV      B,#07H              ;扫描0~7位
         ACALL    WRITE
         MOV      A,#0CH              ;显示测试寄存器
         MOV      B,#01H
         ACALL    WRITE
         RET
         END
```

9.3 I^2C 总线的串行扩展介绍

二线制 I^2C 串行 E^2PROM 是应用非常广泛的存储器件。它是带 I^2C 总线接口的电擦除可编程存储器。其特点是二线制、在线读写、断电保护数据,广泛应用于电子产品、计算机及其外设、通信产品等。二线制 I^2C 有多种型号,如 Atmel 公司的 AT24C×× 芯片。下面结合 AT24C×× 芯片为例,讲述串行 E^2PROM 扩展单片机存储器技术。

9.3.1 I^2C 总线的基础知识

1. I^2C 总线

I^2C 总线是荷兰 Philips 公司首创的两线串行多主总线,是一种用于连接微控制器及其外

设，实现同步双向串行数据传输的二线式串行总线，目前已经发展到 2.1 版本。该总线在物理上由一根串行数据线 SDA 和一根串行时钟线 SCL 组成，各种使用该标准的器件都可以直接连接到该总线上进行通信，可以在同一条总线上连接多个外部资源。总线上的器件既可以作为发送器，也可以作为接收器，按照一定的通信协议进行数据交换。在每次数据交换开始时，作为主控器的器件需要通过总线竞争获得主控权。每个器件都具有唯一的地址，各器件间通过寻址确定接收方。图 9-5 所示为单片机使用 I^2C 总线扩展多个外部资源的示意图。

图 9-5　单片机使用 I^2C 总线扩展多个外部资源的示意图

I^2C 总线在便携式微功耗领域中具有较广泛的应用，许多 IC 卡芯片的接口形式就是 I^2C 总线，如 A-D 及 D-A 转换器、存储器等。目前很多单片机内部都集成了 I^2C 总线，而 AT89S51 单片机内部没有集成，但可以通过软件实现与 I^2C 总线的通信。

I^2C 总线的基本特性如下：

1）只要求两条信号线：一条串行数据线 SDA 和一条串行时钟线 SCL。SDA 是双向串行数据线，用于地址、数据的输入和数据的输出，使用时需加上拉电阻。SCL 是时钟线，为器件数据传输的同步时钟信号。

2）每根连接到总线的器件都可以通过唯一的地址进行寻址。

3）它是一个真正的多主机总线，如果两个或更多主机同时初始化数据传输，则可以通过冲突检测和仲裁防止数据被破坏。

4）在 CPU 和被控制器件间双向传送，最高传送速率为 400 kbit/s。片上的滤波器可以滤去总线数据上的毛刺，保证数据可靠传输。

2. I^2C 总线协议

在 I^2C 总线协议中，数据的传输必须由主器件发送的启动信号开始，以主器件发送的停止信号结束，从器件在收到启动信号之后需要发送应答信号来通知主器件已经完成了一次数据接收。当时钟线 SCL 保持高电平时，并且数据线 SDA 由高变低时，为 I^2C 总线工作的起始信号；当 SCL 为高电平时，并且 SDA 由低变高时，为 I^2C 总线停止信号，标志操作的结束，即将结束所有相关的通信。图 9-6 是 I^2C 总线的启动信号和停止信号时序图。

在 I^2C 总线开始信号后，送出的第一个字节数据是用来选择从器件地址，系统发出开始信号后，系统中的各器件将自己的地址和 CPU 发送到总线上的地址进行比较，如果与 CPU 发送到总线上的地址一致，则该器件是被 CPU 寻址的器件。

I^2C 总线上以字节为单位进行传送，每次先传送最高位。每次传送的数据字节数不限，在每个被传送的字节后面，接收器都必须发出一位应答位（ACK），总

图 9-6　I^2C 总线的启动信号和
停止信号时序图

线上第9个时钟脉冲对应于应答位,数据线上低电平为应答信号,高电平为非应答信号。待发送器确认后,再发送下一个数据。

9.3.2 I²C总线协议的软件模拟

I²C 总线为一种完善的串行总线扩展,标准的 I²C 总线有严格规范的电气接口和标准的状态处理软件包,要求系统中 I²C 总线连接的所有节点都具有 I²C 总线接口。

大多数单片机应用系统中采用单主系统结构形式。在单主系统中,I²C 总线只存在主方式,只存在单片机对 I²C 总线器件节点的读(主接收)、写(主发送)操作。因此,当所选择的单片机本身带有 I²C 总线接口时可以直接利用硬件 I²C 总线接口;当所选择的单片机本身不带有 I²C 总线接口时,则可以利用单片机的普通 I/O 来模拟实现 I²C 总线接口,其中一个引脚用于模拟 SDA 信号线的时序,另一个引脚用于模拟 SCL 信号线的时序。这使得 I²C 总线的使用不受单片机必须带有 I²C 总线接口的限制。

下面给出模拟 I²C 总线典型信号的程序,包括启动、停止、发送应答位、发送非应答位、读字节子程序和写字节子程序等。用户只要理解通用读写子程序就能方便地编制应用程序。

1. 引脚定义

在模拟主方式下的 I²C 总线时序时,选用 P3.0、P3.1 作为时钟线 SCL 和数据线 SDA。

```
SDAK BIT P3.0
SCLK BIT P3.1
```

2. 启动(START)

该子程序用于产生 I²C 总线数据传输起始信号。

```
START:SETB  SDAK        ;开始 SCL 高电平,SDA 由高电平变为低电平表示开始
      NOP
      SETB  SCLK
      NOP
      NOP
      CLR   SDAK
      NOP
      NOP
      NOP
      CLR   SCLK
      NOP
      RET
```

3. 停止(STOP)

该子程序用于产生 I²C 总线数据传输停止信号。

```
STOP: CLR   SDAK        ;SCL 处于高电平时,SDA 从低电平变为高电平表示停止
      SETB  SCLK
      NOP
      NOP
      NOP
      SETB  SDAK
```

```
        NOP
        NOP
        NOP
        RET
```

4. 发送应答位（TACK）

该子程序用于向I²C总线发送应答位信号。

```
TACK:CLR    SDAK        ;应答信号
     NOP
     NOP
     SETB   SCLK        ;脉冲信号
     NOP
     NOP
     CLR    SCLK
     NOP
     NOP
     RET
```

5. 发送非应答位（NOTACK）

该子程序用于向I²C总线发送非应答位信号。

```
NOTACK:SETB  SDAK
       NOP
       NOP
       NOP
       SETB  SCLK
       NOP
       NOP
       NOP
       CLR   SCLK
       NOP
       RET
```

6. 写一个字节数据子程序

该子程序是向I²C总线发送一个字节数据。调用前将待发送的数据字节存放在A中。

```
WRBYT: MOV  R7,#8
WRBYT1:RLC  A
       MOV  SDAK,C
       SETB SCLK           ;SCLK置为高电平
       NOP
       NOP
       NOP
       NOP
       CLR  SCLK           ;SCLK置为低电平
       DJNZ R7,WRBYT1
```

RET

7. 读一个字节

该子程序是用来从 I²C 总线接收一个字节数据，将接收到的数据字节存放在 R6 中。

```
RDBYT:  MOV   R7,#8          ;8 位数据
RDBYT1: SETB  SDAK
        SETB  SCLK           ;产生脉冲
        MOV   C,SDAK         ;读数据
        MOV   A,R6           ;读取暂存的数据
        RLC   A              ;读入数据给累加器 A
        MOV   R6,A           ;暂存数据至 R6
        CLR   SCLK
        DJNZ  R7,RDBYT1
        RET
```

9.3.3 AT24C×× 芯片介绍

1. AT24C×× 芯片引脚介绍

AT24C×× 是 Atmel 公司生产的 I²C 总线接口的 E²PROM 芯片，主要应用在通用存储器 IC 卡中，AT24C×× 芯片主要有 1 KB 的 AT24C01、2 KB 的 AT24C02、4 KB 的 AT24C04、8 KB 的 AT24C08 以及 16 KB 的 AT24C16，AT24C×× 芯片的两种标准引脚封装如图 9-7 所示。

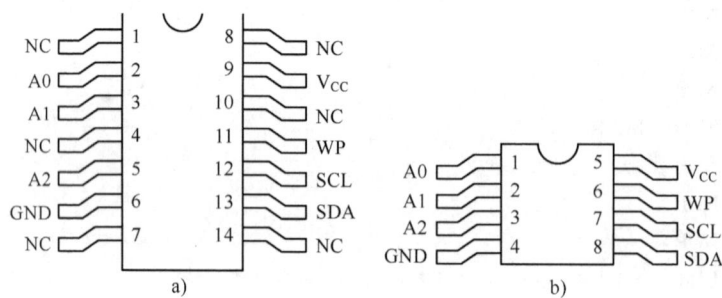

图 9-7 AT24C×× 引脚图
a) 14 脚封装　b) 8 脚封装

其各引脚功能说明如下：

片外地址线（A0～A2）：共 8 种地址编排，即一个单总线系统中可同时接入 8 片 AT24C01/02 芯片。如果单总线系统中只需接入 1 片 AT24C01/02 芯片，可将 A0～A2 同时接地，该 AT24C×× 芯片的片外地址为 000B。

AT24C04 用 A2 和 A1 作为片外寻址线，单个总线系统可寻址 4 个 4 KB 器件，A0 引脚不用；AT24C08 仅用 A2 作为片外寻址线，单总线系统最多可寻址 2 个 8 KB 器件，A0 和 A1 引脚不用。

串行数据（SDA）：双向数据线。

串行时钟（SCL）：双向线。串行时钟上升沿时，数据输入每个 E²PROM 器件，串行时钟下降沿时，数据从 E²PROM 器件中输出。

写保护（WP）：写保护控制端，接"0"，允许写入；接"1"，禁止写入。

NC：空引脚。
V_{CC}：电源引脚。
GND：接地引脚。

2. AT24C×× 命令字格式

I^2C 总线数据的传输是以字节为单位的，在时钟配合下一位一位地进行传送。主器件发送"启动"信号后，再发送一个 8 位的含有芯片地址的控制字对从器件进行片选。一次数据传送总是由主器件产生的结束信号而终止的。8 位片选地址字由三部分组成：第一部分是 8 位控制字的高 4 位，固定为 1010 是 I^2C 总线器件特征编码；第二部分是最低位 D0，是读/写选择位 $R/\overline{W}$，决定微处理器对 E^2PROM 进行读/写操作，$R/\overline{W}=1$，表示读操作；$R/\overline{W}=0$，表示写操作；剩下的 3 位为第三部分，即 A0、A1、A2，这 3 位根据芯片容量的不同，其定义也不相同。表 9-6 为 AT24C×× 芯片的地址安排。

表 9-6 AT24C×× 芯片的地址安排

型 号	容 量	地 址	可扩展数目
24C01(A)	128B	1 0 1 0 A2 A1 A0 $R/\overline{W}$	8
24C02	256B	1 0 1 0 A2 A1 A0 $R/\overline{W}$	8
24C04	512B	1 0 1 0 A2 A1 P0 $R/\overline{W}$	4
24C08	1 KB	1 0 1 0 A2 P1 P0 $R/\overline{W}$	2
24C016	2 KB	1 0 1 0 P2 P1 P0 $R/\overline{W}$	1
24C032	4 KB	1 0 1 0 A2 A1 A0 $R/\overline{W}$	8
24C064	8 KB	1 0 1 0 A2 A1 A0 $R/\overline{W}$	8

3. 操作模式及对应的子程序

（1）字节写操作　在主器件单片机送出起始位后，接着发送写控制字节，指示从器件被寻址。当主器件接收到来自从器件的应答信号后，将发送待写入的字节地址到 AT24C02 的地址指针。主器件再次接收到来自 AT24C02 的应答信号 ACK 后，将发送数据字节写入存储器的指定地址中。当主器件再次收到应答信号后，写入产生停止位结束的一个字节。其格式如图 9-8 所示。

起始位	写控制字节	ACK	字节地址	ACK	数据字节	ACK	停止位

图 9-8 字节写操作格式

AT24C02 允许多个字节顺序写入，在以上格式中，可以连续送入多个字节数据，再送停止位。下面是写 AT24C02 数据的子程序。

```
WR24C02: ACALL   START           ;开始信号
         MOV     A,#0A0H         ;命令 10100000B, 写操作
         ACALL   WRBYT           ;写入数据
         ACALL   TACK
         MOV     A,#0             ;操作地址
         ACALL   WRBYT           ;写入操作地址
         ACALL   TACK
         MOV     A,B             ;读取暂存数据
```

```
            ACALL    WRBYT          ;写入数据
            ACALL    TACK
            ACALL    STOP           ;停止信号
            ACALL    DLY5M          ;DLY5M 为延时子程序
            ACALL    DLY5M
            ACALL    DLY5M
            ACALL    DLY5M
            RET
```

（2）字节读操作　字节读操作需要在读之前，先用写操作指定字节地址，主器件在收到应答信号 ACK 后，再发送读控制字节，从器件 AT24C02 发出应答信号 ACK 后发出 8 位数据，当主器件发出$\overline{\text{ACK}}$信号后（即主器件不产生确认位）发出一个停止位，结束读操作。格式如图9-9 所示。

| 起始位 | 写控制字节 | ACK | 字节地址 | ACK | 起始位 | 读控制字节 | ACK | 数据字节 | $\overline{\text{ACK}}$ | 停止位 |

图 9-9　字节读操作格式

在以上格式中，每当从器件 AT24C02 发出一个数据后，主器件发送确认信号 ACK，就可以控制 AT24C02 发送下一个数据。直到主器件发出$\overline{\text{ACK}}$信号为止。

下面是读 AT24C02 数据的子程序。

```
RD24C02:ACALL    START          ;开始
        MOV      A,#0A0H        ;10100000,写操作
        ACALL    WRBYT          ;写命令
        ACALL    TACK
        MOV      A,#0            ;写入操作地址
        ACALL    WRBYT
        ACALL    TACK
        ACALL    START
        MOV      A,#0A1H        ;10100001,读操作
        ACALL    WRBYT          ;写命令字
        ACALL    TACK
        ACALL    RDBYT          ;读操作
        ACALL    NOTACK
        ACALL    STOP           ;停止
        ACALL    DLY5M
        RET
```

9.3.4　AT24C02 芯片的应用

【例 9-2】使用 AT89S51 单片机和 AT24C02 芯片扩展存储器，单片机读入 P2 口按键的输入状态，并写入 AT24C02 芯片后，再将写入的数据从 AT24C02 芯片读出来，输出到 P1 口通过发光二极管显示。

解： AT89S51 单片机没有 I^2C 接口，用 P3.0 和 P3.1 分别代替 SDA 和 SCL 信号线，用软

件实现 I²C 总线协议。设计电路仿真图如图 9-10 所示。

图 9-10 使用 AT24C02 扩展存储器电路仿真图

主程序设计如下：

```
;下面程序里所用到的子程序在 9.3.2 和 9.3.3 中。
        SDAK    BIT  P3.0
        SCLK    BIT  P3.1
        ORG     0000H
        AJMP    STAR
;****************************************************************
;主程序
;****************************************************************
STAR:   ACALL   DLY5M
        ACALL   DLY5M
ST1:    ACALL   RD24C02         ;读 24C02
        MOV     A,R6
        ANL     A,#0FH
        MOV     P1,A            ;输出数值到 P1 口低 4 位
        MOV     P2,#0FFH        ;P2 口锁存器置 1
        MOV     A,P2            ;读 P2 口
        ANL     A,#0FH          ;屏蔽高 4 位
        MOV     B,A             ;数据暂存到 B 寄存器
        ACALL   WR24C02         ;写 24C02
        ACALL   DLY5M           ;延时
        ACALL   DLY5M
        ACALL   DLY5M
```

```
            SJMP      ST1              ;循环
DLY5M:      MOV       R4,#10           ;延时
DLY5M1:     MOV       R3,#248
            DJNZ      R3,$
            DJNZ      R4,DLY5M1
            RET
            END
```

9.4 键盘/显示串行接口芯片 HD7279A 的应用

1. HD7279A 简介

HD7279A 是一片具有串行接口，可同时驱动 8 个共阴数码管（或 64 只独立 LED）的智能显示驱动芯片。该芯片同时还可连接多达 64 键的键盘矩阵，无需外围元器件，单片即可完成 LED 显示、键盘接口的全部功能。HD7279A 内部含有译码器，可直接接收 BCD 码或十六进制码，并同时具有两种译码方式。但是 HD7279A 不适用于应用在需要两个或两个以上键同时按下的场合。

HD7279A 芯片占用口线少，外围电路简单，具有较高的性能价格比，已在键盘/显示器接口的设计中获得广泛应用。

HD7279A 芯片为 28 引脚标准双列直插型（DIP）封装，单一的 +5 V 供电。其引脚如图 9-11 所示，各引脚功能如下：

V_{DD}：正电源（+5 V）。

NC：悬空。

V_{SS}：地。

$\overline{CS}$：片选信号，低电平有效。此引脚为低电平时，可向芯片发送指令及读取键盘数据。

CLK：同步时钟输入端。向芯片发送数据及读取键盘数据时，此引脚电平上升沿表示数据有效。

DATA：串行数据输入/输出端。当芯片接收指令时，此引脚为输入端；当读取键盘数据时，此引脚在"读"指令最后一个时钟的下降沿变为输出端。

图 9-11 HD7279A 的引脚图

$\overline{KEY}$：按键信号输出端。平时为高电平，当检测到有效按键时，此引脚变为低电平。

SG~SA：LED 的段 g~a 驱动输出端。

DP：小数点驱动输出端。

DIG0~DIG7：数字 0~7 的驱动输出端。

CLKO：振荡输出端。

RC：RC 振荡器连接端。

$\overline{RESET}$：复位端，低电平有效。

2. 控制指令

HD7279A 的控制命令分为两大类，包括纯命令和带有数据的命令。

（1）纯命令　所有纯命令都是单字节命令，见表9-7。

表9-7　HD7279A 的所有纯命令

命令代码	功　能
A0H	所有 LED 显示右移 1 位，最左位为空（无显示），不改变消隐和闪烁属性
A1H	所有 LED 显示左移 1 位，最左位为空（无显示），不改变消隐和闪烁属性
A2H	与右移类似，但原来最右 1 位移至最左 1 位，不改变消隐和闪烁属性
A3H	与左移类似，但原来最左 1 位移至最右 1 位，不改变消隐和闪烁属性
A4H	消除显示、消隐、闪烁等属性
BFH	点亮全部 LED，并处于闪烁状态，可用于自检

（2）带有数据的指令　带有数据的命令均由双字节组成，第一字节为命令，有的带有地址，第二字节为操作的内容。

1）按方式 0 译码显示命令（见表9-8）。

表9-8　方式 0 译码显示命令

第一字节									第二字节						
D7	D6	D5	D4	D3	D2	D1	D0	D7	D6	D5	D4	D3	D2	D1	D0
1	0	0	0	0	a2	a1	a0	dp	×	×	×	d3	d2	d1	d0

命令中的 a2、a1、a0 表示 LED 数码管的位地址，表示显示数据是送给哪一位 LED 的，L1 表示 LED 最低位，L8 表示 LED 最高位，具体位地址的译码见表9-9。命令中的 d3、d2、d1、d0 为显示数据，收到这些数据后，HD7279A 按表9-10 所示的规则译码和显示。dp 为小数点显示控制位，当 dp = 1 时，小数点显示；当 dp = 0 时，小数点不显示。

表9-9　位地址译码表

a2	a1	a0	显示的位	a2	a1	a0	显示的位
0	0	0	L1	1	0	0	L5
0	0	1	L2	1	0	1	L6
0	1	0	L3	1	1	0	L7
0	1	1	L4	1	1	1	L8

表9-10　方式 0 译码显示表

d3~d0	7段显示	d3~d0	7段显示	d3~d0	7段显示	d3~d0	7段显示
0H	0	4H	4	8H	8	CH	H
1H	1	5H	5	9H	9	DH	L
2H	2	6H	6	AH	-	EH	P
3H	3	7H	7	BH	E	FH	无显示

2）按方式 1 译码显示命令（见表9-11）。

表 9-11 方式 1 译码显示命令

第一字节								第二字节							
D7	D6	D5	D4	D3	D2	D1	D0	D7	D6	D5	D4	D3	D2	D1	D0
1	0	0	0	1	a2	a1	a1	dp	×	×	×	d3	d2	d1	d0

方式 1 译码显示命令与方式 0 译码显示命令基本相同，所不同的是译码方式，该命令的译码方式见表 9-12。

表 9-12 方式 1 译码显示表

d3～d0	7 段显示	d3～d0	7 段显示	d3～d0	7 段显示	d3～d0	7 段显示
0H	0	4H	4	8H	8	CH	C
1H	1	5H	5	9H	9	DH	D
2H	2	6H	6	AH	A	EH	E
3H	3	7H	7	BH	B	FH	F

3）不译码显示命令（见表 9-13）。

表 9-13 不译码显示命令

第一字节								第二字节							
D7	D6	D5	D4	D3	D2	D1	D0	D7	D6	D5	D4	D3	D2	D1	D0
1	0	0	1	0	a2	a1	a1	dp	A	B	C	D	E	F	G

此命令中的第一个字节与前两个命令是相同的，不同的是第二个字节，dp 和 A～G 分别代表 LED 的小数点和对应的段，当取值为 1 时，该段点亮，否则不亮。

4）闪烁控制命令 88H（见表 9-14）。

表 9-14 闪烁控制命令

第一字节								第二字节							
D7	D6	D5	D4	D3	D2	D1	D0	D7	D6	D5	D4	D3	D2	D1	D0
1	0	0	0	1	0	0	0	d8	d7	d6	d5	d4	d3	d2	d1

此命令控制各个数码管的闪烁属性，D0～D7 分别对应数码管 1～8，0 = 闪烁，1 = 不闪烁。开机后，默认的状态为各位均不闪烁。

5）消隐控制命令 98H（见表 9-15）。

表 9-15 消隐控制命令

第一字节								第二字节							
D7	D6	D5	D4	D3	D2	D1	D0	D7	D6	D5	D4	D3	D2	D1	D0
1	0	0	1	1	0	0	0	d8	d7	d6	d5	d4	d3	d2	d1

此命令控制各个数码管的消隐属性，D0～D7 分别对应数码管 1～8，1 = 显示，0 = 消隐。当某一位被赋予了消隐属性后，HD7279A 在扫描时将跳过该位，因此在这种情况下，无论对该位写入何值，均不会被显示，但写入的值将被保留，在将该位重新设为显示状态后，最后一

次写入的数据将被显示出来。当无需用到全部 8 个数码管显示的时候,将不用的位设为消隐属性,可以提高显示的亮度。但是如果消隐控制指令中 d1~d8 全部为 0,HD7279A 保持原来的消隐状态不变。

6)段点亮命令 E0H(见表 9-16)。

表 9-16 段点亮命令

第一字节							第二字节						
D7	D6	D5	D4	D3	D2	D1	D0	D7	D6	D5	D4	D3	D2	D1	D0
1	1	1	0	0	0	0	0	×	×	d6	d5	d4	d3	d2	d1

此命令为段寻址命令,作用为点亮数码管中的某一指定段,或 LED 矩阵中某一指定的 LED。指令中,D0~D5 为段地址,范围为 00H~3FH,具体分配为:第 1 个数码管的 G 段地址为 00H,F 段为 01H,……,A 段为 06H,小数点 DP 为 07H;第 2 个数码管的 G 段为 08H,F 段为 09H,……,以此类推,直至第 8 个数码管的小数点 DP 地址为 3FH。

7)段关闭命令 C0H(见表 9-17)。

表 9-17 段关闭命令

第一字节							第二字节						
D7	D6	D5	D4	D3	D2	D1	D0	D7	D6	D5	D4	D3	D2	D1	D0
1	1	0	0	0	0	0	0	×	×	d6	d5	d4	d3	d2	d1

此命令为段寻址命令,作用为关闭数码管中的某一段,该命令与段点亮地址相同。

8)读键盘数据命令 15H。该命令从 HD7279A 读出当前的按键代码。与其他命令不同,此命令的前一个字节 15H,表示单片机写到 HD7279 的读键命令,而第二个字节为 HD7279A 返回的按键代码,范围是 00H~3FH。

3. 命令时序

(1)纯命令时序 单片机发出 8 个 CLK 脉冲,向 HD7279A 发出 8 位命令,DATA 引脚最后为高阻态,如图 9-12 所示。

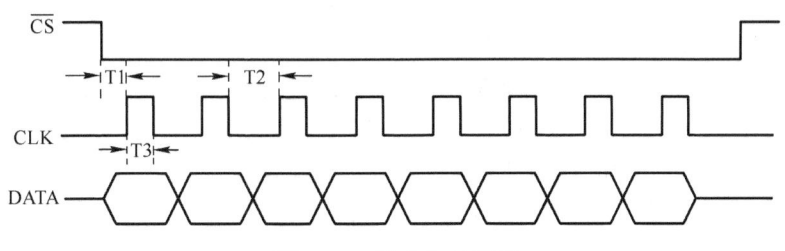

图 9-12 纯命令时序图

(2)带数据命令时序 单片机发出 16 个 CLK 脉冲,前 8 个向 HD7279A 发送 8 位命令;后 8 个向 HD7279A 传送 8 位显示数据,DATA 引脚最后为高阻态,如图 9-13 所示。

(3)读键盘命令时序 单片机发出 16 个 CLK 脉冲,前 8 个向 HD7279A 发送 8 位命令;发送完之后 DATA 引脚为高阻态;后 8 个 CLK 由 HD7279A 向单片机返回 8 位按键值,DATA 引脚为输出状态。最后一个 CLK 脉冲的下降沿将 DATA 引脚恢复为高阻态,如图 9-14 所示。

图 9-13　带数据命令时序图

图 9-14　读键盘命令时序图

4. HD7279 的应用

图 9-15 所示为 AT89S51 单片机与 HD7279A 的接口电路，外接振荡元器件为典型值，晶振频率为 12 MHz。上电后，HD7279A 经过 15～18 ms 才进入工作状态。

单片机判断键盘矩阵中是否有按键按下，是通过 KEY 引脚的电平来判断的。在使用中断方式时，可将 KEY 引脚接至单片机的外部中断输入端，同时应将外中断触发方式设置成跳沿触发；若设置成电平触发方式，则在按键按下较长时间时，会引发多次中断误申请。是否有按键按下也可以采用查询方式。

HD7279A 控制显示器时，显示器采用共阴极接法。对于不使用的按键和显示器，可以不连接。如果不用键盘，则图 9-15 中连接到键盘的 8 只 10 kΩ 电阻和 8 只 100 kΩ 下拉电阻均可以省去。如果使用了键盘，则电路中的 8 只 100 kΩ 下拉电阻均不得省略，除非不接入数码管，否则串入 DP 及 SA～SG 连线的 8 只 200 Ω 电阻均不能省去。

因为采用循环扫描的工作方式，如果采用普通的数码管，亮度有可能不够，采用高亮或超高亮的型号可以解决这个问题。数码管的尺寸不宜选得过大，一般字符高度不宜超过 1 in（1 in = 25.4 mm）如使用大型的数码管，应使用适当的驱动电路。

【例 9-3】根据图 9-15，编写程序实现当有按键按下时，单片机读取该按键的代码并将其显示在 LED 数码管上。

解：参考程序如下：

```
        DU7279   DATA    020H
        XIE7279  DATA    021H
        HDCS     BIT     P1.0        ;HD7279A 的 CS 连接于 P1.0
        HDCLK    BIT     P1.1        ;HD7279A 的 CLK 连接于 P1.1
        HDDATA   BIT     P1.2        ;HD7279A 的 DATA 连接于 P1.2
        HDKEY    BIT     P1.3        ;HD7279A 的 KEY 连接于 P1.3
```

图 9-15 AT89S51 单片机与 HD7279A 的接口电路图

```
            ORG      0000H
            JMP      START
            ORG      100H
START:      MOV      SP,#60H              ;定义堆栈
            MOV      P1,#01111001B        ;CS=1,KEY=1,CLK=0,DATA=0
            ACALL    DELY25               ;延时 25μs
            MOV      XIE7279,#A4H         ;发复位指令
            ACALL    WRITE7279
            MOV      XIE7279,#98H         ;由于只用到两位所以其余位设置为消隐
            CALL     WRITE7279
            ACALL    DELAY3
            MOV      XIE7279,#03H
            ACALL    WRITE7279
            SETB     CS                   ;恢复 CS 为高电平
MAIN:       JB       KEY,MAIN             ;检测是否有键按下
            MOV      XIE7279,#15H         ;有键按下,发送读键盘指令
```

```
            ACALL    WRITE7279
            ACALL    READ7279
            SETB     CS              ;设 CS 为高电平
            MOV      A，DU7279
            MOV      R7，A
            MOV      XIE7279,#0C8H   ;下载数据,方式 1 译码,选择 L1 位
            ACALL    WRITE7279       ;发送指令到 HD7279A
            MOV      A,R7
            ANL      A,#0FH          ;屏蔽掉高 4 位
            MOV      XIE7279,A       ;发送数据
            ACALL    WRITE7279
            SETB     HDCS
            MOV      XIE7279,#0C9H   ;下载数据方式 1 译码,选择 L2 位
            ACALL    WRITE7279       ;发送指令到 HD7279A
            MOV      A,R7
            SWAP     A               ;要显示高位
            ANL      A,#0FH          ;屏蔽掉高 4 位
            MOV      XIE7279,A       ;发送数据
            ACALL    WRITE7279
            SETB     HDCS
WAIT1：     JNB      KEY,WAIT1       ;等待按键放开
            JMP      MAIN
;*****************************************************************
;向 7279 写一个字节
;*****************************************************************
WRITE7279：MOV       R6,#8           ;发送 8 位
            CLR      HDCS            ;CS 为低电平
            ACALL    DELAY4          ;长延时 50 μs
LOOP1：MOV           C,XIE7279.7     ;输出
            MOV      HDDATA,C
            SETB     HDCLK           ;CLK 为高电平
            MOV      A, XIE7279      ;待发送数据左移
            RL       A
            MOV      XIE7279，A
            ACALL    DELAY3          ;短延时
            CLR      HDCLK           ;置 CLK 为低电平
            ACALL    DELAY3          ;短延时
            DJNZ     R6,LOOP1
            CLR      HDDATA          ;发送完毕,DAT 为低电平
            RET
;*****************************************************************
;从 HD7279 读一个字节
;*****************************************************************
READ7279：MOV        R6,#8
```

```
                SETB    HDDATA              ;设 P1.2（DATA）口为高电平
                ACALL   DELAY4              ;长延时
        LOOP2:  SETB    HDCLK               ;置 CLK 为高电平
                ACALL   DELAY3              ;短延时
                MOV     A,DU7279            ;数据左移
                RL      A
                MOV     DU7279,A
                MOV     C,HDDATA            ;读一位数据
                MOV     DU7279,C
                CLR     HDCLK               ;CLK 为低电平
                ACALL   DELAY3
                DJNZ    R6,LOOP2
                CLR     HDDATA              ;DAT 为低电平
                RET
```

9.5 案例：基于 AT24C02 的具有记忆功能计数器的设计

【任务目的】熟悉 AT24C02 芯片，掌握软件驱动程序设计。用 Proteus 软件设计、仿真 AT24C02 扩展存储器。

【任务描述】该任务使用 AT89S51 单片机和 AT24C02 芯片扩展存储器，当按压 SB 一次，数码管显示加 1，每次开机后数码管显示上次关机的计数值。

1. 硬件设计

双击桌面上 ISIS 图标，打开 ISIS 7 Professional 窗口。执行菜单命令 "File" → "New Design"，新建一个 DEFAULT 模板，保存文件名为 "AT24C02 计数器.DSN"。在器件选择按钮 PL DEVICES 中单击 "P" 按钮，或执行菜单命令 "Library" → "Pick Device/Symbol"，添加表 9-18 所示的元器件。

表 9-18 基于 AT24C02 的具有记忆功能的计数器的设计所用的元器件

序号	元器件	序号	元器件	序号	元器件	序号	元器件	序号	元器件
1	单片机 AT89C51	2	按钮 BUTTON	3	芯片 AT24C02	4	电阻 RES	5	上拉电阻 PULLUP

在 ISIS 原理图编辑窗口中放置元器件，再单击工具箱中的"元器件终端"图标，在对象选择器中单击"POWER"和"GROUND"放置电源和地。放置好元器件后，布好线。左键双击各元器件，设置相应元器件参数，完成原理图设计，如图 9-16 所示。

2. 程序设计

参考程序如下：

```
        STAR:   ACALL   DLY5M
                ACALL   DLY5M
        ST1:    ACALL   RD24C02             ;读 24C02
                MOV     B,R6                ;上次的值暂存
                MOV     P1,A                ;将 A 的值送到 P1 口显示
                JB      P0.2,$              ;无键按下原地跳转
```

图 9-16 基于 AT24C02 的具有记忆功能的计数器的电路图

```
        ACALL   DLY5M
        JNB     P0.2,$      ;按键是否放下
        INC     B           ;数值加 1
        ACALL   WR24C02     ;写 24C02
        ACALL   DLY5M       ;延时
        ACALL   DLY5M
        ACALL   DLY5M
        SJMP    ST1         ;循环
```

思考题与习题

简答题

1. 单总线有什么显著的特点？
2. I^2C 总线有什么特点？
3. 说明 SPI 总线的特点。
4. I^2C 总线的起始信号和终止信号是如何定义的？
5. I^2C 总线的数据传输方向如何控制？
6. I^2C 总线在数据传送时，应答是如何进行的？
7. SPI 串行总线由几条线组成？每条线的作用是什么？

第10章 AT89S51单片机输入/输出通道接口技术

【知识目标】

1. 熟悉 ADC0809、DA0832 芯片。
2. 掌握 D-A、A-D 接口的硬件接口电路设计。
3. 掌握 D-A、A-D 接口的软件驱动程序设计。
4. 熟悉 TLC5615、TLC2543 芯片。
4. 理解串行 ADC、DAC 转换器的硬件电路设计及驱动程序的设计。

【技能目标】

1. 掌握并行 D-A、A-D 接口电路的仿真与程序调试。
2. 掌握串行 A-D、D-A 接口电路的仿真与程序调试。

10.1 ADC 及接口技术

A-D 转换器（ADC）的作用就是把模拟量转换成数字量，便于计算机进行处理。

10.1.1 ADC 的概述

1. ADC 的分类

目前应用较为广泛的 ADC 主要有以下几种类型：逐次比较型、双积分型、量化反馈型和并行型。

逐次比较型 ADC，在精度、速度和价格上都适中，是最常见的 A-D 转换器件。双积分 ADC 具有精度高、抗干扰性好、价格低廉等优点，虽然转换速度慢，但近年来在单片机应用领域中也得到广泛应用。

2. ADC 的主要技术指标

（1）分辨率　ADC 的分辨率表示输出数字量变化一个相邻数码所需输入模拟电压的变化量。习惯上用输出二进制位数或满量程与 2^n 之比表示。其中 n 为 ADC 的位数。例如 AD574 转换器，分辨率为 12 位，即该转换器的输出数据可以用 2^{12} 个二进制数进行量化，其分辨率为 1LSB，如用百分数表示，则分辨率为

$$1/2^{12} \times 100\% = 0.0244\%$$

如果满量程为 10 V，则 AD574 能够分辨输入电压变化的最小值为 2.4 mV。

由量化过程所引起的误差，是由有限位数的数字量对模拟量进行量化而引起的。量化误差理论上规定为一个单位分辨率的 ±1/2LSB（最低一位数字量的变化）。量化误差与分辨率密切相关，提高分辨率（即增加数字量的位数），可以减小量化误差。

（2）转换时间和转换速率　A-D 完成一次转换所需要的时间称为转换时间，转换时间的

倒数为转换速率。不同类型的转换器转换速度相差甚远。其中并行比较 ADC 转换速度最高，8 位二进制输出的单片集成 A-D 转换器转换时间可达 50 ns 以内。逐次比较型 ADC 次之，它们的转换时间多数在 10~50 μs 之间，也有达几百纳秒的。间接 ADC 的速度最慢，如双积分型 ADC 的转换时间大都在几十毫秒至几百毫秒之间。

(3) 转换精度 ADC 的转换精度定义为一个实际 ADC 和一个理想 ADC 在量化值上的差值。可用绝对误差或相对误差表示。

3. ADC 的选择

ADC 按照输出代码的有效位数分为 4 位、8 位、10 位、12 位、14 位、16 位和 BCD 码输出等多种，按照转换速度可分为超高速（转换时间≤1 ns）、高速（转换时间≤1 μs）、中速（转换时间≤1 ms）、低速（转换时间≤1 s）等几种不同的转换速度的芯片。在设计数据采集系统、测控系统和智能仪器仪表时，重要问题就是如何选择合适的 ADC 以满足应用系统设计的要求。

(1) ADC 位数的确定 ADC 位数的确定与整个测量控制系统所要测量控制的范围和精度有关，但又不能唯一确定系统的精度。估算时，ADC 的位数至少要比总精度要求的最低分辨率高一位。实际选取的 ADC 的位数应与其他环节所能达到的精度相适应。只要不低于它们就行，选得太高既没有意义，而且价格还要高得多。

(2) ADC 速率的确定 逐次比较型的 ADC 的转换时间为 1~100 μs，属于中速 ADC，常用于工业多通道单片机控制系统和声频数字转换系统等。

(3) 采样保持器的确定 原则上，直流和变化非常缓慢的信号可不用采样保持器。其他情况都要加采样保持器。

(4) 基准电压 基准电压源是提供给 ADC 在转换时所需要的参考电压，这是保证转换精度的基本条件。在要求较高精度时，基准电压要单独用高精度稳压电源供给。

10.1.2 典型 ADC 芯片 ADC0809 及应用

ADC0809 是典型的 8 位 8 通道逐次比较型 ADC，可实现 8 路模拟信号的分时采集，片内有 8 路模拟选通开关，转换时间为 100 μs 左右。

1. 信号引脚

ADC0809 芯片为 28 引脚双列直插式封装，其功能引脚如图 10-1 所示。ADC0809 芯片信号引脚的功能如下：

IN0~IN7：8 路模拟量输入通道。ADC0809 芯片对输入的模拟量的要求主要有：信号单极性，电压范围为 0~+5 V，若信号过小还需要放大。

ADDA、ADDB、ADDC：地址线，模拟通道的选择信号。具体的地址状态与通道对应关系见表 10-1。

图 10-1 ADC0809 功能引脚图

表 10-1 地址状态与通道对应关系

ADDA	ADDB	ADDC	选择的通道
0	0	0	IN0

(续)

ADDA	ADDB	ADDC	选择的通道
0	0	1	IN1
0	1	0	IN2
0	1	1	IN3
1	0	0	IN4
1	0	1	IN5
1	1	0	IN6
1	1	1	IN7

ALE：地址锁存允许信号。当 ALE 处于上升沿时，ADDA、ADDB、ADDC 地址状态送入地址锁存器中。

START：转换启动信号。当 START 处于上升沿时，所有内部寄存器清 0；当 START 下降沿时，开始进行 A – D 转换；在 A – D 转换期间，START 应保持低电平。

MSB2 – 1 ~ LSB2 – 8：数据输出线。为三态缓冲输出形式，可以和单片机的数据线直接相连。LSB2 – 8 为最低位，MSB2 – 1 为最高位。

OUTPUT ENABLE：输出允许信号。用于控制三态输出锁存器向单片机输出转换得到的数据。OUTPUT ENABLE = 0，输出数据线呈高阻；OUTPUT ENABLE = 1，输出转换得到的数据。

CLOCK：外部时钟输入端。时钟频率越高，A – D 转换的速度越快。当 AT89S51 单片机无读/写片外 RAM 操作时，ALE 端信号固定为 CPU 时钟频率的 1/6。此时 CLOCK 可直接与 ALE 相连。

EOC：转换结束信号。EOC = 0，正在进行转换；EOC = 1，转换结束。该信号既可以作为查询的状态标志，也可以作为中断请求信号。

V_{CC}： + 5 V 电源。

V_{REF}：参考电源。典型的值为 $V_{REF}(+) = + 5 V$，$V_{REF}(-) = 0 V$。

2. 单片机控制 ADC0809 的工作过程

首先用指令选择 ADC0809 和一个模拟输入通道，当执行指令"MOVX @ DPTR, A"时单片机的$\overline{WR}$信号有效，从而产生一个启动信号，给 ADC0809 的 START 引脚送入脉冲，开始对选中通道进行转换。当转换结束后，ADC0809 发出转换结束 EOC（高电平）信号，该信号可供单片机查询，也可反相后作为向单片机发出的中断请求信号；当执行指令"MOVX A, @ DPTR"时，单片机发出读控制$\overline{RD}$信号，OUTPUT ENABLE 端有高电平，且把经过 ADC0809 转换完毕的数字量读到累加器 A 中。

由上述可见，使用单片机控制 ADC0809 时，可采用查询和中断控制两种方式。查询方式是在单片机把启动信号送到 ADC0809 之后，执行其他程序的同时对 ADC0809 的 EOC 引脚的状态进行查询，以检查 A – D 转换是否已经结束，如果查询到转换已经结束，则读入转换完毕的数据，否则执行其他程序。

中断控制方式是在启动信号送到 ADC0809 之后，单片机执行其他程序。当 ADC0809 转换结束并向单片机发出中断请求信号时，单片机响应此中断请求，进入中断服务程序，读入转换数据。

3. 应用举例

【例 10-1】 ADC0809 与 AT89S51 单片机接口仿真电路如图 10-2 所示，分别采用三种不同方式对图中 8 路模拟信号轮流采样，并依次把转换后的数据存放在以 DATA 为首地址的 8 个内部数据存储区。

图 10-2　AT89S51 和 ADC0809 的接口仿真电路图

解：查询方式时，ADC0809 的转换结束信号 EOC 引脚接 AT89S51 单片机的 P1.0；中断方式时，EOC 经反相器接 AT89S51 单片机的外部中断引脚$\overline{INT0}$（假定 8 个通道只采样一次）。

1）延时传送方式程序如下：

```
            ORG    0000H
            LJMP   MAIN
            ORG    0030H
MAIN:       MOV    R1,#DATA      ;数据存储区首地址
            MOV    DPTR,#7FF8H   ;P2.7=0,且指向通道0
            MOV    R7,#08H       ;置通道数
LOOP:       MOVX   @DPTR,A       ;启动A-D转换
            MOV    R6,#1AH       ;延时初始值
DLAY:       NOP
            NOP
            NOP
            NOP
            DJNZ   R6,DLAY
            MOVX   A,@DPTR       ;读取转换结果
            MOV    @R1,A         ;转换结果送入内部数据存储区
            INC    DPTR          ;指向下一个通道
            INC    R1            ;修改数据区指针
```

```
        DJNZ    R7,LOOP
        SJMP    $
        END
```

2）查询方式程序如下：

```
            ORG     0000H
            LJMP    MAIN
            ORG     0030H
MAIN:       MOV     R1,#DATA        ;数据存储区首地址
            MOV     DPTR,#7FF8H     ;P2.7=0,且指向通道 0
            MOV     R7,#08H         ;置通道数
LOOP:       MOVX    @DPTR,A         ;启动 A-D 转换
            SETB    P1.0
            JNB     P1.0,$          ;查询 P1.0 状态
            MOVX    A,@DPTR         ;读取转换结果
            MOV     @R1,A           ;转换结果送入内部数据存储区
            INC     DPTR            ;指向下一个通道
            INC     R1              ;修改数据区指针
            DJNZ    R7,LOOP
            SJMP    $
            END
```

3）中断方式程序如下：

```
            ORG     0000H
            LJMP    MAIN
            ORG     0003H
            LJMP    EXINT0
            ORG     0030H
MAIN:       MOV     R1,#DATA        ;数据存储区首地址
            MOV     DPTR,#7FF8H     ;P2.7=0,且指向通道 0
            MOV     R7,#08H         ;置通道数
            SETB    IT0             ;边沿触发方式
            SETB    EX0             ;开外部中断 0
            SETB    EA              ;开总中断
            MOVX    @DPTR,A         ;启动 A-D 转换
            SJMP    $
```

4）中断服务程序如下：

```
            ORG     0010H
EXINT0:     MOVX    A,@DPTR         ;读取转换结果
            MOV     @R1,A           ;转换结果送入内部数据存储区
            INC     DPTR            ;指向下一个通道
            INC     R1              ;修改数据区指针
            DJNZ    R7,LOOP         ;8 路没有采集完,中断返回
```

```
        CLR    EX0              ;采集完成,关外部中断
LOOP：  RETI
        END
```

【例 10-2】利用 AT89S51 单片机接口电路,采用延时方式对 ADC0809 的 IN0 路模拟信号进行采样,把转换后的数据存放在 30H 中,并显示。设计该电路并编写程序。

解：1. 硬件电路设计

设计的电路仿真图如图 10-3 所示。

图 10-3 例 10-2 电路仿真图

2. 程序设计

参考程序如下：

```
           ORG    0000H
           LJMP   MAIN
           ORG    0030H
MAIN：    MOV    DPTR,#7FF8H
LOOP：    SETB   P3.4              ;关显示器
           SETB   P3.5
           MOVX   @DPTR,A           ;启动 0808
           MOV    R6,#34H           ;0808 编程方式为延时,12 MHz,延时 104 μs
           DJNZ   R6,$
           MOVX   A,@DPTR           ;读 A-D 转换数
           MOV    30H,A             ;暂存 RAM 30H 单元
           ANL    A,#0FH            ;屏蔽高 4 位,显示低 4 位
           LCALL  SEG7              ;查出显示码
```

```
        SETB    P3.4              ;关显示高位
        CLR     P3.5              ;开显示低位
        MOV     P1,A              ;显示低位
        LCALL   DELAY             ;延时 1 ms
        MOV     A,30H             ;将转换数重新存入累加器
        ANL     A,#0F0H           ;屏蔽低 4 位,显示高 4 位
        SWAP    A                 ;累加器 A 的高低 4 位互换
        LCALL   SEG7              ;查出显示码
        SETB    P3.5              ;关显示低位
        CLR     P3.4              ;开显示高位
        MOV     P1,A              ;显示高位
        LCALL   DELAY             ;调转到延时程序
        SJMP    LOOP              ;重复显示
SEG7:   INC     A                 ;查表位置调整
        MOVC    A,@A+PC           ;查显示码
        RET                       ;返回
        DB      0C0H,0F9H,0A4H,0B0H,99H,92H,82H,0F8H   ;共阳段码
        DB      80H,90H,88H,83H,0C6H,0A1H,86H,8EH
DELAY:  MOV     R5,#2             ;显示延时
DEL1:   MOV     R6,#249
DEL2:   DJNZ    R6,DEL2
        DJNZ    R5,DEL1
        RET
        END
```

10.1.3 串行 12 位 ADC 芯片 TLC2543 及应用

TLC2543 是美国 TI 公司推出的采用 SPI 串行接口技术的 12 位串行 ADC,使用开关电容逐次逼近技术完成 A-D 转换过程。具有 11 个模拟输入通道和 3 路内置自测试方式,采样率为 66 kbit/s,可编程输出数据长度。由于是串行输入结构,能够节省 51 系列单片机的 I/O 资源;且价格适中,分辨率较高,因此在仪器仪表中有较为广泛的应用。

1. 信号引脚

TLC2543 芯片的引脚如图 10-4 所示。

AIN0~AIN10:模拟输入端。

$\overline{CS}$:片选端。

SDI:串行数据输入端。

SDO:A-D 转换结果的三态串行输出端,$\overline{CS}$ 为高时处于高阻抗状态,$\overline{CS}$ 为低时处于转换结果输出状态。

CLK:控制输入输出的时钟,由外部输入。

EOC:转换结束端。

REF+:正基准电压端,基准电压的正端加到 REF+。

REF-:负基准电压端。

图 10-4　TLC2543 芯片的引脚图

2. 控制字

每次 A-D 转换，单片机都必须给 TLC2543 芯片写入控制字，以确定被转换的信号来自的通道、转换结果的位数、输出的顺序等信息。控制字写入的顺序是高位在前。控制字定义见表10-2。

表10-2 TLC2543 芯片控制字定义

通道选择				数据长度选择位		输出数据的顺序	输出数据的极性
D7	D6	D5	D4	D3	D2	D1	D0

D7~D4：选择输入通道。二进制数 0000~1111 是 11 路模拟量 AIN0~AIN11 的地址。当其为 1100 或 1101 时，选择片内检测电压；当其为 1110 时，为软件选择的断电模式，此时，ADC 的工作电流只有 25μA。

D3、D2：输出数据的长度的选择位，01 表示输出数据长度为 8 位；11 表示输出数据长度为 16 位；X0 表示输出数据长度为 12 位，X 可以为 1 或 0。

D1：输出数据的顺序选择位，0 表示高位在前，1 表示低位在前。

D0：输出数据的极性选择位，当其为 0 时，为无符号二进制数；当其为 1 时，为有符号二进制数。

3. 工作时序

TLC2543 芯片的工作时序分为 I/O 周期和实际转换周期。

（1）I/O 周期 器件进入 I/O 周期后，同时进行写控制字和读取 A-D 输出结果的两种操作。

1）写控制字的操作。工作时序如图 10-5 所示，TLC2543 芯片在 CLK 的前 8 个脉冲的上升沿时，以 MSB 前导方式从 SDI 端输入 8 位控制字到输入寄存器。当输入前 4 位后即可选通 1 路到采样保持器，该电路从第 4 个 CLK 脉冲的下降沿开始，对所选的信号进行采样，直到最后一个 CLK 脉冲的下降沿。I/O 脉冲的时钟个数与输出数据长度（位数）有关，当工作于 12 位或 16 位时，在前 8 个脉冲之后，则 SDI 无效。

2）读取数据操作。当 $\overline{CS}$ 保持为低时，第 1 个数据出现在 EOC 的上升沿，若转换由 $\overline{CS}$ 控制，则第 1 个输出数据发生在 $\overline{CS}$ 的下降沿。这个数据是前 1 次转换的结果，在第 1 个输出数据位之后的每个后续位，均由后续的 CLK 脉冲下降沿输出。

根据时序编写 TLC2543 输入控制字和读取数据的子程序如下：

```
TLC2543: MOV    R3,#0      ;清空存储单元
         MOV    R2,#0
         CLR    CLK        ;CLK 置低电平
         CLR    CS         ;CS 置低电平
         MOV    R5,#00H    ;控制字放在 R5 中,要采集 0 通道,数据长度 12 位,高位在前
         MOV    R1,#12     ;读取 12 次
;****************************************************************
;命令字写入和转换结果输出是同时进行的,在读出转换结果的同时也写入下一次的命令字
;****************************************************************
     L2: MOV    C,SDO      ;读输出端,此处读取的是上一次的转换结果
```

图 10-5　TLC2543 芯片的工作时序

```
        MOV    A,R3
        RLC    A
        MOV    R3,A          ;低位数据放在 R3 中
        MOV    A,R2
        RLC    A
        MOV    R2,A
L1:     MOV    A,R5          ;将 R5 中的控制字移入 DATSINPUT 一位,每次都要写入控制字
        RLC    A
        MOV    R5,A
        MOV    DATIN,C
        SETB   CLK           ;CLK 置高电平
        NOP
        NOP
        NOP
        CLR    CLK           ;CLK 置低电平
        NOP
        NOP
        NOP
        DJNZ   R1,L2
        SETB   CS            ;采集结束后,将 CS 置高电平
        MOV    JG1,R2        ;采集结束把上一次的转换结果放在 JG1 和 JG2 两个单元中
        MOV    JG2,R3
        RET
```

（2）实际转换周期　在 I/O 周期的最后一个 CLK 脉冲下降沿之后,EOC 变低,采样值保持不变,转换周期开始,片内转换器对采样值进行逐次逼近式 A-D 转换,其工作由与 CLK 同步的内部时钟控制。转换结束后,EOC 变高,转换结果锁存在输出数据锁存器中,在下一个 I/O 周期输出。

4. 应用举例

【例 10-3】 图 10-6 所示为 AT89S51 单片机与 TLC2543 芯片接口电路仿真原理图，要求在 AIN0 通道进行数据采集，并将采集结果在数码管上显示。

图 10-6　AT89S51 单片机与 TLC2543 芯片接口电路仿真原理图

解：TLC2543 芯片采用 SPI，由于单片机 AT89S51 没有 SPI，采用模拟 SPI 的接口时序。TLC2543 芯片的 CLK、SDI、SDO 及 $\overline{CS}$ 分别由单片机的 P1.3、P1.1、P1.0 和 P1.2 引脚来控制。EOC 由单片机的 P1.4 引脚串行接收。

采集的数据为 12 位无符号数，采用高位在前的输出数据。写入 TLC2543 芯片的命令字为 00H。第 1 次写入的命令字是有实际意义的操作，但是第 1 次读出的转换结果是无意义的操作，应丢弃。

参考程序如下：

```
        CLK     BIT P1.3            ;CLK 与 P1.3 相连
        DATIN   BIT P1.1            ;SDI 与 P1.1 相连
        DATOUT  BIT P1.0            ;SDO 与 P1.0 相连
        CS      BIT P1.2            ;CS 与 P1.2 相连
        EOC     BIT  P1.4           ;EOC 与 P1.4 相连
        WEI1    BIT P3.0
        WEI2    BIT P3.1
        WEI3    BIT P3.2
        WEI4    BIT P3.3
        JG1     EQU 25H             ;存结果的高位
        JG2     EQU 24H             ;存结果的低位
        ORG     0000H
        AJMP    MAIN
        ORG     0030H
MAIN：  MOV     SP,#60H             ;堆栈指针初始化
        LCALL   TLC2543             ;第一次读取的结果无效
HERE：  LCALL   TLC2543
```

```
        JNB     EOC,$              ;判断是否转换完毕
        LCALL   DISP               ;调用显示
        AJMP    HERE               ;返回
DISP:   MOV     A,JG1              ;显示结果
        ANL     A,#0F0H
        SWAP    A
        MOV     DPTR,#TAB
        MOVC    A,@A+DPTR
        CLR     WEI4
        SETB    WEI1
        MOV     P2,A
        ACALL   D5MS               ;延时程序
        MOV     A,JG1
        ANL     A,#0FH
        MOV     DPTR,#TAB
        MOVC    A,@A+DPTR
        CLR     WEI1
        SETB    WEI2
        MOV     P2,A
        ACALL   D5MS
        MOV     A,JG2
        ANL     A,#0F0H
        SWAP    A
        MOV     DPTR,#TAB
        MOVC    A,@A+DPTR
        CLR     WEI2
        SETB    WEI3
        MOV     P2,A
        ACALL   D5MS
        MOV     A,JG2
        ANL     A,#0FH
        MOV     DPTR,#TAB
        MOVC    A,@A+DPTR
        CLR     WEI3
        SETB    WEI4
        MOV     P2,A
        ACALL   D5MS
        RET
TAB:    DB  0C0H,0F9H,0A4H,0B0H,99H,92H,82H,0F8H
        DB  80H,90H,88H,83H,0C6H,0A1H,86H,8EH    ;共阳极码
        END
```

10.2　DAC及接口技术

在单片机的应用系统中，被测量对象如温度、压力、流量、速度等非电物理量，需经传感器转换成连续变化的模拟电信号（电压或电流），这些模拟电信号必须转换成数字量后才能在单片机中用软件进行处理。单片机处理完毕的数字量，也常常需要转换为模拟信号。数字量转换成模拟量的器件称为D－A转换器（DAC）。

DAC由电阻网络组成，提供电流。如果要把电流转换为电压还要增加运放电路。因此DAC分为电流输出型与电压输出型。

DAC的输出不仅与输入的二进制代码有关，而且与运算放大电路的形式、反馈电阻和参考电压有关，可以分为单极性输出和双极性输出两种。

根据转换时间的大小，可以将DAC分为低速型、中速型和高速型。高速型DAC的转换时间小于1μs，低速型的转换时间大于100μs，转换时间居中的则属于中速型。

10.2.1　DAC的主要技术指标

DAC的技术性能指标很多，如分辨率、转换时间、线性度、转换精度、温度系数等。

1. 分辨率

分辨率是输入数字量变化一个相邻数码所对应的输出模拟电压变化量。一个 n 位的DAC的分辨率定义为满刻度电压与 2^n 的比值。满量程为10 V的8位DAC（如DAC0832）的分辨率为 $10V/2^8 \approx 39$ mV。

分辨率越高，进行转换时对应数字输入信号最低位的模拟信号模拟量变化就越小，也就越灵敏。分辨率与DAC的位数有着直接关系，位数越多，分辨率就越高；因此有时也用有效输入数字信号的位数来表示分辨率。

2. 转换时间（建立时间）

转换时间是反映D－A转换速率快慢的一个主要参数。其定义为：当输入数据从零变化到满量程时，其输出模拟信号达到满量程刻度值的±1/2 LSB时所需要的时间。不同的DAC，其建立时间也不同。通常电流输出的DAC建立时间是很短的，电压输出的DAC因内部带有相应的运算放大器，其建立时间往往比较长。

3. 转换精度

在DAC转换范围内，输入数字量对应的模拟量的实际输出值与理论值的接近程度。例如：若满量程输出理论值为10 V，实际值为9.99～10.01 V，其转换精度为±10 mV。

当不考虑其他D－A转换误差时，D－A的转换精度即为其分辨率的大小，所以要获得高精度的D－A转换结果，首先要保证选择有足够分辨率的DAC。但是D－A转换精度还与外接电路的配置有关，当外接电路的器件或电源误差较大时，会造成较大的D－A转换误差，当这些误差超过一定程度时，会使增加D－A转换位数失去意义。在D－A转换中，影响转换精度的主要误差因素有非线性误差、增益误差、失调误差、微分非线性误差等。

10.2.2　典型DAC芯片DAC0832及应用

1. DAC0832的特性

美国NI公司的DAC0832芯片具有两个输入数据的8位DAC，它能直接与AT89S51单片机连接。DAC0832 芯片引脚见图 10-7，其主要特性如下：

1) 分辨率为 8 位，转换电流建立时间为 1 μs。
2) 可双缓冲输入、单缓冲输入或直接数字输入。
3) 3 逻辑电平输入与 TTL 兼容。
4) 单一电源供电（+5～+15 V）。
5) 低功耗，功耗为 20 mW。

2. 各引脚的功能

DI0～DI7：8 位数字信号输入端，用于接收单片机送来的待转换的数字量。

图 10-7 DAC0832 引脚图

$\overline{CS}$：片选端，当$\overline{CS}$为低电平时，本芯片被选中。

ILE：数据锁存允许控制端，高电平有效。

$\overline{WR1}$：第一级输入寄存器写选通控制，低电平有效，当$\overline{CS}=0$、ILE = 1、$\overline{WR1}=0$ 时，数据信号被锁存到第一级 8 位输入寄存器中。

$\overline{XFER}$：数据传送控制信号，低电平有效。

$\overline{WR2}$：DAC 寄存器写选通控制端，低电平有效。当$\overline{XFER}=0$，$\overline{WR2}=0$ 时，输入寄存器状态传入 8 位 DAC 寄存器中。

IOUT1：DAC 电流输出 1 端。输入数字量全为 1 时，IOUT1 输出最大；全为 0 时，IOUT1 输出最小。

IOUT2：DAC 电流输出 2 端。$I_{OUT1}+I_{OUT2}=$ 常数。

RFB：外部反馈信号输入端，内部已有反馈电阻 R_{FB}，根据需要也可外接反馈电阻。

V_{CC}：电源输入端，范围为 +5～+15 V。

GND（10 脚）：数字信号地。

GND（3 脚）：模拟信号地，最好与基准电压共地。

3. DAC0832 的应用特性

1) 有两级锁存控制功能，能够实现多通道 D-A 转换的同步转换输出。
2) 内部无参考电压，需外接参考电压电路。
3) 为电流输出型 DAC，要获得模拟电压输出时，需要外加转换电路。

4. DAC0832 的应用

DAC0832 内部有输入寄存器和 DAC 寄存器，五个控制端：ILE、$\overline{CS}$、$\overline{WR1}$、$\overline{WR2}$、$\overline{XFER}$，能够实现三种工作方式：直通方式、单缓冲方式和双缓冲方式。

（1）直通方式　直通方式是指两个寄存器的有关控制信号都预先置为有效，两个寄存器都开通。只要数字量送到数据输入端，就立即进入 DAC 进行转换输出。

（2）单缓冲方式　单缓冲方式是指 DAC0832 内部的一个寄存器受到控制，将另一个寄存器的有关控制信号预置为有效，使之开通；或者将两个寄存器的控制信号连在一起，两个寄存器合为一个使用。在实际应用时，如果只有一路模拟量输出，或多路模拟量输出但预置为有效不要求多路输出同步的情况下，就可采用单缓冲方式。单缓冲方式的接口仿真电路图如图 10-8 所示，两级寄存器的写信号都由单片机的$\overline{WR}$端控制，当地址线选择 DAC0832 后，只要输出$\overline{WR}$控制信号，DAC0832 就能进一步完成数字量的输入锁存和 D-A 转换。

图 10-8　单缓冲方式的接口仿真电路图

（3）双缓冲方式　对于多路的 D-A 转换，要求同步输出时，必须采用双缓冲同步方式。图 10-9 所示是一个两路模拟量同步输出的 D-A 转换仿真电路，DAC0832 的数据线连接单片机的 P0 端口。允许锁存信号 ILE 接 +5 V，两个写信号 $\overline{WR1}$、$\overline{WR2}$ 都接到单片机的写信号线 $\overline{WR}$ 上，数据传送控制信号 $\overline{XFER}$ 接到单片机 P2.7 上，用于控制同步转换输出，$\overline{CS}$ 分别接单片机 P2.5 和 P2.6 上，实现输入锁存控制，DAC0832 输入锁存器的地址分别为 DFFFH 和 BFFFH，DAC 寄存器具有相同的地址 7FFFH。

【例 10-4】利用图 10-9 所示电路实现两路模拟量同步输出的程序。

图 10-9　两路模拟量同步输出的 D-A 转换仿真电路图

解：参考程序如下：

```
MOV    DPTR,#0DFFFH    ;送 DAC0832(1)的地址
MOV    A,#data1
MOVX   @DPTR,A         ;将 data1 送 DAC0832(1)的输入锁存器
MOV    DPTR,#0BFFFH    ;送 DAC0832(2)的地址
MOV    A,#data2
MOVX   @DPTR,A         ;将 data2 送 DAC0832(2)的输入锁存器
MOVX   DPTR,#7FFFH     ;送两片 DAC0832 的 DAC 寄存器地址
MOVX   @DPTR,A         ;进行两路数据同步转换输出
```

10.2.3 串行 10 位 DAC 芯片 TLC5615 及应用

随着 SPI 技术的快速发展，基于 SPI 串行接口的 DAC 的使用越来越普遍。TLC5615 是 TI 公司生产的 10 位串行 DAC 芯片，属于电压输出型芯片，并且带有上电复位功能。单片机通过 3 根串行总线就可以完成 10 位数据的串行输入，易于和工业标准的微处理器或单片机接口。另外 8 引脚的小型 D 形封装允许在空间受限制的应用中实现模拟功能的数字控制。因此其在电池供电测试仪表、电池工作/远程工业控制、移动电话等场合得到了广泛的应用。

1. TLC5615 引脚

TLC5615 芯片的引脚如图 10-10 所示。引脚功能如下：

DIN：串行数据输入端。

SCLK：串行时钟输入端。

$\overline{CS}$：片选端，低电平有效。

DOUT：用于级联时的串行数据输出端。

AGND：模拟地。

REFIN：输入基准电压：2 V ~ (V_{DD} − 2 V)。

OUT：DAC 模拟电压输出端。

V_{DD}：正电源端，4.5 ~ 5.5 V，通常取 5 V。

图 10-10　TLC5615 芯片的引脚图

2. 内部结构和工作方式

TLC5615 芯片的内部功能框图如图 10-11 所示。它主要包括以下几部分。

1) 10 位 DAC 电路。

2) 一个 16 位移位寄存器，接受串行移入的二进制数，并且有一个级联的数据输出端 DOUT。

3) 并行输入输出的 10 位 DAC 寄存器，为 10 位 DAC 电路提供待转换的二进制数据。

4) 电压跟随器为参考电压端 REFIN 能够提供很高的输入阻抗，大约 10 MΩ。

5) ×2 电路提供最大值为两倍于 REFIN 的输出。

6) 上电复位电路和控制电路。

TLC5615 有两种工作方式：第一种工作方式是 12 位数据序列，根据图 10-11 可以看出，16 位移位寄存器分为高 4 位虚拟位、10 位有效数据位以及低 2 位填充位。在单片 TLC5615 工作时，只需要向 16 位移位寄存器按先后输入 10 位有效数据位和低 2 位填充位，2 位填充位数据任意。第二种方式为级联方式，即 16 位数列，可以将本片的 DOUT 接到下一片的 DIN，需要向 16 位移位寄存器按先后输入高 4 位虚拟位、10 位有效数据位和低 2 位填充位，由于增加

图 10-11 TLC5615 芯片的内部功能框图

了高 4 位虚拟位,所以需要 16 个时钟脉冲。

无论哪一种工作方式,输出电压为

$$V_{\text{OUT}} = 2 \times V_{\text{REFIN}} \times \frac{N}{1024}$$

式中,N 为输入的二进制数;V_{REFIN} 为参考电压。

3. 工作时序

TLC5615 工作时序如图 10-12 所示。可以看出,只有当片选 $\overline{\text{CS}}$ 为低电平时,串行输入数据才能被移入 16 位移位寄存器。当 $\overline{\text{CS}}$ 为低电平时,在每一个 SCLK 时钟的上升沿将 DIN 的一位数据移入 16 位移寄存器。注意,二进制最高有效位被导前移入。接着,$\overline{\text{CS}}$ 的上升沿将 16 位移位寄存器的 10 位有效数据锁存 10 位 DAC 寄存器,供 DAC 电路进行转换;当片选 $\overline{\text{CS}}$ 为高电平时,串行输入数据不能被移入 16 位移位寄存器。注意,$\overline{\text{CS}}$ 的上升和下降都必须发生在 SCLK 为低电平期间。

图 10-12 TLC5615 工作时序

4. TLC5615 的应用

【例 10-5】单片机控制串行 DAC TLC5615 进行 D - A 转换的仿真电路原理图如图 10-13 所示。调节电位器 RP1,使 TLC5615 芯片的输出电压可在 0 ~ 5 V 内调节。

图 10-13　AT89S51 单片机控制串行 DAC TLC5615 进行 D－A 转换的仿真电路

解：根据时序，当$\overline{CS}$为低电平时，在每一个 SCLK 时钟的上升沿将 DIN 的 1 位数据移入 16 位移寄存器，采用第一种工作方式，移入 12 位数据。

参考程序如下：

```
        SCLK   BIT P1.2            ;SCLK 与 P1.2 相连
        DIN    BIT P1.0            ;DIN 与 P1.0 相连
        CS     BIT P1.1            ;CS 与 P1.1 相连
        ORG    0000H
        LJMP   MAIN
        ORG    0030H
MAIN:   MOV    A,#255              ;要写入的数据,高位导前输入
        MOV    R7,#8               ;写入 8 位数据
        ACALL  WRITE               ;写入数据
        MOV    R7,#4               ;写入 4 位数据
        MOV    A,#0F0H             ;写入的数据
        ACALL  WRITE
        SETB   CS                  ;CS 置高电平
        CLR    SCLK
        LCALL  DELAYMS             ;延时
        SJMP   MAIN
WRITE:  CLR    CS                  ;CS 置低电平
        CLR    SCLK                ;SCLK 置低电平
L3:     RLC    A
        MOV    DIN,C               ;移入 1 位数据
        SETB   SCLK                ;SCLK 置高电平
        CLR    SCLK                ;SCLK 置低电平
        DJNZ   R7,L3
```

```
            RET
DELAYMS：SETB    RS1
    DELAY1：MOV     R7,#00H
            MOV     R6,#00H
            DJNZ    R6,$
            DJNZ    R7,DELAY1
            CLR     RS1
            RET
            END
```

在此例中使用了第一种方式，如果使用第二种方式，程序的设计请读者自己思考。

10.3 案例：数字电压表设计

【任务目的】了解输入/输出通道设计的基本原理和方法。掌握 ADC0809 芯片与 AT89S51 单片机的接口电路与程序设计。

【任务描述】该任务使用 AT89S51 单片机和 ADC0809 芯片设计数字电压表。

1. 硬件电路设计

双击桌面上 图标，打开 ISIS 7 Professional 窗口。执行菜单命令"File"→"New Design"，新建一个 DEFAULT 模板，保存文件名为"数字电压表.DSN"。在器件选择按钮 中单击"P"按钮，或执行菜单命令"Library"→"Pick Device/Symbol"，添加表 10-3 所示的元器件。

表 10-3 波形发生器所用的元器件

序号	元 器 件	序号	元 器 件	序号	元 器 件	序号	元 器 件
1	单片机 AT89C51	3	A-D 转换器 ADC0808	5	与门 74LS02	7	电阻 RES
2	滑动变阻器 POT-HG	4	电阻排 R×8	6	D 触发器 74LS74	8	4 位 LED 显示 7SEG-MPX4-CA-BLUE

由于在 Proteus 软件中 ADC0809 没有仿真模型，而 ADC0808 与 ADC0809 功能基本相同，仅是转换时间长一些，因此在该任务中使用 ADC0808。

在小工具栏中单击虚拟仪器按钮 ，然后在对象选择器中选择 "DC VOLTMETER"（直流电压表），如图 10-14 所示。

在 ISIS 原理图编辑窗口中放置元器件，再单击工具箱中的"元器件终端"图标 ，在对象选择器中单击"POWER"和"GROUND"放置电源和地。放置好元器件后，布好线。左键双击各元器件，设置相应元器件参数，完成电路设计。仿真图如图 10-15 所示。

图 10-14 直流电压表

2. 程序设计

参考程序如下：

```
            ORG     0000H
            LJMP    MAIN
```

图 10-15 数字电压表电路仿真图

```
         ORG    0030H
MAIN：   MOV    DPTR,#07FFFH
LOOP：   CLR    P3.3              ;关显示位
         CLR    P3.4
         CLR    P3.5
         MOVX   @DPTR,A           ;启动 0809,与 A 中内容无关
         MOV    R6,#34H           ;编程方式设为延时
         DJNZ   R6,$
         MOVX   A,@DPTR           ;读 A-D 转换数
         MOV    30H,A             ;暂存 RAM30H 单元
         MOV    R2,#00H           ;a*500
         MOV    R3,A
         MOV    R6,#01H
         MOV    R7,#0F4H
         ACALL  MULD
         MOV    R7,#0FFH          ;a*500/255
         ACALL  DV31
         MOV    A,R4              ;调整为 BCD 码
         MOV    R6,A
         MOV    A,R5
         MOV    R7,A
         ACALL  HB2
         MOV    42H,R4            ;百位存入 42H 单元
         MOV    A,R5
         ANL    A,#0F0H
         SWAP   A
         MOV    43H,A             ;十位存入 43H 单元
         MOV    A,R5
         ANL    A,#0FH
         MOV    44H,A             ;个位存入 44H 单元
         MOV    A,44H
```

205

```
        LCALL   SEG7                ;查显示码
        CLR     P3.3                ;关百位
        CLR     P3.4                ;关十位
        SETB    P3.5                ;开个位
        MOV     P1,A                ;显示个位
        LCALL   DELAY               ;调延时
        MOV     A,43H               ;取十位
        LCALL   SEG7
        CLR     P3.3
        CLR     P3.5
        SETB    P3.4                ;开十位
        MOV     P1,A                ;显示十位
        LCALL   DELAY               ;延时
        MOV     A,42H
        LCALL   SEG7
        CLR     P3.4
        CLR     P3.5
        SETB    P3.3                ;开百位
        ANL     A,#7FH
        MOV     P1,A                ;显示百位
        LCALL   DELAY               ;调延时程序
        SJMP    LOOP                ;循环
SEG7:   INC     A                   ;调整查表位置
        MOVC    A,@A+PC             ;查显示码
        RET
        DB 0C0H,0F9H,0A4H,0B0H,99H      ;共阳段码
        DB 92H,82H,0F8H,80H,90H
DELAY:  MOV     40H,#10             ;延时程序
DEL1:   MOV     41H,#249
DEL2:   DJNZ    41H,DEL2
        DJNZ    40H,DEL1
        RET
;****************************************************************
;双字节二进制无符号数乘法
;被乘数在 R2、R3 中,乘数在 R6、R7 中。
;乘积在 R2、R3、R4、R5 中。
;****************************************************************
MULD:   MOV     A,R3                ;计算 R3 乘 R7
        MOV     B,R7
        MUL     AB
        MOV     R4,B                ;暂存部分积
        MOV     R5,A
        MOV     A,R3                ;计算 R3 乘 R6
        MOV     B,R6
```

```
        MUL     AB
        ADD     A,R4            ;累加部分积
        MOV     R4,A
        CLR     A
        ADDC    A,B
        MOV     R3,A
        RET
;****************************************************************
;三字节二进制无符号数除以单字节二进制数
;被除数在 R3、R4、R5 中,除数在 R7 中。
;当 OV=0 时,双字节商在 R4、R5 中,当 OV=1 时,溢出。
;****************************************************************
    DV31:CLRC
        MOV     A,R3
        SUBB    A,R7
        JC      DV30
        SETB    OV              ;商溢出
        RET
    DV30:MOV    R2,#10H         ;求 R3R4R5/R7→R4R5
    DM23:CLRC
        MOV     A,R5
        RLC     A
        MOV     R5,A
        MOV     A,R4
        RLC     A
        MOV     R4,A
        MOV     A,R3
        RLC     A
        MOV     R3,A
        MOV     F0,C
        CLR     C
        SUBB    A,R7
        ANL     C,/F0
        JC      DM24
        MOV     R3,A
        INC     R5
    DM24:DJNZ   R2,DM23
        CLR     OV
        RET                     ;商在 R4R5 中
;****************************************************************
;双字节十六进制整数转换成双字节 BCD 码整数
;待转换的双字节十六进制整数在 R6、R7 中。
;转换后的三字节 BCD 码整数在 R3、R4、R5 中。
;****************************************************************
```

HB2：	CLR	A	;BCD码初始化
	MOV	R3,A	
	MOV	R4,A	
	MOV	R5,A	
	MOV	R2,#10H	;转换双字节十六进制整数
HB3：	MOV	A,R7	;从高端移出待转换数的一位到CY中
	RLC	A	
	MOV	R7,A	
	MOV	A,R6	
	RLC	A	
	MOV	R6,A	
	MOV	A,R5	;BCD码带进位自身相加,相当于乘2
	ADDC	A,R5	
	DA	A	;十进制调整
	MOV	R5,A	
	MOV	A,R4	
	ADDC	A,R4	
	DA	A	
	MOV	R4,A	
	MOV	A,R3	
	ADDC	A,R3	
	MOV	R3,A	;双字节十六进制数的万位数不超过6,不用调整
	DJNZ	R2,HB3	;处理完16 bit
	RET		
	END		

3. 加载目标代码、设置时钟频率

将数字电压表程序生成目标代码文件"数字电压表.hex",加载到图10-15中单片机"Program File"属性栏中,并设置时钟频率为12 MHz。

4. 仿真

单击图标 ▶ ▶ ❚❚ ■ 中的 ▶ 按键,启动仿真。3位数码管显示当前的电压值。

10.4 案例：波形发生器

【任务目的】了解输入/输出通道设计的基本原理和方法。掌握DAC0832芯片与AT89S51单片机的接口电路与程序设计。

【任务描述】该任务使用AT89S51单片机和DAC0832芯片设计方波、三角波和锯齿波发生器,分别按下各个按钮输出相应波形。

1. 硬件电路设计

双击桌面上 ISIS 图标,打开ISIS 7 Professional窗口。执行菜单命令"File" → "New Design",新建一个DEFAULT模板,保存文件名为"波形发生器.DSN"。在器件选择按钮 P L DEVICES 中单击"P"按钮,或执行菜单命令"Library" → "Pick Device/Symbol",添加表10-4所示的元器件。

表 10-4 波形发生器所用的元器件

序号	元器件	序号	元器件	序号	元器件	序号	元器件	滑动变阻器 POT
1	单片机 AT89C51	3	瓷片电容 CAP 30pF	5	晶振 CRYSTAL 12 MHz	7	电阻 RES	
2	按钮 BUTTON	4	电解电容 CAP - ELEC	6	D - A 转换器 DAC0832	8	运算放大器 UA741	

在小工具栏中单击虚拟仪器按钮，然后在对象选择器中选择"OSCILLOSCOPE"（示波器），如图 10-16 所示。

在 ISIS 原理图编辑窗口中放置元器件，再单击工具箱中的"元器件终端"图标，在对象选择器中单击"POWER"和"GROUND"放置电源和地。放置好元器件后，布好线。左键双击各元器件，设置相应元器件参数，完成电路设计。电路仿真图如图 10-17 所示，产生的波形图如图 10-18 所示。

图 10-16 虚拟示波器

图 10-17 波形发生器电路仿真图

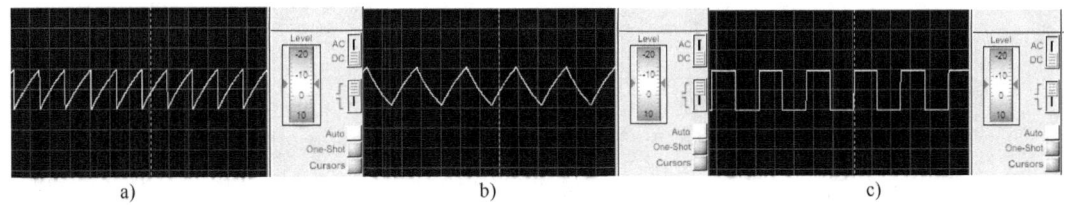

图 10-18 波形发生器产生波形图
a）锯齿波　b）三角波　c）方波

2. 程序设计

1）程序流程图（如图 10-19 所示）

2）参考程序如下：

```
        ORG     0000H
        AJMP    START
        ORG     0100H
```

图 10-19 波形发生器程序流程图

```
        START: MOV    DPTR,#7FFEH
        JUDGE: JNB    P1.5,STW
               JNB    P1.6,TRIANGLE
               JNB    P1.7,SQUARE
               SJMP   START
;三角波程序
     TRIANGLE: MOV    A,#00H
           UP: MOVX   @DPTR,A
               INC    A
               JNZ    UP
         DOWN: DEC    A
               MOVX   @DPTR,A
               JNZ    DOWN
               SJMP   JUDGE
;锯齿波程序
          STW: MOV    A,#00H
         LOOP: MOVX   @DPTR,A     ;数值→DAC0832
               DEC    A
               JNZ    LOOP
```

```
            SJMP     JUDGE
;方波程序
    SQUARE: MOV     A,#00H
            MOVX    @DPTR,A      ;置上限电平
            LCALL   DELAY        ;调用高电平延时程序
            MOV     A,#0FFH
            MOVX    @DPTR,A      ;置下限电平
            LCALL   DELAY        ;调用低电平延时程序
            AJMP    JUDGE
;延时程序
    DELAY:  MOV     R6,#03H
    DELAY1: MOV     R5,#200
            DJNZ    R5,$
            DJNZ    R6,DELAY1
            RET
            END
```

3. 加载目标代码、设置时钟频率

将波形发生器程序生成目标代码文件"波形发生器.hex",加载到图 10-17 中单片机 "Program File" 属性栏中,并设置时钟频率为 12MHz。

4. 仿真

单击图标 ▶ ▷ ▯▯ ▮ 中的 ▶ 按键,启动仿真。分别按下各个按钮,输出方波、锯齿波、三角波。

思考题与习题

一、简答题

1. ADC 的作用是什么?DAC 的作用是什么?
2. DAC 的主要性能指标都有哪些?设某 DAC 为二进制 12 位,满量程输出电压为 5V,试问它的分辨率是多少?
3. ADC 的主要性能指标有哪些?
4. 某 8 位 DAC,输出电压为 0~5V,当输入数字量为 30H 时,其对应的输出电压是多少?
5. AT89S51 单片机与 DAC0832 连接时有几种连接方式?各有什么特点?各适合在什么场合使用?
6. 对于 8 位、12 位、16 位 ADC,当满刻度输入电压为 5V 时,其分辨率各为多少?
7. 判断 A-D 转换是否结束一般可采用几种方式?每种方式有何特点?

二、设计题

1. 在一个由 AT89S51 单片机与一片 ADC0809 组成的数据采集系统中,ADC0809 的 8 个输入通道的地址为 7FF8H~7FFFH,试画出有关接口电路图,并编写程序,要求:每隔 1 min 轮流采集一次,共采样 20 次,其采样值存入片外 RAM 2000H 单元开始存储区中。
2. 用 TLC5615 生成周期为 2 ms 的等宽方波。

第 11 章 单片机应用系统设计

【知识目标】
1. 掌握单片机应用系统的设计过程。
2. 掌握单片机常用控制部件的基本知识及运用。

【技能目标】
1. 掌握 DS1302 数字时钟电路系统的软件、硬件设计方法并进行仿真调试。
2. 掌握 DS18B20 数字温度计电路系统的软件、硬件设计方法并进行仿真调试。
3. 掌握步进电动机控制系统的软件、硬件设计方法并进行仿真调试。

11.1 单片机应用系统的设计过程

11.1.1 应用系统开发流程

单片机应用系统是指以单片机为核心，配以一定的外围电路和软件，能实现用户所要求的测控功能的系统。除了硬件电路外，还须嵌入系统应用程序。硬件和软件只有紧密配合、协调一致，才能组成高性能的单片机应用系统。在系统的开发过程中，软硬件的功能总是在不断地调整，以便相互适应。硬件设计和软件设计不能截然分开，硬件设计时应考虑软件设计方法，而软件设计时也应了解硬件的工作原理，在整个开发过程中互相协调，以利于提高工作效率。

单片机应用系统的开发流程如图 11-1 所示，除了产品立项后的方案论证外，主要有总体设计、硬件系统设计与调试、软件设计、仿真调试和系统脱机运行检查五个部分。在总体设计完成后，硬件系统设计与调试和软件设计可以同时进行，而仿真调试则应在硬件系统设计与调试完成后进行。

图 11-1 应用系统开发流程

1. 总体设计

通常设计人员在接到项目任务时，首先要进行系统总体方案的规划设计，而总体设计要求设计人员能很好地理解系统要实现的功能以及所要达到的技术指标，并且要根据系统的工作环境、具体用途、功能和技术指标，拟定一个性能价格比较好的设计方案，这是后续设计工作的前提和指导方向。总体设计包括以下几方面：

（1）机型选择　选择单片机机型的出发点主要应根据系统的要求和各种单片机的性能，在考虑市场货源的前提下，选择最容易实现产品技术指标的机种，而且能达到较高的性能价格比；在开发任务重、时间紧的情况下，还需考虑对所选择的机种是否熟悉。

（2）器件选择　除了单片机以外，系统中还可能需要传感器、模拟电路、输入/输出电路和存储器等对系统性能有重要影响的器件，这些器件的选择应符合系统的精度、速度和可靠性等方面的要求。

（3）软硬件功能划分　系统硬件的配置和软件的设计是紧密联系在一起的，而且在某些场合，硬件和软件具有一定的互换性。有些硬件电路的功能可用软件来实现，反之亦然。

2. 硬件设计

硬件的设计是根据总体设计要求，进行系统电路设计和 PCB 绘制。一般而言，在进行系统的硬件设计时应遵循以下几个原则：

（1）尽可能采用功能强的芯片

1）单片机的选型。随着集成电路技术的飞速发展，单片机的集成度越来越高，许多外围部件都已集成在芯片内，使设计工作大大简化。例如，目前市场上较为流行的美国 Cygnal 公司的 C8051F020 8 位单片机，片内集成有 8 通道 A-D、两路 D-A、两路电压比较器、内置温度传感器、定时器、可编程数字交叉开关和 64 个通用 I/O 口、电源检测、看门狗、多种类型的串行总线（两个 UART、SPI）等。使用一片 C8051F020 8 位单片机就构成一个应用系统。

2）优先采用片内带有闪烁存储器的产品。例如，使用 Atmel 公司的 AT89C5×系列产品，可省去片外扩展程序存储器的工作，减少芯片数量，缩小系统体积。

3）RAM 容量考虑。大多数单片机内的 RAM 单元有限，当需增强软件数据处理功能时，往往感觉 RAM 容量不足，这就要求系统配置外部 RAM，如 6264、62256 芯片等。

4）对 I/O 端口留有余地。在样机研制出来进行现场试用时，往往会发现一些被忽视的问题，而这些问题是不能单靠软件措施来解决的，如有些新的信号需要采集，就必须增加输入检测端；有些物理量需要控制，就必须增加输出端。如果在软件设计之初就多设计留有一些 I/O 端口，这些问题就会迎刃而解了。

5）预留 A-D、D-A 通道。与上述的 I/O 端口同样的原因，留出一些 A-D、D-A 通道将来会解决大问题。

（2）以软代硬　原则上，只要软件能够做到且能满足性能要求，就不用硬件。硬件多了不但增加成本，而且系统故障率也会提高，以软代硬的实质是以时间换空间。软件的执行过程需要消耗时间，因此这种代替带来的问题就是实时性下降。在实时性要求不高的场合，以软代硬是很合算的。

（3）工艺设计　工艺设计包括机箱、面板、配线、接插件等，必须考虑到安装、调试、维修的方便。另外，硬件的抗干扰措施也必须在硬件设计时一并考虑进去。

典型单片机应用系统框图如图 11-2 所示。

典型的单片机应用系统主要由单片机的基本部分、输入部分和输出部分组成。

图 11-2 典型单片机应用系统框图

3. 软件设计

单片机应用系统软件的设计是系统设计中工作量较大的任务。软件设计包括拟定程序的总体方案、画出程序流程图、编制具体程序以及程序的检查修改等。

(1) 程序的总体设计　这是指从系统高度考虑程序结构、数据形式和程序功能的实现手法及手段。在拟定总体设计方案时，要求设计者根据系统的总任务选用切合实际的程序设计方法，画出程序的总体框图及子模块的所有流程图。

(2) 程序的编制　程序流程图绘制成后，整个程序的轮廓和思路已十分清楚。设计者就可统筹考虑和安排一些带有全局性的问题，例如程序地址空间分配、工作寄存器安排、数据结构、端口地址和输入/输出格式等，然后依照流程图来编制具体程序。

(3) 程序的检查和修改　一个实际的应用程序编好以后，往往会有不少潜在隐患和错误，因此，上机调试前进行静态检查是十分必要的。静态检查采用自上而下的方法进行，发现错误及时修改，可以加快整个程序的调试进程。

4. 仿真调试

在硬件系统测试合格且应用程序通过汇编检查合格后，方能进入仿真调试。

传统开发过程中的仿真调试是在开发装置在线仿真环境下进行的，其主要任务是排除样机硬件故障，完善硬件结构，试运行所设计的程序，排除程序错误，优化程序结构，使系统达到期望的功能。

(1) 硬件调试　单片机应用系统的硬件和软件调试是交叉进行的，但通常是先排除样机中明显的硬件故障（逻辑错误、元器件失效及电源故障等），才能安全地和仿真器相连，进行综合调试。

(2) 软件调试　汇编后的应用程序形成一个可执行的目标文件下载到仿真器上，系统在仿真器的支持下，对应用程序进行调试。软件调试与所选用的软件结构和程序设计技术有关。如果采用实时多任务操作系统，一般是逐个任务进行调试，在调试某个任务时，同时也调试相关的子程序、中断服务程序和一些操作系统的程序；如果采用模块程序设计技术，则逐个模块（子程序、中断程序和I/O程序等）调好以后，再联成一个大的程序，然后进行系统程序综合调试。在调试过程中，应不断修改和完善应用程序。

计算机的单片机仿真技术出现之后，其强大的单片机系统设计与仿真功能，使其成为单片机系统应用开发和改进手段之一。例如，采用 Proteus 软件来进行开发，全部过程都是在 ISIS 平台上来完成的。仿真阶段通过将目标代码文件加载到单片机系统中，并实现单片机系统的实时交互、协同仿真。它在相当程度上反映了实际单片机系统的运行情况。

5. 系统脱机运行检查

系统应用程序调试合格后，利用程序写入器将应用程序固化到单片机的程序存储器中，然后将应用系统脱离仿真器进行上电运行检查。由于单片机实际运行环境和仿真调试环境的差异，即使仿真调试合格，脱机运行时也可能出错，所以这时应进行全面检查，针对可能出现的问题，修改硬件、软件或总体设计方案。

11.1.2 应用系统可靠性设计

功能性设计、可靠性设计和产品化设计构成了单片机应用系统设计的三位一体。功能性设计是为了满足系统控制、运算等基本运行能力的设计；产品化设计是保证构成实用产品必须解决的环境适应性、使用条件适应性以及满足使用者人体工程的设计；可靠性设计则是保证正常使用条件下，系统有良好的运行可靠性与安全性。

功能性是基础，可靠性是保障。因此，学习中应在掌握功能性设计的基础上，了解可靠性设计的内容。减少系统的错误或故障，提高系统可靠性的措施如下。

1. 采用抗干扰措施

1) 抑制电源噪声干扰：安装低通滤波器、减少印制电路板上交流电引进线的长度，电源的容量留有余地，完善滤波系统、逻辑电路和模拟电路的合理布局等。

2) 抑制输入/输出通道的干扰：使用双绞线、光电隔离等方法和外设传送信息。

3) 抑制电磁场干扰：电磁屏蔽。

2. 提高元器件可靠性

1) 筛选质量好的元器件并进行严格老化测试。

2) 设计时技术参数留有一定余量。

3) 印制电路板和组装的工艺质量。

4) E^2ROM 型和 Flash 型单片机不宜在环境恶劣的条件下使用。

3. 采用容错技术

（1）信息冗余　通信中采用奇偶校验、累加和校验、循环码校验等措施，使系统具有检错和纠错能力。

（2）使用系统正常工作监视器（Watchdog）　当 AT89S51 应用系统受到干扰可能会失控，会引起程序"跑飞"或使程序陷入"死循环"，这时系统将完全瘫痪。如果操作人员在场，可按下人工复位按钮，强制系统复位。但操作人不可能一直监视着系统，即使监视着系统，也往往是在引起不良后果之后才进行人工复位。能不能不用人来监视，使系统摆脱"死循环"，重新执行正常的程序？采用"看门狗"技术（watchdog Timer，WDT）可解决这一问题。

AT89S51 的看门狗电路是由一个 14 位的 WDT 计数器和一个看门狗复位寄存器 WDTRST 组成的，看门狗复位寄存器 WDTRST 占用 SFR 地址为 A6H。外部复位时，WDT 定时器默认为关闭状态。要打开 WDT，用户必须向看门狗复位寄存器 WDTRST 先写入 1EH，再写入 0E1H，即可激活 WDT。WDT 被激活后，WDT 会在每个机器周期计数一次，当 14 位的 WDT 计数器计到 16383 时，WDT 将溢出，会使单片机的复位端 RST 输出高电平的复位脉冲。除硬件或 WDT 溢出外，没有其他方法关闭 WDT。当 WDT 打开后，需要在一定的时间间隔内写 1EH 和 0E1H 到 WDTRET，避免 WDT 计数溢出。WDT 计数器既不可写，也不可读。

在程序初始化时用下列程序激活 WDT：

```
        ORG   0000H
        LJMP  BEGIN
BEGIN： MOV   0A6H,#1EH    ;先送 1EH
        MOV   0A6H,#0E1H   ;后送 0E1H
;在主程序中要有下列喂狗指令
            ⋮
FOR：       ⋮
        MOV   0A6H,#1EH    ;先送 1EH
        MOV   0A6H,#0E1H   ;后送 0E1H,喂狗指令
            ⋮
        LJMP  FOR
```

11.2　常用的控制部件

11.2.1　DS1302 芯片

1. DS1302 芯片简介

DS1302 是 Dallas 公司推出的 SPI 总线涓流充电时钟芯片，内含一个实时时钟/日历和31B 的静态 RAM，通过简单的串行接口与单片机进行通信。实时时钟/日历电路提供秒、分、时、星期日、月、年的信息，每月的天数和闰年的天数可自动调整，时钟操作可通过 AM/PM 指示决定采用24 h 或12 h 格式。DS1302 与单片机之间能简单地采用同步串行的方式进行通信，仅需用到三个口线：$\overline{RST}$（复位）、I/O（数据线）、SCLK（串行时钟）。时钟/RAM 的读/写数据以一个字节或多达31 个字节的字符组方式进行通信。

DS1302 是 DS1202 的升级产品，增加了主电源 V_{cc2} 和备份电源 V_{cc1} 双电源引脚。同时提供了对后备电源进行涓流充电的能力，DS1302 芯片有以下特性：

1）实时时钟具有计算2100 年之前的秒、分、时、日、星期、年的能力，还有闰年调整的能力。

2）31B 的 8 位暂存数据存储 RAM。

3）串行 I/O 口方式，使得引脚数量最少。

4）工作电压为2.0 ~ 5.5 V。

5）2.5 V 时耗电流小于300 nA。

6）读/写时钟或 RAM 数据时有两种传送方式单字节传送和多字节传送字符组方式。

7）工作时的功率小于1 mW。

8）简单3 线接口。

9）与 TTL 兼容，$V_{cc} = 5\ V$。

10）可选工业级温度范围，即 $-40 \sim\ +85℃$。

2. DS1302 芯片的封装及引脚描述

DS1302 包含 8 脚 DIP 封装和 8 脚 SOIC 封装（表面装配）两种形式，如图11-3 所示，引脚功能见表11-1。

图 11-3 DS1302 的封装形式

表 11-1 DS1302 引脚描述

引脚号	符号	描述	引脚号	符号	描述
1	V_{cc2}	主电源引脚	5	$\overline{RST}$	复位引脚
2	X1	晶振引脚	6	I/O	数据输入/输出引脚
3	X2	晶振引脚	7	SCLK	串行时钟输入引脚
4	GND	电源地引脚	8	V_{cc1}	备份电源引脚

3. DS1302 的命令字节格式

每一数据的传送由命令字节进行初始化,DS1302 的命令字节格式见表 11-2,最高位 MSB (D7 位) 必须为逻辑 1,如果为 0,则禁止写 DS1302。D6 位为逻辑 0 (CLK),指定读/写操作为时钟/日历数据;D6 位为逻辑 1 (RAM),指定读/写操作为 RAM 数据。D5~D1 位 (A4~A1 地址) 指定进行输入或输出的特定寄存器。最低有效位 LSB (D0 位) 为逻辑 0,指定进行写操作 (输入);为逻辑 1,指定读操作 (输出)。命令字节总是从最低有效位 LSBD (0) 开始输入,命令字节中的每一位是在 SCLK 的上升沿送出的。

表 11-2 DS1302 的命令字节格式

D7 (MSB)	D6	D5	D4	D3	D2	D1	D0 (LSB)
1	RAM/$\overline{CLK}$	A4	A3	A2	A1	A0	RD/$\overline{W}$

4. DS1302 内部寄存器

DS1302 内部寄存器地址 (命令) 及数据寄存器分配情况如图 11-4 所示。图中,RD/$\overline{W}$ 为读/写保护位:RD/$\overline{W}$ = 0,寄存器数据能够写入;RD/$\overline{W}$ = 1,寄存器数据不能写入,只能读出。A/P 为上/下午模式选择:A/P = 1,为下午模式;A/P = 0,为上午模式。TCS 为涓流充电选择:TCS = 1010,能进行涓流充电;TCS = 其他,禁止涓流充电。DS 为二极管选择位:DS = 01,选择一个二极管;DS = 10,选择两个二极管;DS = 00 或 11 时,即使 TCS = 1010,充电功能也被禁止。RS 位功能表见表 11-3。

表 11-3 RS 位功能表

RS 位	电阻	典型位/kΩ	RS 位	电阻	典型位/kΩ
00	无	无	10	R2	4
01	R1	2	11	R3	8

图 11-4 DS1302 内部寄存器地址（命令）及数据寄存器分配情况
a）时钟/日历控制部分 b）RAM 控制部分

11.2.2 DS18B20 芯片

1. DS18B20 芯片简介

DS18B20 芯片是 Dallas 公司继 DS1820 芯片后推出的一种改进型支持"一线总线"的智能数字温度传感芯片。它具有微型化、低功耗、高性能、抗干扰能力强、易配处理器等优点，可直接将温度转化为串行数字信号供处理器处理。

"一线总线"即系统只定义了一根信号线。总线上的每个器件都能够在合适的时间去使用它，相当于把计算机的地址线、数据线、控制线合为一根信号线对外进行数据交换。为了区分这些芯片，厂家在生产每个芯片时，都编制了唯一的序列号，通过寻址就把芯片识别出来。DS18B20 芯片有以下特性：

1) 只要求一个端口即可实现通信。
2) 在 DS18B20 中的每个器件上都有独一无二的序列号。
3) 在实际中不需要外部任何元器件即可实现测温。

4）支持多点网络功能，实现组网多点测温。

5）适应电压范围 3.0~5.5V。

6）测温范围在 -55~+125℃ 之间，在 -10~+85℃ 范围内，精度为 ±0.5℃。

7）可编程分辨率为 9~12 位，可分辨温度为 0.5℃、0.25℃、0.125℃ 和 0.0625℃。

8）内部有温度上、下限告警设置。

2. DS18B20 芯片的封装及引脚描述

DS18B20 的封装形式如图 11-5 所示，引脚功能见表 11-4。

图 11-5　DS18B20 的封装形式

表 11-4　DS18B20 引脚描述

引 脚 号	符　号	描　　述
1	GND	地信号
2	DQ	数字信号 I/O 端口
3	V_{DD}	可选择的 V_{DD} 引脚。当工作于寄生电源时，此引脚必须接地

3. DS18B20 的内部结构

温度传感器 DS18B20 的内部结构如图 11-6 所示，主要由 64 位 ROM、温度传感器的温度报警触发器及高速缓存器四部分组成。

图 11-6　DS18B20 的内部结构

（1）64 位 ROM　64 位 ROM 是由厂家使用激光刻录的一个 64 位二进制 ROM 代码，是该芯片的标志号，如图 11-7 所示。

第 1 个 8 位表示产品分类编号，DS18B20 的分类号为 10H；接着为 48 位序列号，它是一个大于 281×10^{12} 的十进制编码，作为该芯片的唯一标志代码；最后 8 位为前 56 位的循环冗余

8位循环冗余检验	48位序列号	8位分类编号 (10H)
MSB　　　　LSB	MSB　　　　LSB	MSB　　　　LSB

图 11-7　64 位 ROM

检验码（CRC）。由于每个芯片的 64 位 ROM 代码不同，因此在单总线上能够并挂多个 DS18B20 进行多点温度实时检测。

（2）温度传感器　温度传感器是 DS18B20 的核心部分，DS18B20 能将环境温度信息转换成一定格式的数字量，并通过极其简洁的 WIRE 接口总线，传送给接收器。通过软件编程可将 -55~125℃ 范围内的温度值按 9 位、10 位、11 位、12 位的分辨率进行量化，以上的分辨率都包括一个符号位，因此对应的温度量化值分别是 0.5℃、0.25℃、0.125℃、0.0625℃，即最高分辨率为 0.0625℃。芯片出厂时默认为 12 位的转换精度。

DS18B20 输出数据与温度的关系见表 11-5。输出数据由两字节的二进制补码表示，其中低字节的低半字节为温度的小数部分，高半字节和第二字节的低 3 位为温度的整数部分，如图 11-8 所示。

表 11-5　DS18B20 输出数据与温度的关系

温度/℃	二进制数据	十六进制数据	温度/℃	二进制数据	十六进制数据
+125	0000 0111 1101 0000	07D0H	0	1111 1111 1111 1000	FFF8H
+85	0000 0101 0101 0000	0550H	-10.125	1111 1111 0101 1110	FF5EH
+25.0625	0000 0001 1001 0001	0191H	-25.0625	1111 1111 0110 1111	FF6FH
+10.125	0000 0000 1001 0010	00A2H	-55	1111 1100 1001 0000	FC90H
+0.5	0000 0000 0000 1000	0008H			

（3）高速缓存器　DS18B20 内部的高速缓存器包括一个高速暂存器 RAM 和一个非易失性可电擦除的 E²PROM。E²PROM 用于存放高温触发器 TH、低温触发器 TL 和配置寄存器中的信息。

高速暂存器 RAM 是一个连续 8 字节的存储器，前两个字节是测得的温度信息，第 1 个字节的内容是温度的低 8 位，第二个字节是温度的高 8 位。第 3 个和第 4 个字节是 TH、TL 的易失性备份，第 5 个字节是配置寄存器的易失性备份，以上字节内容在每一次上电复位时被刷新。第 6、7、8 个字节用于暂时保留为 1。DS18B20 的缓存器结构如图 11-9 所示。

2^3	2^2	2^1	2^0	2^{-1}	2^{-2}	2^{-3}	2^{-4}	LSB
MSB		(unit=℃)					LSB	
S	S	S	S	S	2^6	2^5	2^4	MSB

图 11-8　DS18B20 温度数据格式　　　　图 11-9　DS18B20 的缓存器结构

4. DS18B20 的测温原理

DS18B20 的测温原理如图 11-10 所示。从图中可以看出，其主要由斜率累加器、温度系数振荡器、减法计数器、温度寄存器等功能部分组成。斜率累加器用于补偿和修正测温过程中的非线性，其输出用于修正减法计数器的预置值。温度振荡器用于产生减法计数脉冲信号，其中低温度系数的振荡频率受温度的影响很小，用于产生固定频率的脉冲信号送给减法计数器1；高温度系数振荡器受温度的影响较大，随着温度的变化其频率明显改变，产生的信号作为减法计数器 2 的脉冲输入。减法计数器是对脉冲信号进行减法计数。温度寄存器暂存温度数值。

图 11-10 DS18B20 的测温原理图

在图 11-10 中还隐含着计数门，当计数门打开时，DS18B20 就对低温度系数振荡器产生的时钟脉冲进行计数，从而完成温度测量。计数门的开启时间由高温度系数振荡器决定，每次测量前，首先将 -55℃ 所对应的基数分别置入减法计数器 1 和温度寄存器中，减法计数器 1 和温度寄存器被预置在 -55℃ 所对应的一个基数值。

减法计数器 1 对低温度系数的振荡频率产生的脉冲信号进行减法计数，当减法计数器 1 的预置值减到 0 时，温度寄存器的值将加 1。之后，减法计数器 1 的预置数将重新被装入，减法计数器 1 重新开始对低温度系数晶振产生的脉冲信号进行计数，如此循环，直到减法计数器 2 计数到 0 时，停止温度寄存器值的累加，此时温度寄存器中的数值即为所测温度。斜率累加器不断补偿和修正测温过程中的非线性，只要计数门仍未关闭，就重复上述过程，直到温度寄存器值达到被测温度值为止。

5. DS18B20 的 ROM 命令

单片机通过一线总线访问 DS18B20 时，需要经过以下几个步骤：

1) DS18B20 复位初始化。

2) 执行 ROM 指令，见表 11-6。

表 11-6 DS18B20 ROM 指令表

指令名称	指令代码	指令功能
读 ROM	33H	读 DS18B20ROM 中的编码（即读 64 位地址）
ROM 匹配	55H	发出此命令之后，接着发出 64 位 ROM 编码，访问单总线上与编码相对应 DS18B20 使之做出响应，为下一步对该 DS18B20 的读写做准备
搜索 ROM	F0H	用于确定挂接在同一总线上 DS18B20 的个数和识别 64 位 ROM 地址，为操作各器件做好准备
跳过 ROM	CCH	忽略 64 位 ROM 地址，直接向 DS18B20 发出温度变换命令，适用于单片机工作
警报搜索	ECH	该指令执行后，只有温度超过设定值上限或下限的芯片才做出响应

3) DS18B20 的功能指令，见表 11-7。

说明：在单点情况下，可以直接跳过 ROM 指令。

表 11-7　DS18B20 功能指令表

指令名称	指令代码	指令功能
温度变换	44H	启动 DS18B20 进行温度变换
读暂存器	BEH	读暂存器 9 个字节的内容
写暂存器	4EH	将数据写入暂存器的 TH、TL 字节
复制暂存器	48H	把暂存器的 TH、TL 字节写到 E^2RAM 中
重调 E^2RAM	B8H	把 E^2RAM 中的 TH、TL 字节写到暂存器的 TH、TL 字节
读供电方式	B4H	读 DS18B20 的供电模式：寄生供电时 DS18B20 发送 "0"，外接电源供电 DS18B20 发送 "1"

11.2.3　步进电动机的控制

步进电动机是一种以脉冲信号控制转速的电动机，很适合使用单片机来进行控制。它在数控机床、医疗器械、仪器仪表、机器人以及其他自动设备中得到了广泛应用。

1. 步进电动机的工作原理

我国使用的步进电动机多为反应式步进电动机。步进电动机的工作原理实际上是电磁铁的作用原理。图 11-11 所示是一种最简单的反应式步进电动机，下面以它为例来说明步进电动机的工作原理。

图 11-11　步进电动机

图 11-12a 中，当 A 相绕组通以直流电流时，根据电磁学原理，便会在 AA 方向上产生一磁场，在磁场电磁力的作用下，吸引转子，使转子的齿与定子 AA 磁极上的齿对齐。若 A 相断电，B 相通电，这时新的磁场的电磁力又吸引转子的两极与 BB 磁极齿对齐，转子沿顺时针转过 60°。通常，步进电动机绕组的通断电状态每改变一次，其转子转过的角度 α 称为步距角。因此，图 11-12a 所示步进电动机的步距角 α = 60°。如果控制线路不停地按 A→B→C→A…的顺序控制步进电动机绕组的通断电，步进电动机的转子便不停地顺时针转动。若通电顺序改为 A→C→B→A…，步进电动机的转子将逆时针不停地转动。

图 11-12　步进电动机的工作原理图

图 11-12b 中的步进电动机，定子仍是 A、B、C 三相，每相两极，但转子不是两个磁极而是四个。当 A 相通电时，是 1 和 3 极与 A 相的两极对齐，很明显，当 A 相断电、B 相通电时，2 和 4 极将与 B 相两极对齐。这样，在三相三拍的通电方式中，步距角 α = 30°；在三相六拍通

电方式中，步距角 α = 15°。

综上所述，可以得到如下结论：

1）步进电动机定子绕组的通电状态每改变一次，它的转子便转过一个确定的角度，即步进电动机的步距角 α。

2）改变步进电动机定子绕组的通电顺序，转子的旋转方向随之改变。

3）步进电动机定子绕组通电状态的改变速度越快，其转子旋转的速度越快，即通电状态的变化频率越高，转子的转速越高。

2. 步进电动机的驱动

将单片机系统的 I/O 口分别接到步进电动机的绕组，然后根据所选定的步进电动机的型号和控制要求来决定控制方式，并写出相应的步进电动机转相表，通过单片机系统的 I/O 口将电动机转相表的数学模型传递给步进电动机的绕组，使之按照一定的顺序轮流通电，就可以使步进电动机按照一定的方向运行。步进电动机有三种工作方式：单拍、双拍和多拍。下面以三相步进电动机为例来说明步进电动机各工作方式的数学控制方式。

（1）单三拍 通电顺序为 A→B→C 循环，见表 11-8。

表 11-8 单三拍通电顺序

步 序	控 制 位			工作状态	控制模型
	C 相	B 相	A 相		
1	0	0	1	A	01H
2	0	1	0	B	02H
3	1	0	0	C	04H

（2）双三拍 通电顺序为 AB→BC→CA 循环，见表 11-9。

表 11-9 双三拍通电顺序

步 序	控 制 位			工作状态	控制模型
	C 相	B 相	A 相		
1	0	1	1	AB	03H
2	1	1	0	BC	06H
3	1	0	1	CA	05H

（3）三相六拍 通电顺序为 A→AB→B→BC→C→CA 循环，见表 11-10。

表 11-10 三相六拍通电顺序

步 序	控 制 位			工作状态	控制模型
	C 相	B 相	A 相		
1	0	0	1	A	01H
2	0	1	1	AB	03H
3	0	1	0	B	02H
4	1	1	0	BC	06H
5	1	0	0	C	04H
6	1	0	1	CA	05H

由于单片机的输出电流太小，不能直接驱动步进电动机，需要加驱动电路。对于输出电流小于 0.5 A 的步进电动机，可以采用 ULN2003 类的驱动电路。

11.3 案例：电子时钟设计

【任务目的】了解 DS1302 芯片的基本工作原理，掌握利用 DS1302 芯片构成电子时钟系统的软、硬件设计方法，熟悉 Proteus 仿真软件的使用。

【任务描述】用 DS1302 芯片设计电子时钟；用 LED 数码管动态显示时、分、秒；时钟具有调时功能。

1. 硬件设计

双击桌面上 ISIS 图标，打开 ISIS 7 Professional 窗口。执行菜单命令 "File" → "New Design"，新建一个 DEFAULT 模板，保存文件名为 "电子时钟设计.DSN"。在器件选择按钮 P L DEVICES 中单击 "P" 按钮，或执行菜单命令 "Library" → "Pick Device/Symbol"，添加如表 11-11 所示的元器件。

表 11-11　电子时钟设计所用的元器件

序号	元器件	序号	元器件	序号	元器件	序号	元器件
1	单片机 AT89C51	4	电子时钟芯片 DS1302	7	BCD-七段译码驱动器 74LS47	10	LED 数码管 7SEG-MPX6-CA-BLUE
2	按钮 BUTTON	5	四输入或非门 4002	8	双向三态数据缓冲器 74LS245		
3	电容 CAP	6	电源 CELL	9	晶振 CRYSTAL	11	电阻排 R×8

在 ISIS 原理图编辑窗口中放置元器件，再单击工具箱中的 "元器件终端" 图标，在对象选择器中单击 "POWER" 和 "GROUND" 放置电源和地。放置好元器件后，布好线。左键双击各元器件，设置相应元器件参数，完成原理图设计，如图 11-13 所示（其中的时钟电路及复位电路未画出）。

2. 程序设计

参考程序如下：

```
;**********************
;初始化部分
;**********************

SCLK        BIT     P3.2
IO          BIT     P3.3
RST         BIT     P3.4
JIA1        BIT     P3.6        ;"加1"口
TSH         BIT     P3.7        ;"调时间"口
HOUR        DATA    62H
MINTUE      DATA    61H
SECOND      DATA    60H
DS1302_ADDR DATA    32H
DS1302_DATA DATA    31H
            ORG     0000H
            MOV     SP,#70H
```

图 11-13　电子时钟电路仿真图

```
        LCALL   DELY1
        MOV     DS1302_ADDR,#8EH    ;允许写1302
        MOV     DS1302_DATA,#00H
        LCALL   WRITE
        MOV     DS1302_ADDR,#81H    ;从1302读秒
        LCALL   READ
        ANL     A,#7FH              ;启动1302振荡器
        MOV     DS1302_ADDR,#80H
        MOV     DS1302_DATA,A
        LCALL   WRITE
        MOV     20H,#0              ;调整时标志单元
        MOV     21H,#0FH            ;调整时工作单元
MAIN1:  JB      TSH,MAIN2F          ;按调时键往下执行
        MOV     DS1302_ADDR,#81H    ;从1302读秒
```

```
          LCALL   READ
          ORL     A,#80H                  ;停1302振荡器
          MOV     DS1302_ADDR,#80H
          MOV     DS1302_DATA,A
          LCALL   WRITE
SSS:      LCALL   DISP                    ;显示
          JNB     TSH,SSS                 ;等待调键盘弹起
          MOV     20H,#8                  ;设置调"时"标志
SSS3:     JNB     TSH,FFF                 ;按调时键转调"分"
          LCALL   DISP                    ;显示
          JB      JIA1,SSS3               ;按"加1"键往下执行
SSS2:     LCALL   DISP                    ;显示
          JNB     JIA1,SSS2               ;等待"加1"键弹起
          MOV     R7,HOUR
          LCALL   JIAYI                   ;"时"加1
          MOV     HOUR,A
          CJNE    A,#24H,SSS1             ;不等于24时转
          MOV     HOUR,#0                 ;等于24时归零
SSS1:     MOV     DS1302_ADDR,#84H        ;将"时"写入1302
          MOV     DS1302_DATA,HOUR
          LCALL   WRITE
          MOV     R0,HOUR                 ;"时"分离
          LCALL   DIVIDE
          MOV     44H,R1
          MOV     45H,R2
          SJMP    SSS
MAIN2F:   LJMP    MAIN2
FFF:      NOP                             ;调"分"
          LCALL   DISP                    ;显示
          JNB     TSH,FFF                 ;等待调时键弹起
          MOV     20H,#4                  ;置调"分"标志
FFF3:     JNB     TSH,MMM                 ;按调时键转调"秒"
          LCALL   DISP                    ;显示
          JB      JIA1,FFF3               ;若按"加1"键往下执行
FFF2:     LCALL   DISP                    ;显示
          JNB     JIA1,FFF2               ;等待"加1"键弹起
          MOV     R7,MINTUE
          LCALL   JIAYI                   ;"分"加1
          MOV     MINTUE,A
          CJNE    A,#60H,FFF1             ;不等于60时转
          MOV     MINTUE,#0               ;等于60时归零
FFF1:     MOV     DS1302_ADDR,#82H        ;将"分"写入1302
          MOV     DS1302_DATA,MINTUE
          LCALL   WRITE
          MOV     R0,MINTUE
          LCALL   DIVIDE                  ;"分"分离
```

```
              MOV    42H,R1
              MOV    43H,R2
              SJMP   FFF3
MMM:          LCALL  DISP              ;显示
              JNB    TSH,MMM           ;按调时键转调"秒"
              MOV    20H,#2            ;置调"秒"标志
MMM3:         JNB    TSH,MAIN3         ;按调时键退出调时
              LCALL  DISP              ;显示
              JB     JIA1,MMM3         ;按"加1"键往下执行
MMM2:         LCALL  DISP              ;显示
              JNB    JIA1,MMM2         ;等待"加1"键弹起
              MOV    R7,SECOND
              LCALL  JIAYI             ;"秒"加1
              MOV    SECOND,A
              CJNE   A,#60h,MMM1       ;不等于60时转
              MOV    SECOND,#0
MMM1:         ORL    SECOND,#80H
              MOV    DS1302_ADDR,#80H  ;写"秒"
              MOV    DS1302_DATA,SECOND
              LCALL  WRITE
              ANL    SECOND,#7FH
              MOV    R0,SECOND
              LCALL  DIVIDE            ;"秒"分离
              MOV    40H,R1
              MOV    41H,R2
              SJMP   MMM3
MAIN3:        LCALL  DISP              ;显示
              JNB    TSH,MAIN3         ;等待调时键弹起
              MOV    20H,#0
              MOV    21H,#0FH
              MOV    DS1302_ADDR,#81H  ;读"秒"
              LCALL  READ
              ANL    A,#7FH            ;启动1302振荡器
              MOV    DS1302_ADDR,#80H
              MOV    DS1302_DATA,A
              LCALL  WRITE
              LJMP   MAIN1
MAIN2:        MOV    P1,#0             ;读时分秒并显示
              MOV    DS1302_ADDR,#85H
              LCALL  READ              ;读"时"
              MOV    HOUR,DS1302_DATA
              MOV    DS1302_ADDR,#83H
              LCALL  READ              ;读"分"
              MOV    MINTUE,DS1302_DATA
              MOV    DS1302_ADDR,#81H
              LCALL  READ              ;读"秒"
```

```
            MOV     SECOND,DS1302_DATA
            MOV     R0,HOUR                    ;"时"分离
            LCALL   DIVIDE
            MOV     44H,R1
            MOV     45H,R2
            MOV     R0,MINTUE                  ;"分"分离
            LCALL   DIVIDE
            MOV     42H,R1
            MOV     43H,R2
            MOV     R0,SECOND                  ;"秒"分离
            LCALL   DIVIDE
            MOV     40H,R1
            MOV     41H,R2
            LCALL   DISP
            LJMP
MAIN1
;*********************
;   显示子程序
;*********************
DISP:       NOP
            MOV     P1,40H                     ;显"秒"低位
            JNB     01H,MIAOL
            MOV     A,21H
            RL      A
            MOV     21H,A
            CJNE    A,,#78H,MIAO1
MIAO1:      JC      MIAOL
            CLR     P2.4
            CLR     P2.5
            SJMP    FEN
MIAOL:      SETB    P2.5
            LCALL   DELY1
            CLR     P2.5
            LCALL   DELY2
            MOV     P1,41H                     ;显"秒"高位
            SETB    P2.4
            LCALL   DELY1
            CLR     P2.4
            LCALL   DELY2
FEN:        MOV     P1,42H                     ;显"分"低位
            JNB     02H,FENL
            MOV     A,21H
            RL      A
            MOV     21H,A
            CJNE    A,#78H,FEN1
FEN1:       JC      FENL
```

```
              CLR     P2.2
              CLR     P2.3
              SJMP    SHI
FENL:         SETB    P2.3
              LCALL   DELY1
              CLR     P2.3
              LCALL   DELY2
              MOV     P1,43H              ;显"分"高位
              SETB    P2.2
              LCALL   DELY1
              CLR     P2.2
              LCALL   DELY2
SHI:          MOV     P1,44H              ;显"时"低位
              JNB     03H,SHIL
              MOV     A,21H
              RL      A
              MOV     21H,A
              CJNE    A,#78H,SHI1
SHI1:         JC      SHIL
              SJMP    SHI2
SHIL:         SETB    P2.1
              LCALL   DELY1
              CLR     P2.1
              LCALL   DELY2
              MOV     P1,45H              ;显"时"高位
              SETB    P2.0
              LCALL   DELY1
              CLR     P2.0
              LCALL   DELY2
              SJMP    SFM
SHI2:         CLR     P2.0
              CLR     P2.1
SFM:          RET
;**********************
;晶振12 MHz 延时2.58 ms 子程序
;**********************
DELY1:   MOV    R7,#5
DELY11:  MOV    R6,#0
         DJNZ   R6,$
         DJNZ   R7,DELY11
         RET
;**********************
;晶振12 MHz 延时0.52 ms 子程序
;**********************
DELY2:   MOV    R7,#1
DELY21:  MOV    R6,#0
```

```
            DJNZ    R6,$
            DJNZ    R7,DELY21
            RET
;********************
;晶振 12 MHz 延时 8*2.58 ms 子程序
;********************
DELY3:  MOV     R7,#40
DELY31: MOV     R6,#0
            DJNZ    R6,$
            DJNZ    R7,DELY31
            RET
;********************
;加 1 子程序
;********************
JIAYI:  MOV     A,R7
            ADD     A,#1
            DAA
            RET
DIVIDE: MOV     A,R0                    ;分离子程序
            ANL     A,#0FH
            MOV     R1,a
            MOV     A,R0
            SWAP    A
            ANL     A,#0FH
            MOV     R2,A
            RET
;以下为 DS1302 在单片机晶振频率为 4MHz 时的三线串行通信子程序
;********************
;   DS1302 写子程序
;********************
WRITE:  CLR     SCLK
            SETB    RST
            MOV     A,DS1302_ADDR
            MOV     R4,#8
WRITE1: RRC     A
            CLR     SCLK
            MOV     IO,C
            SETB    SCLK
            DJNZ    R4,WRITE1
            CLR     SCLK
            MOV     A,DS1302_DATA
            MOV     R4,#8
WRITE2: RRC     A
```

```
            CLR     SCLK
            MOV     IO,C
            SETB    SCLK
            DJNZ    R4,WRITE2
            CLR     RST
            RET
;********************
;DS1302 读子程序
;********************
READ:       CLR     SCLK
            SETB    RST
            MOV     A,DS1302_ADDR
            MOV     R4,#8
READ1:      RRC     A
            NOP
            MOV     IO,C
            SETB    SCLK
            CLR     SCLK
            DJNZ    R4,READ1
            MOV     R4,#8
READ2:      CLR     SCLK
            MOV     C,IO
            RRC     A
            SETB    SCLK
            DJNZ    R4,READ2
            MOV     DS1302_DATA,A
            CLR     RST
            RET
            END
```

3. 加载目标代码、设置时钟频率

将电子时钟控制汇编程序生成目标代码文件"DS1302.hex",加载到图 11-13 中单片机"Program File"属性栏中,并设置时钟频率为 12 MHz。

4. 仿真

单击图标 ▶ ▷ ▮▮ ▪ 中的按键 ▶ ,启动仿真。上电后时钟开始显示时间;按下调时按键时,则进入调校时间状态,可依次调校时、分、秒;调校时,显示屏中"时"显示闪烁,这时按"加1"按键,调校"时",每按一次,加 1 h;调好后再按"调时"按键,则"分"显示闪烁,这时按"加1"按键,调校"分",每按一次,加 1 min;调好后再按"调时"按键,则"秒"显示闪烁,这时按"加1"按键,调校"秒",每按一次,加 1 s;调好后再按"调时"按键退出调时状态。

11.4 案例:数字温度计设计

【任务目的】了解 DS18B20 智能温度传感器的基本工作原理,掌握系统的软、硬件设计方法,熟悉 Proteus 仿真软件的使用。

【任务描述】用 DS18B20 智能温度传感器作为检测元件;用 LED 数码管显示温度;用 Proteus 软件实现电路设计和程序设计,并进行实时交互仿真。测温范围为 -50 ~ +110℃,精度误差在 0.5℃以内。

1. 硬件设计

双击桌面上 ISIS 图标,打开 ISIS 7 Professional 窗口。执行菜单命令"File"→"New Design",新建一个 DEFAULT 模板,保存文件名为"数字温度计.DSN"。在器件选择按钮 P L DEVICES 中单击"P"按钮,或执行菜单命令"Library"→"Pick Device/Symbol",添加如表 11-12 所示的元器件。

表 11-12 数字温度计设计所用的元件

序号	元器件	序号	元器件
1	单片机 AT89C51	4	电阻 RES
2	晶体管 PN4249	5	LED 数码管 7SEG - MPX4 - CA - BLUE
3	数字温度传感器 DS18B20	6	三同相三态缓冲器 74HC245

在 ISIS 原理图编辑窗口中放置元器件,再单击工具箱中的"元器件终端"图标,在对象选择器中单击"POWER"和"GROUND"放置电源和地。放置好元器件后,布好线。左键双击各元器件,设置相应元器件参数,完成原理图设计,如图 11-14 所示(其中的时钟电路及复位电路未画出)。

图 11-14 数字温度计电路仿真图

2. 程序设计

系统程序主要包括主程序、读出温度子程序、温度转换命令子程序、计算温度子程序和显示数据刷新子程序等。

(1) 程序流程

1) 主程序。主程序的主要功能是负责温度的实时显示、读出并处理 DS18B20 的测量温度值,温度测量每 1s 进行一次。其程序流程图如图 11-15 所示。

2) 读出温度子程序。读出温度子程序的主要功能是读出 RAM 中的 9 B,在读出时需进行 CRC 校验,校验有错时不进行温度数据的改写。其程序流程图如图 11-16 所示。

图 11-15　主程序流程图　　　　图 11-16　读出温度子程序流程图

3) 温度转换命令子程序。温度转换命令子程序主要是发温度转换开始命令,当采用 12 位分辨率,时转换时间约为 750 ms。在本程序设计中采用 1s 显示程序延时法等待转换的完成。

4) 计算温度子程序。将 RAM 中读取值进行 BCD 码的转换运算,并通过温度值的正负判定,其程序流程图如图 11-17 所示。

5) 显示数据刷新子程序。显示数据刷新子程序主要是对显示缓冲器中的显示数据进行刷新操作,当最高显示位为 0 时,将符号显示位移入下一位。程序流程图如图 11-18 所示。

图 11-17　计算温度子程序流程图　　　　图 11-18　显示数据刷新子程序流程图

（2）汇编源程序　相关程序如下：

```
                TIMEL       EQU     0E0H        ;20 ms 定时器0 时间常数
                TIMEH       EQU     0B1H
                TEMPHEAD    EQU     36H
                BITST       DATA    20H
                TIME1SOK    BIT     BITST.1
                TEMPONEOK   BIT     BITST.2
                TEMPL       DATA    26H
                TEMPH       DATA    27H
                TEMPHC      DATA    28H
                TEMPLC      DATA    29H
                TEMPDIN     BIT     P3.7
                ORG     0000H
                LJMP    START
                ORG     000BH
                LJMP    TOIT
                ORG     100H
START:          MOV     SP,#60H
CLSMEM:         MOV     R0,#20H
                MOV     R1,#60H
CLSMEM1:        MOV     @R0,#00H
                INC     R0
                DJNZ    R1,CLSMEM1
                MOV     TMOD,#00100001B     ;定时器0 工作方式1
                MOV     TH0,#TIMEL
                MOV     TL0,#TIMEH
                SJMP    INIT
ERROR:          NOP
                LJMP    START
                NOP
INIT:           NOP
                SETB    ET0
                SETB    TR0
                SETB    EA
                MOV     PSW,#00H
                CLR     TEMPONEOK
                LJMP    MAIN
;**********************
;定时器0 中断子程序
;**********************
TOIT:           PUSH    PSW
                MOV     PSW,#10H
```

```
                MOV     TH0,#TIMEH
                MOV     TL0,#TIMEL
                INC     R7
                CJNE    R7,#32H,T0IT1
                MOV     R7,#00H
                SETB    TIME1SOK
T0IT1:          POP     PSW
                RETI
;**********************
;主程序
;**********************
MAIN:           LCALL   DISP1                   ;调用显示子程序
                JNB     TIME1SOK,MAIN
                CLR     TIME1SOK                ;测温每秒一次
                JNB     TEMPONEOK,MAIN2         ;上电时先温度转换一次
                LCALL   READTEMP1               ;读出温度子程序
                LCALL   CONVTEMP                ;温度 BCD 码计算处理子程序
                LCALL   DISPBCD                 ;显示区 BCD 码温度值刷新子程序
                LCALL   DISP1                   ;显示子程序
MAIN2:          LCALL   READTEMP                ;温度转换开始
                SETB    TEMPONEOK
                LJMP    MAIN
;**********************
;DS1820 初始化子程序
;**********************
INITDS1820:     SETB    TEMPDIN
                NOP
                NOP
                CLR     TEMPDIN
                MOV     R6,#0A0H
                DJNZ    R6,$
                MOV     R6,#0A0H
                DJNZ    R6,$
                SETB    TEMPDIN
                MOV     R6,#32H
                DJNZ    R6,$
                MOV     R6,#3CH
LOOP1820:       MOV     C,TEMPDIN
                JC      INITOUT
                DJNZ    R6,LOOP1820
                MOV     R6,#64H
                DJNZ    R6,$
```

```
                SJMP    INITDS1820
                RET
INITOUT:        SETB    TEMPDIN
                RET
;**********************
;读 DS18B20 子程序
;**********************
READDS1820:     MOV     R7,#08H         ;读 DS18B20 的程序,从 DS18B20 中读出一个字节的数据
                SETB    TEMPDIN
                NOP
                NOP
READLOOP:       CLR     TEMPDIN
                NOP
                NOP
                NOP
                SETB    TEMPDIN
                MOV     R6,#07H
                DJNZ    R6,$
                MOV     C,TEMPDIN
                MOV     R6,#3CH
                DJNZ    R6,$
                RRC     A
                SETB    TEMPDIN
                DJNZ    R7,READLOOP
                MOV     R6,#3CH
                DJNZ    R6,$
                RET
;**********************
;写 DS18B20 子程序
;**********************
WRITEDS1820:    MOV     R7,#08H         ;写 DS18B20 的程序,往 DS18B20 中写一个字节的数据
                SETB    TEMPDIN
                NOP
                NOP
WRITELOOP:      CLR     TEMPDIN
                MOV     R6,#07H
                DJNZ    R6,$
                RRC     A
                MOV     TEMPDIN,C
                MOV     R6,#34H
                DJNZ    R6,$
                SETB    TEMPDIN
```

```
            DJNZ    R7,WRITELOOP
            RET
;*********************
;温度转换子程序
;*********************
READTEMP:   LCALL   INITDS1820
            MOV     A,#0CCH
            LCALL   WRITEDS1820
            MOV     R6,#34H
            DJNZ    R6,$
            MOV     A,#44H
            LCALL   WRITEDS1820
            MOV     R6,#34H
            DJNZ    R6,$
            RET
;*********************
;读温度子程序
;*********************
READTEMP1:  LCALL   INITDS1820
            MOV     A,#0CCH
            LCALL   WRITEDS1820
            MOV     R6,#34H
            DJNZ    R6,$
            MOV     A,#0BEH
            LCALL   WRITEDS1820
            MOV     R6,#34H
            DJNZ    R6,$
            MOV     R5,#09H
            MOV     R0,#TEMPHEAD
            MOV     B,#00H
READTEMP2:  LCALL   READDS1820
            MOV     @R0,A
            INC     R0
READTEMP21: LCALL   CRC8CAL              ;调 CRC 检验
            DJNZ    R5,READTEMP2
            MOV     A,B
            JNZ     READTEMPOUT
            MOV     A,TEMPHEAD+0
            MOV     TEMPL,A
            MOV     A,TEMPHEAD+1
            MOV     TEMPH,A
READTEMPOUT:RET
```

```
;**********************
;处理温度BCD码子程序
;**********************
CONVTEMP:   MOV   A,TEMPH
            ANL   A,#80H
            JZ    TEMPC1
            CLR   C
            MOV   A,TEMPL
            CPL   A
            ADD   A,#01H
            MOV   TEMPL,A
            MOV   A,TEMPH
            CPL   A
            ADDC  A,#00H
            MOV   TEMPH,A
            MOV   TEMPHC,#0BH
            SJMP  TEMPC11
TEMPC1:     MOV   TEMPHC,#0AH
TEMPC11:    MOV   A,TEMPHC
            SWAP  A
            MOV   TEMPHC,A
            MOV   A,TEMPL
            ANL   A,#0FH
            MOV   DPTR,#TEMPDOTTAB
            MOVC  A,@A+DPTR
            MOV   TEMPLC,A
            MOV   A,TEMPL
            ANL   A,#0F0H
            SWAP  A
            MOV   TEMPL,A
            MOV   A,TEMPH
            ANL   A,#0FH
            SWAP  A
            ORL   A,TEMPL
            LCALL HEX2BCD1
            MOV   TEMPL,A
            ANL   A,#0F0H
            SWAP  A
            ORL   A,TEMPHC
            MOV   TEMPHC,A
            MOV   A,TEMPL
            ANL   A,#0FH
```

```
                    SWAP    A
                    ORL     A,TEMPLC
                    MOV     TEMPLC,A
                    MOV     A,R7
                    JZ      TEMPC12
                    ANL     A,#0FH
                    ORL     A,R7
                    MOV     TEMPHC,A
TEMPC12:            RET
TEMPDOTTAB:
                    DB  00H,01H,01H,02H,03H
                    DB  03H,04H,04H,05H,06H
                    DB  06H,07H,08H,09H,09H
;**********************
;显示区BCD码温度值刷新子程序
;**********************
DISPBCD:            MOV     A,TEMPLC
                    ANL     A,#0FH
                    MOV     70H,A
                    MOV     A,TEMPLC
                    SWAP    A
                    ANL     A,#0FH
                    MOV     71H,A
                    MOV     A,TEMPHC
                    ANL     A,#0FH
                    MOV     72H,A
                    MOV     A,TEMPHC
                    SWAP    A
                    ANL     A,#0FH
                    MOV     73H,A
                    MOV     A,TEMPHC
                    ANL     A,#0F0H
                    CJNE    A,#010H,DISPBCD0
                    SJMP    DISPBCD2
DISPBCD0:           MOV     A,TEMPHC
                    ANL     A,#0FH
                    JNZ     DISPBCD2
                    MOV     A,TEMPHC
                    SWAP    A
                    ANL     A,#0FH
                    MOV     73H,#0AH
                    MOV     72H,A
```

```
DISPBCD2:       RET
;*********************
;温度显示子程序
;*********************
DISP1:          MOV     R1,#70H
                MOV     R5,#0FEH
PLAY:           MOV     P1,#0FFH
                MOV     A,R5
                MOV     P3,A
                MOV     A,@R1
                MOV     DPTR,#TAB
                MOVC    A,@A+DPTR
                MOV     P1,A
                MOV     A,R5
                JB      ACC.1,LOOP5
                CLR     P1.7
LOOP5:          LCALL   DL1MS
                INC     R1
                MOV     A,R5
                JNB     ACC.3,ENDOUT
                RL      A
                MOV     R5,A
                AJMP    PLAY
ENDOUT:         MOV     P1,#0FFH
                MOV     P3,#0FFH
                RET
TAB:            DB      0C0H,0F9H,0A4H,0B0H,99H,92H
                DB      82H,0F8H,80H,90H,0FFH,0BFH      ;共阳段码表
;*********************
;延时子程序
;*********************
DL1MS:          MOV     R6,#14H
DL1:            MOV     R7,#19H
DL2:            DJNZ    R7,DL2
                DJNZ    R6,DL1
                RET
HEX2BCD1:       MOV     B,#64H
                DIV     AB
                MOV     R7,A
                MOV     A,#0AH
                XCH     A,B
                DIV     AB
                SWAP    A
                ORL     A,B
                RET
```

```
;**********************
;CRC 检验子程序
;**********************
CRC8CAL：       PUSH    ACC
                MOV     R7,#08H
CRC8LOOP1：     XRL     A,B
                RRC     A
                MOV     A,B
                JNC     CRC8LOOP2
                XRL     A,#18H
CRC8LOOP2：     RRC     A
                MOV     B,A
                POP     ACC
                RR      A
                PUSH    ACC
                DJNZ    R7,CRC8LOOP1
                POP     ACC
                RET
                END
```

3. 加载目标代码、设置时钟频率

将数字温度计控制汇编程序生成目标代码文件"DS18B20.hex",加载到图 11-14 中单片机"Program File"属性栏中,并设置时钟频率为 12MHz。

4. 仿真

单击图标 ▶ ▐▶ ▐▌ ■ 中的按键 ▶ ,启动仿真。调整 DS18B20 的温度,在 LED 数码管上将显示该数值。

11.5　案例：单片机控制步进电动机的设计

【任务目的】了解步进电动机的相关知识,掌握利用单片机控制步进电动机的各种动作。

【任务描述】用 AT89C51 单片机控制步进电动机起/停、正转/反转、快速/慢速;用 Proteus 软件实现电路设计和程序设计,并进行实时交互仿真。

1. 硬件电路设计

双击桌面上 图标,打开 ISIS 7 Professional 窗口。执行菜单命令"File"→"New Design",新建一个 DEFAULT 模板,保存文件名为"步进电动机控制.DSN"。在器件选择按钮 P L DEVICES 中单击"P"按钮,或执行菜单命令"Library"→"Pick Device/Symbol",添加如表 11-13 所示的元器件。

表 11-13　步进电动机控制所用的元器件

序号	元器件	序号	元器件	序号	元器件
1	单片机 AT89C51	3	电阻 MINRES10k	5	反相器 74LS04
2	开关 SW-SPST	4	运算放大器 ULN2003N	6	单极性步进电动机 MOTOR-STEPPER

在 ISIS 原理图编辑窗口中放置元器件，再单击工具箱中的"元器件终端"图标，在对象选择器中单击"POWER"和"GROUND"放置电源和地。放置好元器件后，布好线。左键双击各元器件，设置相应元器件参数，完成原理图设计，如图 11-19 所示（其中的时钟电路及复位电路未画出）。

图 11-19 步进电动机控制电路仿真图

2. 程序设计

相关程序如下：

```
            ORG     0000H
LOOP1:      MOV     P2,#00H
L1:         JB      P1.0,L1
L2:         JNB     P1.1,L3
            MOV     DPTR,#TAB
            SJMP    L4
L3:         MOV     DPTR,#TAB1
L4:         MOV     R7,#04H
LOOP2:      JNB     P1.2,L5
            MOV     B,#1EH
            SJMP    L6
L5:         MOV     B,#3CH
L6:         ACALL   YZ
            JB      P1.0,LOOP1
            DJNZ    R7,LOOP2
            SJMP    L2
YZ:         MOV     A,#00H
            MOVC    A,@A+DPTR
            MOV     P2,A
            ACALL   DEL
            INC     DPTR
```

```
            RET
DEL:    MOV     R2,B
DL1:    MOV     R3,#200
        DJNZ    R3,$
        DJNZ    R2,DL1
        RET
TAB:    DB 03,06,0CH,09
TAB1:   DB 09,0CH,06,03
        END
```

3. 加载目标代码、设置时钟频率

将步进电动机控制汇编程序生成目标代码文件"步进电动机.hex",加载到图 11-15 中单片机"Program File"属性栏中,并设置时钟频率为 12 MHz。

4. 仿真

单击图标 ▶ ▷ ▮▮ ▪ 中的按键 ▶ ,启动仿真。"起动/停止"按键控制电动机的起动、停止;"正/反转"按键控制电动机的正转、反转,按键闭合时电动机为正转,打开时为反转;"快/慢速"按键控制电动机的转动速度,按键闭合时电动机为快速,打开时为慢速。

思考题与习题

简答题

1. 单片机应用系统开发流程是什么?
2. 应用系统可靠性设计方法有哪些?
3. 说明"看门狗"摆脱"死循环"和程序"跑飞"的工作原理。

第 12 章　单片机 C 语言应用设计

【知识目标】

1. 了解单片机 C 语言的基本知识。
2. 理解 C51 对单片机硬件的访问方法。
3. 理解 C51 函数的定义与调用。

【技能目标】

1. 掌握 C51 程序的设计及调试。
2. 熟悉 C51 的结构化程序设计。

12.1　概述

C 语言作为一门兼容性较好的高级语言，在硬件开发中得到广泛的应用，如各种单片机、DSP、ARM 等。C 语言程序本身不依赖于机器硬件系统，仅做简单的修改就可将程序从不同的系统移植过来直接使用。C 语言提供了很多数学函数并支持浮点运算，其开发效率高，可极大地缩短开发时间，增加程序可读性和可维护性。应用 C51 语言编写程序具有以下优势：

1）对单片机的指令系统不要求有深入的了解，就可以用 C 语言编程操作单片机。
2）寄存器分配和寻址方式由编译器管理，编程时不必考虑存储器的寻址。
3）可使用 C51 语言库文件的许多标准函数。
4）通过 C 语言的模块化编程技术，可以将已编制好的程序加到新的程序中。
5）程序有规范的结构，可分成不同的函数，可使程序结构化。
6）C51 语言编译器几乎适用于所有的目标系统，已完成的软件项目可以很容易地转移到其他微处理器和环境中。

12.2　C51 入门

12.2.1　标识符和关键字

1. 标识符

标识符是用来标识源程序中某个对象的名字的，这些对象可以是语句、数据类型、函数、变量、数组等。

标识符的命名应符合以下规则：

1）有效字符。只能由字母、数字和下画线组成，且以字母或下画线开头。

2）有效长度。在 C51 编译器中，支持 32 个字符，如果超长，则超长部分被舍弃。

3）C51 的关键字不能用作变量名。

标识符在命名时，应当简单，含义清晰，尽量为每个标识符取一个有意义的名字，这样有助于阅读理解程序。

在 C51 编译器中应区分大小写，例如 Delay 与 DELAY 是两个不同的标识符。

2. 关键字

关键字则是 C51 编译器已定义保留的特殊标识符，它们具有固定名称和含义，在程序编写中不允许标识符与关键字相同。C51 采用了 ANSI C 标准规定的 32 个关键字。

12.2.2 C51 数据类型

C51 数据类型可分为基本类型、构造类型、指针类型和空类型四类，具体分类情况如图 12-1 所示。基本数据类型有字符型（char）、整型（int）、长整型（long）、浮点型（float）和 *（指针型）。具体情况见表 12-1。

表 12-1 C51 编译器支持的数据类型

数据类型	名称	长度/B	值域
unsigned char	无符号字符型	1	0 ~ 255
signed char	有符号字符型	1	-128 ~ +127
unsigned int	无符号整型	2	0 ~ 65535
signed int	有符号整型	2	-32768 ~ +32767
unsigned long	无符号长整型	4	0 ~ 4294967295
signed long	有符号长整型	4	-2147483648 ~ +2147483647
float	浮点型	4	±1.175494E-38 ±3.402823E+38
*	指针型	1 ~ 3	对象的地址

1. 字符型（char）

char 类型的长度是 1B，通常用于定义处理字符数据的变量或常量，分为无符号字符类型 unsigned char 和有符号字符类型 signed char，默认值为 signed char 类型。unsigned char 常用于处理 ASCII 字符或用于处理小于或等于 255 的整型数。

2. 整型（int）

int 类型长度为 2B，用于存放一个双字节数据，分为有符号整型数 signed int 和无符号整型数 unsigned int，默认值为 signed int 类型。

图 12-1 数据类型分类

3. 长整型（long）

long 类型长度为 4B，用于存放一个 4 字节数据，分有符号长整型 signed long 和无符号长整型 unsigned long，默认值为 signed long 类型。

4. 浮点型（float）

float 类型用于表示包含小数点的数据类型，长度为 4B。AT89S51 单片机是 8 位机，编程时，尽量不要用浮点型数据，这样会降低程序的运行速度和增加程序的长度。

5. 指针型（*）

指针型本身就是一个变量，在这个变量中存放的是指向另一个数据的地址。这个指针变量要占据一定的内存单元，在C51中，它的长度一般为1~3B。

12.2.3 C51特殊功能寄存器及位变量的定义

兼容ANSI标准的数据类型可通过指针访问，但扩展的bit、sbit、sfr、sfr16数据类型专用于访问MCS-51系列单片机的特殊功能寄存器，故不能通过指针进行访问。

1. 位类型bit

所有的位类型变量放在AT89S51单片机内部存储区的位寻址区，因为该区域只有16个字节，所以最多只能声明128个位变量。可位寻址的特殊功能寄存器的位变量定义用关键字sbit。

2. 特殊功能寄存器sfr

AT89S51单片机有26个特殊功能寄存器，它们在片内RAM安排了绝对地址。地址范围为0×80H~0×FFH，可以对字节和字访问。C51编译器没有预先定义sfr名称，但是在包含的文件中有sfr的声明。可以用sfr与sfr16两种说明符。特殊功能寄存器用sfr声明，地址范围为0~255。而sfr16用来定义16位的特殊功能寄存器（如DPTR），地址范围为0~65535。

【例12-1】下面是sbit和sfr的应用示例。

```
sfr   PSW = 0xD0;      //声明PSW为特殊功能寄存器,地址为D0H
sbit  CY = PSW^7;      //指定PSW.7为CY
sfr   TMOD = 0x89;     //声明TMOD为定时器/计数器的模式寄存器,地址为89H
```

在sbit声明中，"^"号右边的表达式定义特殊位在寄存器中的位置，值必须是0~7。

说明：sfr之后的寄存器名称必须大写，定义之后可以直接对这些寄存器赋值。

12.2.4 C51数组

数组是同类数据的一个有序结合，用数组名来标识。数组中的数据，称为数组元素。数组中各元素的顺序用下标表示，下标为n的元素可以表示为数组名[n]。改变[]中的下标可以访问数组中的所有元素。

数组有一维、二维、三维和多维数组之分。C51中常用的有一维数组、二维数组和字符数组。

（1）一维数组　具有一个下标的数组元素组成的数组称为一维数组，一维数组的形式如下：

　　类型说明符 数组名[元素个数];

其中，数组名是一个标识符，元素个数是一个常量表达式，不能是含有变量的表达式。

（2）二维数组　具有两个或两个以上下标的数组称为二维数组或多维数组。定义二维数组的一般形式如下：

　　类型说明符 数组名[行数][列数];

（3）字符数组　若一个数组的元素是字符型的，则该数组就是一个字符数组。

例如：

    int a[5];   //定义了一个名为 int 的数组,数组包含 5 个整形元素
    char c[5] = ｛'L','N','P','U','\0'｝;   //字符串数组
    int b[3] = ｛1,2,3｝;   //给全部元素赋值,b[0] = 1,b[1] = 2,b[2] = 3

12.2.5 C51 指针

指针是 C51 中广泛使用的一种数据类型。运用指针编程是 C51 最主要的方法之一。利用指针变量可以表示各种数据结构,能很方便地使用数组和字符串,并能像汇编语言一样处理内存地址,从而编出精练而高效的程序。

在 C51 中,定义了一种特殊的变量,这种变量是用来存放内存地址的。假设程序中定义了一个整型变量 a,其值为 6,C51 编译器将地址为 1000H 和 1001H 的 2B 内存单元分配给了变量 a。现在,再定义一个这样的变量 ap,它也有自己的地址 2010H。若将变量 a 的内存地址 1000H 存放到变量 ap 中,这时要访问变量 a 所代表的存储单元,可以先找到变量 ap 的地址 2010H,从中取出 a 的地址 1000H,然后再去访问以 1000H 为首地址的存储单元。这种通过变量 ap 间接得到变量 a 的地址,然后再存取变量 a 值的方式称为"间接存取"方式,ap 称为指向变量 a 的指针变量,如图 12-2 所示。

图 12-2 指针变量

1. 指针变量的定义

C 语言规定,所有的变量在使用之前必须定义,以确定其类型。指针变量也不例外,由于它是用来专门存放地址的,因此必须将它定义为"指针类型"。

指针定义的一般形式为

    类型识别符   *指针变量名

例如：

    int * ap;

2. 指针变量的引用

当进行完变量、指针变量定义之后,如果对这些语句进行编译,那么 C 编译器就会给每一个变量和指针变量在内存中安排相应的内存单元。然而,这些单元的地址除非使用特殊的调试程序,否则是看不到的。

例如：

    int a,b,c;   //定义整型变量 a,b,c
    int * ap;   //定义指针变量 ap
    int * bp;   //定义指针变量 bp
    int * cp;   //定义指针变量 cp

如果 C 编译器将地址为 1000H 和 1001H 的 2B 内存单元指定给交量 a 使用;将地址为 1002H 和 1003H 的 2B 内存单元指定给变量 b 使用;将地址为 1004H 和 1005H 的 2B 内存单元

指定给变量 c 使用。同理指针变量 ap 的地址为 2010H；指针变量 bp 的地址为 2012H；指针变量 cp 的地址为 2014H。具体情形如图 12-3 所示。

下面使用赋值语句对变量 a、b、c 进行赋值：

  a = 6；
  b = 8；
  c = 10；

到现在为止，仍然没有对指针变量 ap、bp 和 cp 赋值，所以它们所对应的内存地址单元仍然为空白。为了使空白的指针变量指向某一个具体的变量，就必须执行指针变量的引用操作。

指针变量的引用是通过取地址运算符"&"来实现的。使用取地址运算符"&"和赋值运算符"="就可以使一个指针变量指向一个变量。例如：

  ap = &a；
  bp = &b；
  cp = &c；

在赋值运算操作后，指针 ap 就指向了变量 a，即指针变量 ap 所对应的内存地址单元中就装入了变量 a 所对应的内存单元的地址 1000H；指针变量 bp 就指向了变量 b，即指针变量 bp 所对应的内存地址单元中就装入了变量 b 所对应的内存单元的地址 1002H；而指针变量 cp 就指向了变量 c，即指针变量 cp 所对应的内存地址单元中装入了变量 c 所对应的内存单元的地址 1004H。具体情形如图 12-4 所示。

图 12-3 变量的地址定位   图 12-4 赋值后的指针变量

在完成了变量、指针变量的定义以及指针变量的引用之后，就可以通过指针和指针变量来对内存进行间接访问了。这时就要用到指针运算符（又称间接运算符）"*"。若使用指针变量 ap 进行间接访问，则用"x = * ap；"形式。

12.3 C51 的函数

在程序设计过程中，对于较大的程序一般采用模块化结构。通常将其分为若干个子程序模块，每个子程序模块完成一种特定的功能。在 C51 中，子程序模块是用函数来实现的。C51 程序由一个主函数和若干个子函数组成，每个子函数完成一定的功能。一个程序中只能有一个主函数，主函数不能被调用。程序执行时从主函数开始，到主函数最后一条语句结束。子函数既可以被主函数调用，也可以被其他子函数或其本身调用，形成函数嵌套。

12.3.1 概述

从 C51 程序的结构上划分，C51 函数分为主函数 main() 和普通函数两种。而普通函数又分为两种：一种是标准库函数；一种是用户自定义函数。

1. 标准库函数

标准库函数是由 C51 编译器提供的，供使用者在设计应用程序时使用。在调用库函数时，用户在源程序 include 命令中应该包含头文件名。例如，调用左移位函数_crol_时，要求程序在调用输出库函数前包含以下的 include 命令：

#include < intrins. h >

include 命令必须以#号开头，系统提供的头文件以".h"作为文件的后缀，文件名用一对尖括号括起来。注意：include 命令不是 C51 语句，因此不能在最后加分号。

2. 用户自定义函数

所谓户自定义函数是用户根据自己的需要编写的函数。从函数定义的形式上划分，用户自定义函数分为三种形式：无参函数、有参函数和空函数。

（1）无参函数　此种函数在被调用时，不需要输入实际参数，一般用来执行指定的一组操作。无参函数的定义形式为

  类型标识符函数名( )
  {
  类型说明
  函数体语句
  }

类型标识符是指函数值的类型，若不写类型说明符，则默认为 int 类型。若函数类型标识符为 void，则表示不需要带回函数值。{ } 中的内容称为函数体，在函数体中也有类型说明，这是对函数体内部所用到的变量的类型说明。例如：

    void Delay( )　　　　　　//延时 1s 程序
    {
    uint i,j;
    for(i = 1000 ; i > 0 ; i --)
    for(j = 115 ; j > 0 ; j --) ;　　//此处分号不可少
    }

这里，Delay 为函数名，是一个无参函数。当这个函数被调用时，延时 1s 时间。void 表示这个函数执行完后，不带回任何数据。

（2）有参函数　在调用此种函数时，必须输入实际参数，以传递给函数内部的形式参数，在函数结束时返回结果，供调用它的函数使用。有参函数的定义方式为

  类型标识符函数名(形式参数表)
  形式参数类型说明

    {

    类型说明

    函数体语句

    }

  有参函数比无参函数多了形式参数表，各参数之间用逗号间隔。在进行函数调用时，主调函数将赋予这些形式参数实际的值。

  【例 12-2】 单片机控制 P0 口 8 只 LED 灯以间隔 1s 亮灭闪烁。

  解：源程序如下：

```
#include <reg51.h>
voidDelay_ms(unsigned int xms)    //被调函数定义,xms 是形式参数
{
unsignedint i,j;
for(i = xms;i > 0;i -- )            //i = xms,即延时 xms,xms 由实际参数传入一个值
for(j = 115;j > 0;j -- );           //此处分号不可少
}
void main()
{
while(1)
{
P0 = 0xff;
Delay_ms(1000);                    //主调函数
P0 = 0;
Delay_ms(1000);                    //主调函数
}
}
```

  Delay_ms(unsigned int xms)函数括号中的变量 xms 是这个函数的形式参数，其类型为 unsigned int。当这个函数被调用时，主调函数 Delay_ms(1000)将实际参数 1000 传递给形式参数 xms 从而达到延时 1s 的效果。Delay_ms 函数前面的 void 表示这个函数执行完后，不带回任何数据。

  上面的例子没有带返回值，下面的例子则带有返回值。

```
intmin(int a,int b)
{   if(a < b) return a;
    else return b;
}
```

  该例中 return 语句是把 a 或 b 的值作为函数的值返回给主调函数。

  (3) 空函数　此种函数体内无语句，是空白的。调用此种空函数时，不需要做任何工作，不起任何作用。定义形式为

    返回值类型说明符 函数名()

     {}

12.3.2 函数的参数及返回值

1. 函数的参数

定义一个函数时,位于函数名后面圆括号中的变量名为形式参数(简称形参),而在调用函数时,函数名后面括号中的表达式为实际参数(简称实参)。使用的过程中注意以下几点:

1)进行函数调用时,主调用函数将实际参数的值传递给被调用函数中的形式参数。为了完成正确的参数传递,实际参数的类型必须与形式参数的类型一致。

2)函数调用中发生的数据传送是单向的,即只能把实参的值传送给形参,而不能把形参的值反向地传送给实参。

2. 函数的返回值

函数的返回值是指函数被调用之后,执行函数体中的程序段所取得的并返回给主调函数的值。函数的返回值只能通过 return 语句返回主调函数。一般形式为

  return 表达式;

或

  return(表达式);

该语句的功能是计算表达式的值,并返回给主调函数。在函数中允许有多个 return 语句,但每次调用只能有一个 return 语句被执行,因此只能返回一个函数值。

函数体内可以没有 return 语句,程序的流程就一直执行到函数末尾,然后返回到函数。因此,此类函数定义时要定义为 void 类型。

12.3.3 函数的调用

函数调用的一般形式为

  函数名(实际参数表);

对于有参函数,若包含多个实际参数,则应将各参数之间用逗号分隔开。主调用函数的数目与被调用函数的形式参数的数目应该相等。实际参数与形式参数按实际顺序一一对应传递数据。

如果调用的是无参函数,则实际参数表可以省略,但函数名后面必须有一对空括号。

主调函数对被调函数的调用有以下三种方式。

1)函数调用语句把被调用函数的函数名作为主调函数的一个语句,例如:

  delay( );

此时,并不要求函数返回结果数值,只要求函数完成某种操作。

2)函数结果作为表达式的一个运算对象,例如:

  result = 2 * min(a,b);

被调函数以一个运算对象出现在表达式中。这要求被调函数带有 return 语句,以便返回一个明确的数值参加表达式的运算。被调函数 min( ) 为表达式的一部分,它的返回值乘 2 再赋给

变量 result。

3) 函数参数即被调函数作为另一个函数的实际参数，例如：

k = min(a,mm(c,d));

其中，mm(c,d)是一次函数调用，它的值作为另一个函数的 min( )的实际参数之一。

12.3.4 文件包含

文件包含是指一个程序文件将另一个指定文件的全部内容包含进来，在前面的例子中已经多次使用过文件包含命令# include <stdio.h>，就是将 C51 编译器提供的输入输出库函数的说明文件 stdio.h 包含到自己的程序中去。文件包含命令的一般格式为

include <文件名>

或

#include "文件名"

文件包含命令# include 的功能是用指定文件的全部内容替换该预处理行。在进行较大规模的程序设计时，文件包含命令十分有用。为了适应模块化编程的需要，可以将组成 C 语言程序的各个功能函数分散到多个程序文件中，分别由若干人员完成编程，最后再用# include 命令将它们嵌入到一个总的程序文件中去。该过程需要注意以下方面：

1) 一个#include 命令只能指定一个被包含文件，如果程序中需要包含多个文件则需要使用多个包含命令。

2) 文件包含命令# include 通常放在 C 语言程序的开头，被包含的文件一般是一些公用的宏定义和外部变量说明，当它们出错或由于某种原因而要修改其内容时，只需对相应的包含文件进行修改，而不必对使用它们的各个程序文件都修改，这样有利于程序的维护和更新。

3) 当程序中需要调用 C51 编译器提供的各种库函数的时候，必须在程序的开头使用#include 命令将相应函数的说明文件包含进来。

12.3.5 库函数

C51 的强大功能及其高效率之一在于提供了丰富的可直接调用的库函数。使用库函数可以使程序代码简单、结构清晰、易于调试和维护。

下面介绍在程序设计中几类重要的库函数。

1) 特殊功能寄存器包含文件 reg51.h 或 reg52.h。reg51.h 中包含了所有的 8051 的 sfr 及其位定义。reg52.h 中包含了所有的 8052 的 sfr 及其位定义，一般系统都包含 reg51.h 或 reg52.h。

2) 字符串处理库函数的原型声明包含在头文件 string.h 中，字符串函数通常接收指针串作为输入值。一个字符串应包括两个或多个字符，字符串的结尾以空字符表示。

3) 输入/输出流函数位于 stdio.h 文件中。库中函数默认 8051 的串口，作为数据的输入/输出。

4) 数学计算库函数的原型声明包含在头文件 math.h 中。

思考题与习题

一、简答题

1. 说明 C51 在标准的 C 语言基础上有哪些扩充？
2. C51 中的 AT89S51 单片机的特殊功能寄存器如何定义？试举例说明。

二、设计题

使用 C51 设计一个开关控制电路，用两个开关控制 3 个 LED，当 S1、S2 都打开时，3 个 LED（L1、L2、L3）都熄灭；当仅有 S1 闭合时，L1 点亮；当仅有 S2 闭合时，L2 点亮；当 S1 和 S2 全闭合时，3 个 LED 全亮。

第 13 章　C51 应用程序的设计

【知识目标】

1. 掌握 C51 编写中断、定时/计数器、串行口、键盘、ADC/DAC 控制程序的方法。
2. 掌握 C51 与汇编语言的混合编程的方法。
3. 掌握 C51 单片机应用系统的设计。

【技能目标】

1. 能够利用 Keil 软件进行 C51 程序调试。
2. 掌握基于 Proteus 软件与 C51 单片机应用系统的设计与仿真调试。

13.1　C51 的程序设计举例

13.1.1　中断编程

C51 编译器支持在 C 源程序中直接开发中断系统。中断服务程序是通过按规定语法格式定义一个函数。

中断服务程序的函数定义的语法格式为

　　　　返回值　函数名([参数])interrupt m [using n]

返回值函数名([参数])部分与标准 C 语言的意义相同。interrupt m 用于选择中断号。m 对应中断源的中断号，取值为 0~31，不允许使用表达式。AT89S51 单片机中断源编号见表 13-1。

表 13-1　AT89S51 单片机中断源编号

编　号	中　断　源	入 口 地 址
0	外中断 0	0003H
1	定时/计数器 0	000BH
2	外中断 1	0013H
3	定时/计数器 1	001BH
4	串行中断	0023H

　　using n 选项用于实现工作寄存器组的切换，n 是中断服务程序中选用的工作寄存器组号。在许多情况下，相应中断时需要保护有关的现场信息，以便中断返回后，能使中断前的源程序从断点处继续执行下去。在 AT89S51 单片机中，可以利用工作寄存器组的切换来实现现场保护，即在进入中断服务程序前使用一组工作寄存器，进入中断后，由 using n 切换到另一组寄

存器，中断返回后又回到原寄存器。

【例 13-1】 在 AT89S51 单片机的 P3.2 引脚接入一个按键，使按下按键后 P1.0 脚的 LED 点亮，再按一下熄灭。

解：根据题目要求，程序如下：

```
#include  "reg51.h"
sbit P1_0 = P1^0;
void main( )
  {
    IT0 = 1;            //设置为下降沿触发
    EA = 1;             //开总中断
    EX0 = 1;            //开外部中断
    for( ; ; )
    { ; }
  }
void int0( ) interrupt 0
{
P1_0 = !P1_0;           //取反 P1.0
}
```

程序分析：main 函数中开了总中断、外部中断，并设置了外部中断为下降沿触发方式，然后通过语句 for(; ;){ ; }进入无限循环中，余下的事由中断程序完成。

其中断程序的写法如下：

```
void int0( ) interrupt 0
{ P1_0 = !P1_0;         //取反 P1.0
}
```

其中 int0 为函数名，而 interrupt 是中断程序特有的标志，说明这个函数是一个中断函数。根据其后的参数 0 可见，使用了外部中断 0。

13.1.2　定时/计数器编程

定时/计数器编程主要是对定时器进行初始化，设置定时器工作模式和确定计数初值或将计数器的计数值显示出来等。

【例 13-2】 设单片机的 f_{osc} = 1 MHz，要求在 P1.0 脚上输出为 2 ms 的方波信号。

解：周期为 2 ms 的方波要求定时间隔为 1ms，每次时间到后 P1.0 取反。

1）用定时器 0 的方式 1 编程，采用查询方式，程序如下：

```
#include   <reg51.h>
sbit P1_0 = P1^0;
  void main( )
  {
      TMOD = 0x01;            //设置定时器 0 为方式 1
      TR0 = 1;                //启动定时器 0
```

255

```c
        for(;;)
        { TH0 = (1000/256);              //装载计数器初值
          TL0 = (1000/256);
          do{ }while(!TF0);              //定时时间到 TF0 取反,查询 TF0 的状态
          P1_0 = !P1_0;                  //定时时间到 P1.0 反相
          TF0 = 0;                       //软件清 TF0
        }
    }
```

2）用定时器 0 的方式 1 编程，采用中断方式，程序如下：

```c
#include "reg51.h"
  sbit P1_0 = P1^0;
  void time() interrupt 1 using 1       //中断服务程序入口
  { P1_0 = !P1_0;                       //P1.0 取反
    TH0 = (1000/256);
    TL0 = -(1000/256);
  }
  void main(void)
  { TMOD = 0x01;                        //设置定时的工作方式
    P1_0 = 0;
    TH0 = (1000/256);                   //预置计数器初值
    TL0 = -(1000/256);
    EA = 1;
    ET0 = 1;
    TR0 = 1;
    do{ } while(1);                     //等待中断
  }
```

13.1.3 串行口使用 C 语言编程

使用单片机的串行口主要用于与通用计算机的通信、单片机之间的通信和主从结构分布系统间的通信，下面是一个单片机之间通信应用的例子。

【例 13-3】 单片机 f_{osc} = 11.0592 MHz，波特率为 2400 bit/s，设计单片机间的通信程序。

解： 两台 AT89C51 单片机之间通过串行口通信，采用中断工作方式。两台单片机通过串行口进行通信的 Proteus 仿真电路如图 13-1 所示（其中的时钟电路及复位电路未画出）。发送方单片机将串行口设置为工作方式 2，TB8 作为奇偶校验位。待发送数据位于片内 RAM 40H～4FH 单元中。数据写入发送缓冲器之前，先将数据的奇偶校验位写入 TB8 作为奇偶校验位，使第 9 位数据作为奇偶校验位。接收方单片机也将串行口设置为工作方式 2，并允许接收，每接收到一个数据都要进行校验，根据校验结果决定接收是否正确。接收正确，则向发送方回送标志数据 00H，同时将收到的数据送 P1 口显示；接收错误，则向发送方回送标志数据 FFH，同时将数据 FFH 送 P1 口显示。发送方每发送一个字节后紧接着接收回送字节，只有收到标志数据 00H 后，才继续发送下一个数据，同时将发送的数据送 P1 口显示，否则停止发送。

图 13-1 两台单片机通过串行口进行通信的 Proteus 仿真电路图

发送方程序如下：

```c
#include <reg51.h>
#define uchar unsigned char
#define uint unsigned int
uchar i = 0;
uchar dat[] = {0x00,0x01,0x02,0x03,0x04,0x05,0x06,0x07,   //待发数据
0x08,0x09,0x0a,0x0b,0x0c,0x0d,0x0e,0x0f};
void delay()
{                                                          //延时函数
uint j;
for(j = 0;j < 31000;j ++ )
{;}
}
void main()
{
TI = 0;
RI = 0;
TMOD = 0x20;                                               //将 T1 设为工作方式 2
TH1 = TL1 = 0xf3;
PCON = 0x80;
TR1 = 1;                                                   //启动 T1
SCON = 0xd0;                                               //串口设为工作方式 3,允许接收
ES = 1; EA = 1;                                            //开中断
ACC = dat[i];
CY = P;
TB8 = CY;
P1 = ACC;
SBUF = ACC;                                                //发送数据
delay();
while(1);
```

```c
    }
void trs( )  interrupt 4  using 1           //发送中断服务函数
{
    uchar dat1;
    if(TI == 0)                              //接收中断
    {RI = 0; dat1 = SBUF;                    //清除中断标志,接收数据
     if(dat1 == 0)                           //收到回送正确标志
        {
          i++;
          ACC = dat[i];
          CY = P;
          TB8 = CY;
          P1 = ACC;
          SBUF = ACC;                        //启动发送下一个数据
          delay( );
          if(i == 0x0f) ES = 0;              //数据发送完毕
        }
     else
        {
          ACC = dat[i];                      //收到回送错误标志
          CY = P;
          TB8 = CY;
          P1 = ACC;
          SBUF = ACC;                        //重发上一个数据
          delay( );
        }
    }
    else TI = 0;
}
```

接收方程序如下:

```c
#include <reg51.h>
#include <intrins.h>
#define uchar unsigned char
#define uint unsigned int
uchar i = 0;
uchar dat[16] _at_ 0x40;
void main( )
{
    TI = 0;
    RI = 0;
    TMOD = 0x20;                             //将T1设为工作方式2
    TH1 = TL1 = 0xf3;
    PCON = 0x80;
```

```
        TR1 = 1;                                        //启动 T1
        SCON = 0xd0;                                    //串口设为工作方式 3,允许接收
        ES = 1;
        EA = 1;                                         //开中断
        while(1);
    }
    void res( ) interrupt 4 using 1
    {
        uchar dat1;
        if( TI == 0)                                    //接收中断
        {
            RI = 0;ACC = SBUF;dat1 = ACC;               //清除中断标志,接收数据
            if((P == 0&RB8 == 0)|(P == 1&RB8 == 1))     //判断奇偶标志
            {dat[i] = dat1;                             //奇偶校验正确,存储数据
            P1 = dat[i];
            i ++ ;
            SBUF = 0x00;                                //回送正确标志
            if(i == 0x10) ES = 0;                       //数据接收完毕,禁止串口中断
            }
            else
            {SBUF = 0xff;                               //奇偶校验错误,回送错误标志
            }
        }
        else TI = 0;
    }
```

13.1.4 独立式键盘查询方式

【**例 13-4**】利用查询方式检测 P3 口连接的 8 个独立按键,当有键按下时,则 P1 口对应的 LED 亮。

解:独立式键盘 Proteus 仿真电路如图 13-2 所示。

图 13-2 独立式键盘 Proteus 仿真电路图

参考程序如下：

```c
#include <reg51.h>
#include <intrins.h>
#define uchar unsigned char
#define uint unsigned int
sbit key1 = P3^0;
sbit key2 = P3^1;
sbit key3 = P3^2;
sbit key4 = P3^3;
sbit key5 = P3^4;
sbit key6 = P3^5;
sbit key7 = P3^6;
sbit key8 = P3^7;
sbit LED1 = P1^0;
sbit LED2 = P1^1;
sbit LED3 = P1^2;
sbit LED4 = P1^3;
sbit LED5 = P1^4;
sbit LED6 = P1^5;
sbit LED7 = P1^6;
sbit LED8 = P1^7;
void Delay1ms(uint count)
{ uint i,j;
for(i=0;i<count;i++)
for(j=0;j<110;j++);
}
void main()
{
   while(1)
{
if(!key1)
{
Delay1ms(10);            //去抖动
if(!key1)                //检测按键确实按下,进行按键处理
{
LED1 = 0;
while(!key1);            //松手检测
LED1 = 1;
}
}
if(!key2)
{
   Delay1ms(10);         //去抖动
   if(!key2)             //检测按键确实按下,进行按键处理
   {
LED2 = 0;
```

```
    while(!key2);            //松手检测
    LED2 = 1;
    }
}
if(!key3)
{
    Delay1ms(10);            //去抖动
    if(!key3)                //检测按键确实按下,进行按键处理
    {
    LED3 = 0;
    while(!key3);            //松手检测
    LED3 = 1;
    }
}
if(!key4)
{
    Delay1ms(10);            //去抖动
    if(!key4)                //检测按键确实按下,进行按键处理
    {
    LED4 = 0;
    while(!key4);            //松手检测
    LED4 = 1;
    }
}
if(!key5)
{
    Delay1ms(10);            //去抖动
    if(!key5)                //检测按键确实按下,进行按键处理
    {
    LED5 = 0;
    while(!key5);            //松手检测
    LED5 = 1;
    }
}
if(!key6)
{
    Delay1ms(10);            //去抖动
    if(!key6)                //检测按键确实按下,进行按键处理
    {
    LED6 = 0;
    while(!key6);            //松手检测
    LED6 = 1;
    }
}
if(!key7)
{
```

```
            Delay1ms(10);           //去抖动
            if(!key7)                //检测按键确实按下,进行按键处理
            {
            LED7 = 0;
            while(!key7);            //松手检测
            LED7 = 1;
            }
            }
            if(!key8)
            {
            Delay1ms(10);           //去抖动
            if(!key8)                //检测按键确实按下,进行按键处理
            {
            LED8 = 0;
            while(!key8);            //松手检测
            LED8 = 1;
            }
            }
         }
     }
}
```

13.1.5 行列式键盘查询方式

【例13-5】查询扫描矩阵键盘,当有键按下时,数码管显示当前按键的键值。

解:行列式键盘Proteus仿真电路如图13-3所示。

图13-3 行列式键盘Proteus仿真电路图

参考程序如下:

```c
#include <reg51.h>
#include <intrins.h>
#define uchar unsigned char
#define uint unsigned int
#define PSEG P0
#define PKEY P1
sbit C0 = P2^0;                          //位定义
void delayms(uint);
uchar scan(void);
uchar code seg[] = {0xc0,0xf9,0xa4,0xb0,0x99,0x92,0x82,0xf8,0x80,0x90,0x88,0x83,0xc6,0xa1,
0x86,0x8e};
void main(void)
{
    uchar key;
    C0 = 1;
    while(1)
        {
        key = scan();              //读取键盘值
        if(key! = 16)
        PSEG = seg[key];           //显示
        }
}
void delayms(uint j)               //延时函数
{
    uchar i;
    for(;j>0;j--)
        {
        i = 250;
        while(--i);
        i = 249;
        while(--i);
        }
}
uchar scan(void)                   //键盘扫描函数
{
    uchar k = 16,m,n,in;
    PKEY = 0xf0;                   //扫描所有行
    if((PKEY&0xf0)! = 0xf0)
        {
        for(m = 0;m < 4;m ++)
            {
            PKEY = ~(0x01 << m);
            for(n = 0;n < 4;n ++)
                {
                in = PKEY;
                in = in >> (4 + n);
```

```
            if((in&0x01)==0)
            {
                delayms(10);
                if((in&0x01)==0){k=n+m*4;break;}
            }
        }
        if(k!=16){break;}
        }
    }
    return(k);
}
```

13.1.6　ADC0809 应用程序编写

【例 13-6】 采用查询方式控制 ADC0809，实现把 0 通道模拟量（电压）转换为数字量。单片机从 P1 口读入转换二进制的结果，然后把结果从 P0 口输出给 8 个发光二极管，发光二极管被点亮的位，对应转换结果"0"。

解： ADC0809 转换 Proteus 仿真电路图如图 13-4 所示。

图 13-4　ADC0809 转换 Proteus 仿真电路图

参考程序如下：

```c
#include "reg51.h"
#define uchar unsigned char
#define uint unsigned int
#define LED   P0
#define out   P1
sbit start = P2^1;
sbit OE = P2^7;
sbit EOC = P2^3;
sbit CLOCK = P2^0;
sbit add_a = P2^4;
sbit add_b = P2^5;
sbit add_c = P2^6;
```

```c
void main(void)
{
    uchar temp;
    add_a=0;add_b=0;add_c=0;        //选择ADC0809的通道0
    while(1)
    {
        start=0;
        start=1;
        start=0;                     //启动转换
        while(1)
        {
            clock=!clock;if(EOC==1)break;}  //等待转换结束
        OE=1;                        //允许输出
        temp=out;                    //暂存转换结果
        OE=0;                        //关闭输出
        LED=temp;                    //采样结果通过P0口输出到LED
    }
}
```

13.1.7 DAC0832 应用程序编写

【例13-7】单片机 P1.0~P1.4 接有5个按键，当按键按下时，单片机控制 DAC0832 分别对应产生正弦波、方波、三角波、梯形波和三角波。

解：波形发生器 Proteus 仿真电路图如图 13-5 所示。

图 13-5 波形发生器 Proteus 仿真电路图

参考程序如下：

```c
#include <reg51.h>
sbit wr = P3^6;
```

```c
sbit rd = P3^2;
sbit key0 = P1^0;                    //定义 P1.0 脚的按键为正弦波键 key0
sbit key1 = P1^1;                    //定义 P1.1 脚的按键为方波键 key1
sbit key2 = P1^2;                    //定义 P1.2 脚的按键为三角波键 key2
sbit key3 = P1^3;                    //定义 P1.3 脚的按键为梯形波键 key3
sbit key4 = P1^4;                    //定义 P1.4 脚的按键为锯齿波键 key4
unsigned char flag;                  //flag 为 1、2、3、4、5 时,对应正弦波、方波、三角波、梯形波、锯齿波
unsigned charconst code               //以下为正弦波采样点数组 256 个数据
SIN_code[256] = {0x80,0x83,0x86,0x89,0x8c,0x8f,0x92,0x95,0x98,0x9c,0x9f,0xa2,0xa5,0xa8,
0xab,0xae,0xb0,0xb3,0xb6,0xb9,0xbc,0xbf,0xc1,0xc4,0xc7,0xc9,0xcc,0xce,0xd1,0xd3,0xd5,0xd8,
0xda,0xdc,0xde,0xe0,0xe2,0xe4,0xe6,0xe8,0xea,0xec,0xed,0xef,0xf0,0xf2,0xf3,0xf4,0xf6,0xf7,
0xf8,0xf9,0xfa,0xfb,0xfc,0xfc,0xfd,0xfe,0xfe,0xff,0xff,0xff,0xff,0xff,0xff,0xff,0xff,0xff,
0xfe,0xfe,0xfd,0xfc,0xfc,0xfb,0xfa,0xf9,0xf8,0xf7,0xf6,0xf5,0xf3,0xf2,0xf0,0xef,0xed,0xec,0xea,
0xe8,0xe6,0xe4,0xe3,0xe1,0xde,0xdc,0xda,0xd8,0xd6,0xd3,0xd1,0xce,0xcc,0xc9,0xc7,0xc4,0xc1,
0xbf,0xbc,0xb9,0xb6,0xb4,0xb1,0xae,0xab,0xa8,0xa5,0xa2,0x9f,0x9c,0x99,0x96,0x92,0x8f,0x8c,
0x89,0x86,0x83,0x80,0x7d,0x79,0x76,0x73,0x70,0x6d,0x6a,0x67,0x64,0x61,0x5e,0x5b,0x58,
0x55,0x52,0x4f,0x4c,0x49,0x46,0x43,0x41,0x3e,0x3b,0x39,0x36,0x33,0x31,0x2e,0x2c,0x2a,0x27,
0x25,0x23,0x21,0x1f,0x1d,0x1b,0x19,0x17,0x15,0x14,0x12,0x10,0xf,0xd,0xc,0xb,0x9,0x8,0x7,
0x6,0x5,0x4,0x3,0x3,0x2,0x1,0x1,0x0,0x0,0x0,0x0,0x0,0x0,0x0,0x0,0x0,0x0,0x0,0x1,0x1,0x2,
0x3,0x3,0x4,0x5,0x6,0x7,0x8,0x9,0xa,0xc,0xd,0xe,0x10,0x12,0x13,0x15,0x17,0x18,0x1a,0x1c,
0x1e,0x20,0x23,0x25,0x27,0x29,0x2c,0x2e,0x30,0x33,0x35,0x38,0x3b,0x3d,0x40,0x43,0x46,
0x48,0x4b,0x4e,0x51,0x54,0x57,0x5a,0x5d,0x60,0x63,0x66,0x69,0x6c,0x6f,0x73,0x76,0x79,0x7c}

unsigned char keyscan( )              //键盘扫描函数
{
    unsigned char keyscan_num,temp;
    P1 = 0xff;                        // P1 口输入
    temp = P1;                        //从 P1 口读入键值,存入 temp 中
    if( ~(temp&0xff))                 //判断是否有键按下,即键值不为 0xff,则有键按下
    {
        if(key0 ==0)                  //产生正弦波的按键按下,p1.0 = 0
        {
            keyscan_num = 1;          //得到的键值为 1,表示产生正弦波
        }
        else if(key1 ==0)             //产生方波的按键按下,p1.1 = 0
        {
            keyscan_num = 2;          //得到键值为 2,表示产生方波
        }
        else if(key2 ==0)             //产生三角波的按键按下,P1.2 = 0
        {
            keyscan_num = 3;          //得到的键值为 3,表示产生三角波
        }
        else if(key3 ==0)             //产生梯形波的按键按下,P1.3 = 0
        {
            keyscan_num = 4;          //得到的键值为 4,表示产生梯形波
```

```
                    }
                else if(key4 == 0)            //产生锯齿波的按键按下,P1.4=0
                    {
                    keyscan_num = 5;          //得到的键值为5,表示产生锯齿波
                    }
                else
                    {
                    keyscan_num = 0;          //没有按键按下,键值为0
                    }
        return keyscan_num;                   //得到的键值返回
    }   }
void init_DA0832()                            //DAC0832初始化函数
{
rd = 0;
wr = 0;
}
void SIN()                                    //正弦函数
{
    unsigned int i;
    do
{
P2 = SIN_code[i];
i++;
}while(i < 256);
}
void Square()                                 //方波函数
{
EA = 1;
ET0 = 1;
TMOD = 1;
TH0 = 0xff;
TL0 = 0x83;
TR0 = 1;
}
void Triangle()                               //三角波函数
{
P2 = 0x00;
Do
{
p2++;
}while(P2 < 0xff);
P2 = 0xff;
do
{
```

```c
    p2--;
}while(P2>0x00);
}
void Sawtooh()                          //锯齿波函数
{
P2=0x00;
do
{
p2++;
}while(p2<0xff);
}
void Trapezoidal()                      //梯形波函数
{
unsigned char i;
P2=0x00;
do
{
p2++;
}while(p2<0xff);
for(i=255;i>0;i--)
{
p2=0xff;
}
do
{
p2--;
}while(p2>0x00);
P2=0x00;
}
void main()                             //主函数
{
    init_DA0832();                      // DA0832的初始化函数
    do
        {
        flag=keyscan();                 //将键盘扫描函数得到的键值赋给 flag
        }while(!flag);
    while(1)
    {
    switch(flag)
    {
        case 1:
            do
            {
                lag=keyscan();
```

```
                SIN();
            }while(flag==1);
            break;
    case 2:
            do
            {
            flag = keyscan();
            Square();
            }while(flag==2);
            TR0 = 0;
            break;
    case 3:
            do
            {
            flag = keyscan();
            Triangle();
            }while(flag==3);
            break;
    case 4:
            do
            {
            flag = keyscan();
            Trapezoidal();
            }while(flag==4);
            break;
    case 5:
            do
            {
            flag = keyscan();
            Sawtooth();
            }while(flag==5);
            break;
    default:
            flag = keyscan();
            break;
        }
    }
}
void timer0(void) interrupt 1         //定时器 T0 的中断函数
{
    P2 = ~P2;                         //方波的输出电平求反
    TH0 = 0xff;
    TL0 = 0x83;
    TR0 = 1;                          //启动定时器 T0
}
```

13.2　C51 与汇编语言的混合编程

13.2.1　混合编程的基本方法

所谓混合编程，就是在一个项目中，同时使用 C 和汇编两种语言。在混合编程中，混合编程分为汇编中调用 C51 函数和 C51 程序中引用汇编程序。最常用的是在 C51 程序中引用汇编，其又分为两种情况：在 C51 程序中调用汇编程序模块和在 C51 程序中直接插入汇编语句。

1. 汇编中调用 C51 函数

C 语言是结构化程序设计语言，C 语言程序以函数为单位，在汇编中可以访问 C51 程序中的变量和函数。

（1）对于变量

1）普通变量：_变量名

2）数组：_数组名+偏移量

如用_××可以访问 C 语言程序中定义的变量××；用_××+3 可以访问数组中的××[3]。

（2）对于函数

1）函数没有参数：函数名

2）函数有参数：_函数名，并且调用函数前还要准备好参数。

如在 C51 程序中定义了无参函数 fun1()，则在汇编程序中用子程序调用指令调用 fun1 即可；如定义了有参函数 fun2()，则在汇编程序中调用时，子程序名改写成_fun2。

注意：为了能够让汇编语言访问到 C 语言中定义的变量和函数，在 C 程序中它们必须声明为外部变量，即加 extern 前缀。

2. 在 C51 程序中直接插入汇编语句

在 C51 程序中直接插入汇编语句是利用编译控制命令#pragma asm（用来标识所插入的汇编语句的起始位置）和#pragma endasm（用来标识所插入的汇编语句的结束位置），这两条命令必须成对出现，并可以多次出现。

```
#pragma asm
    ;汇编程序代码
#pragma endasm
```

3. 在 C51 中调用汇编程序

在 C51 中调用汇编程序，可以分别用 C 语言和汇编语言把源程序编好，然后在 C51 中调用汇编程序，该方法关键问题在于 C 函数与汇编函数之间的参数传递及正确的返回值，以保证模块间的数据交换。也可以先用 C 语言编好所有代码，包括需要汇编语言实现的部分，然后采用编译控制指令 SRC 对需要用汇编语言实现的函数进行编译、修改。

13.2.2　混合编程的参数传递

1. 汇编中调用 C51 函数的参数传递

如 C51 函数有参数，则汇编程序在调用 C51 函数前要准备好参数。在汇编程序中，C51 函数最左边的一个参数由寄存器 A 传递，其他的参数按顺序通过堆栈给出。C51 函数的返回值是返回到累加器 A 或者由累加器 A 给出的地址。

2. 在 C51 程序中直接插入汇编语句的参数传递

插入汇编语句的参数传递是通过变量或特殊功能寄存器来实现的。

3. 在 C51 中调用汇编程序的参数传递

C51 中调用汇编程序进行传递时都必须严格遵守 C51 函数的参数和返回值的相关约定。

C51 中调用汇编程序进行参数传递的方式有两种，一种是通过寄存器传递参数，第二种是通过固定存储区传递。

（1）通过寄存器传递参数　最多可通过 51 单片机的工作寄存器传递 3 个参数，余下的通过固定存储区传递。通过寄存器传递的函数参数见表 13-2。

表 13-2　函数参数分类表

参数长度（类型）	第 1 个形参	第 2 个形参	第 3 个形参
1B（char）	R7	R5	R3
2B（int）	R6、R7	R4、R5	R2、R3
3B（通用指针）	R1、R2、R3	R1、R2、R3	R1、R2、R3
4B（long/float）	R4～R7	R4～R7	无

如 func1(int a)，参数 a 在寄存器 R6 和 R7 中传递。

如 func2(int b,int c, int *d)，参数 b 在寄存器 R6 和 R7 中传递，参数 c 在寄存器 R4 和 R5 中传递，参数 d 在寄存器 R1 、R2 和 R3 中传递。

（2）通过固定存储区传递　用固定存储区传递参数给汇编程序，参数段首地址用段名"?function_name?BYTE"和"?function_name?BIT"保存，function_name 为函数的名称，其中，"?function_name?BIT"保存位参数首地址，"?function_name?BYTE"保存别的参数首地址，即使通过寄存器传递参数，参数也将在这些段中分配空间，并按声明顺序的先后在每段中顺序保存。

（3）函数返回值　函数返回值通常用寄存器传递，具体见表 13-3。

表 13-3　函数返回值使用的寄存器列表

返回值类型	寄　存　器	说　　明
bit	C	由位运算器 C 返回
(unsigned)char	R7	在 R7 返回单个字节
(unsigned)int	R6、R7	高位在 R6，低位在 R7
(unsigned)long	R4～R7	高位在 R4，低位在 R7
float	R4～R7	高位在 R4，低位在 R7
通用指针	R1、R2、R3	32 位 IEEE 格式

13.2.3　混合编程的实现

1. C51 语言中嵌入汇编程序的实现方法

（1）在 C 程序中用#pragma asm 和#pragma endasm 语句包含嵌入汇编语言程序　在 C 程序中嵌入汇编语言程序，参考程序如下：

```
#include "reg51.h"
void delay(void);
void main(void)
{
    void delay(void);
    P1 = 0x00;
    #pragma asm
    MOV   R3,#08H
    DINZ R3,$
    #pragma endasm
    P1 = 0xff;
}
void delay(void)
{
    #pragma asm
    MOV   R4,#08H
    DJNZ R4,$
    #pragma endasm
}
```

（2）Keil C51 软件设置　在 Project 窗口中包含汇编代码的 C 文件中点右键，选择"Options for…"，单击右边的"Generrate Assembler SRC File"和"Assembler SRC File"复选框，具体操作如图 13-6 所示。

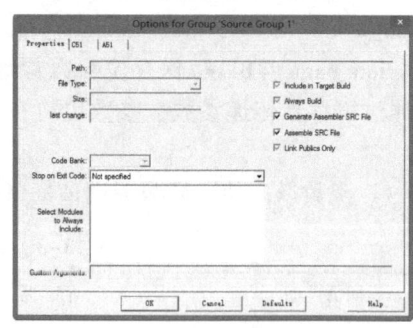

图 13-6　Keil C51 软件设置具体操作

（3）预编译库文件　根据选择的编译模式，把相应的库文件（如在 Small 模式下，是 Keil\C51\Lib\C51S.lib）加入工程中，该文件必须作为工程的最后文件。

（4）编译　即可生成目标代码。

2. C51 语言中调用汇编语言程序的实现方法

1）先用 C 语言程序编写出程序框架，如文件名为 a1.c（注意参数）。

2）Keil C51 软件设置。在 Project 窗口中包含汇编代码的 C 文件中单击右键，选择"Options for…"，单击右边的"Generrate Assembler SRC File"和"Assembler SRC File"复选框，具体操作如图 13-6 所示。

3）预编译库文件。根据选择的编译模式，把相应的库文件（如在 Small 模式下，是 Keil\

C51\Lib\C51S.lib）加入工程中，该文件必须作为工程的最终文件。

4）编译后将会产生一个 SRC 的文件，将这个文件扩展名改为 ASM，这样就形成了可供 C51 程序调用的汇编程序，随后可在该文件的代码段中加入所需的指令代码。

5）将该汇编程序与调用它的主程序一起加到工程文件中，这时工程文件中不再需要原来的 C 语言文件和库文件，主程序只需要在程序开始时用 EXTERN 对所调用的汇编程序中的函数做声明，在主程序中就可以调用汇编程序中的函数了。

C 语言文件 a1.c 如下：

```
#include "reg51.h"
extern void DELAY(void)
extern void DEL(void);
void main(void)
{
    P1 = 0x00;
    DELAY();
    P! = 0xff;
}
```

汇编语言文件如下：

```
PUBLIC    DELAY
DELAYY    SEGMENT CODE
RSEG      DELAY
DELAY:    MOV   R2,#3H
          DJNZ R2,$
          RET
          END
```

13.3 案例：电梯运行控制的楼层显示

【任务目的】掌握 C51 单片机应用系统的方法。

【任务描述】设计采用单片机控制 8×8 LED 点阵屏来模仿电梯运行的楼层显示装置。电梯楼层显示器初始显示 0。单片机的 P1 口的 8 只引脚接有 8 只按键开关 S1~S8，这 8 只按键开关 S1~S8 分别代表 1~8 楼。如果某一楼层的按键按下，单片机控制的点阵屏将从当前位置向上或向下平滑滚动显示到指定楼层的位置。

在上述功能基础上，还设有 LED 指示灯和蜂鸣器，在到达指定楼层后蜂鸣器发出短暂声音且 LED 闪烁片刻。系统还应同时识别依次按下的多个按键，例如，当前位置在 1 层时，用户依次按下 6、5 时，则数字分别向上滚动到 5、6 时暂停且 LED 闪烁片刻，同时蜂鸣器发出提示音。如在待去楼层的数字中，有的在当前运行的反方向，则数字先在当前方向运行完毕后，再依次按顺序前往反方向的楼层位置。

1. 硬件电路设计

双击桌面上 ⬛ 图标，打开 ISIS 7 Professional 窗口。执行菜单命令"File"→"New Design"，新建一个 DEFAULT 模板，保存文件名为"电梯运行控制的楼层显示.DSN"。在器件选择按钮 PL DEVICES 中单击"P"按钮，或执行菜单命令"Library"→"Pick Device/Symbol"，添加表13-4所示的元器件。

表13-4 电梯运行控制的楼层显示所需元器件清单

序号	元器件	序号	元器件	序号	元器件
1	单片机 AT89C51	4	蜂鸣器 BUZZER	7	发光二极管 LED – RED
2	按钮 BUTTON	5	晶体管 PNP	8	电阻 RES
3	驱动器 74LS245	6	电阻排 RES16DIPIS	9	8×8 LED 点阵屏 MATRIX – 8×8 – GREEN

在 ISIS 原理图编辑窗口中放置元器件，再单击工具箱中的"元器件终端"图标，在对象选择器中单击"POWER"和"GROUND"放置电源和地。放置好元器件后，布好线。左键双击各元器件，设置相应元器件参数，完成电路设计，仿真电路图如图13-7所示。

图13-7 8×8 LED 点阵屏模仿电梯数字滚动显示 Proteus 仿真电路图

2. 程序设计

参考程序如下：

```
#include"reg51.h"
#include"intrins.h"
#define uchar unsigned char
#define uint unsigned int
sbit p36 = P3^6;
sbit p37 = P3^7;
void delay(uint t);                      //定义全局变量
uint terminal;
uint outset = 0;
uint flag = 0;
uint flag1 = 0;
uint flag2 = 0;
```

```c
uchar code scan[] = {0x01,0x02,0x04,0x08,0x10,0x20,0x40,0x80};    //扫描代码
                                     //以下为显示"0,1,2,3,4,5,6,7,8"的 8×8 点阵代码
uchar code zm[] = {0x00,0x18,0x24,0x24,0x24,0x24,0x18,0x00,0x00,0x10,0x1c,0x10,0x10, 0x10,
0x3c,0x00,0x00,0x38,0x44,0x40,0x20,0x10,0x7c,0x00,0x00,0x38,0x44,0x30,0x40, 0x44,0x38,
0x00, 0x00,0x20,0x30,0x28,0x24,0x7e,0x20,0x00,0x00,0x7c,0x04,0x3c,0x40,0x40,0x3c,0x00,
0x00,0x38,0x44,0x3c,0x44,0x44,0x38,0x00,0x00,0x7e,0x40,0x40,0x20,0x10,0x10, 0x00,0x00,
0x38,0x44,0x38,0x44,0x44,0x38,0x00};
void soundandled(uint j)              //函数:提示楼层到,蜂鸣器发声及 LED 闪亮
{
uint i,k;
P0 = 0xff;P2 = 0xff;
for(i = 0;i < 20;i ++ )
{
p36 = 0;
delay(10);
p36 = 1;
for(k = 0;k < 8;k ++ )
{
P0 = scan[k];
P2 = ~ zm[j*8 + k];
p37 = 1;
delay(5);
p37 = 0;
}
}
}
unsigned int keyscan(void)             //键盘扫描函数
{
if(P1! = 0xff)
{
switch(P1)
{
case 0x7f:{return(8);break;}
case 0xbf:{return(7);break;}
case 0xdf:{return(6);break;}
case 0xef:{return(5);break;}
case 0xf7:{return(4);break;}
case 0xfb:{return(3);break;}
case 0xfd:{return(2);break;}
case 0xfe:{return(1);break;}
default:return(0);
}
}
}
```

```c
void downmove(uint m,uint n)              //电梯下行函数
{
    uint k,j,i;
    for(k = m*8;k > n*8;k--)
    {
        for(j = 0;j < 30;j++)
        {
            for(i = 7;i >= 0&&i < 8;i--)
            {
                if(P1! = 0xff)
                {
                    outset = keyscan();
                    if((outset > n)&&(outset < m))
                    {
                        flag1 = outset;
                        outset = n;
                        n = flag1;
                        terminal = n;
                    }while(P1! = 0xff);
                }                       //在最里面循环中加入判别,可增加按键灵敏度;如不加,则只能是运行
                                        //完所有循环后才进入下一步
                P0 = scan[i];
                P2 = ~zm[(i+k)%72];
                delay(1);
            }
        }
    }
}
void upmove(unsigned int m,unsigned int n)    //电梯上行函数
{
    uint k,j,i;
    for(k = m*8;k < n*8;k++)
    {
        for(j = 0;j < 30;j++)
        {
            for(i = 0;i < 8;i++)
            {
                if(P1! = 0xff)
                {
                    outset = keyscan();
                    if((outset > m)&&(outset < n))
                    {
                        flag1 = outset;
                        outset = n;
```

```
            n = flag1;
            terminal = n;
        }
    while(P1! = 0xff);
    }                        //在最里面循环中加入判别,可增加按键灵敏度,如不加,则只能运行完所
                             //有循环才进入下一步
        P0 = scan[i];
        P2 = ~ zm[(i+k)%72];
        delay(1);
        }
    }
    }
}
void show(unsigned int i)    //电梯静止,并等待键盘函数指令
{
    uint k;
    while(P1! = 0xff);
    while(P1 == 0xff)
    {
        for(k = 0;k < 8;k ++)
        {
            P0 = scan[k];
            P2 = ~ zm[i*8+k];
            delay(1);
        }
    }
}
void main()                  //主函数
{
    p37 = 0;
    P2 = 0xff;
    P0 = 0x00;
    while(1)
    {
        show(flag);          //显示电梯初始位置,等待按键动作
        terminal = keyscan();//获取键值
        if(terminal > flag)
        {
            upmove(flag,terminal);   //如键值大于初始位置,电梯上行
            soundandled(terminal);
        }
        if(terminal < flag)
        {
            downmove(flag,terminal); //如键值大于初始位置,电梯下行
            soundandled(terminal);
        }
```

```
        flag = terminal;
        if( outset! = 0)
        {
            if( outset > terminal)
            {
                upmove( terminal,outset);
                soundandled( outset);
            }
            if( terminal > outset)
            {
                downmove( terminal,outset);
                soundandled( outset);
            }
            flag = outset;
            outset = 0;
        }
    }
}
void delay( uint t)
{
    uchar a;
    while( t -- )
        for( a = 0;a < 122;a ++ ) ;
}
```

3. 加载目标代码、设置时钟频率

将电梯运行控制的楼层显示 C51 程序生成目标代码文件"电梯运行控制的楼层显示.hex",加载到图 13-7 中单片机"Program File"属性栏中,并设置时钟频率为 12 MHz。

4. 仿真

单击图标▶ ▶| ‖ ■ 中的按键 ▶,启动仿真。显示屏上显示"0",当按下某楼层按钮时,屏幕向上(或向下)滚动显示连续数字,到达相应的楼层后,屏幕停止滚动,显示相应的楼层,且蜂鸣器发出"嘟嘟"的响声。

13.4 案例:8 位竞赛抢答器设计

【任务目的】掌握 C51 单片机应用系统的方法。

【任务描述】设计一个以单片机为核心 8 位竞赛抢答器,要求如下:

1)抢答器同时供 8 名选手或 8 个代表队比赛,分别用 8 个按钮 S0~S7 表示。

2)设置一个系统清除和抢答控制开关 S,该开关由主持人控制。

3)抢答器具有锁存与显示功能,即选手按动按钮,锁存相应的编号,且优先抢答选手的编号一直保持到主持人将系统清除为止。

4)抢答器具有定时抢答功能,且一次抢答时间由主持人设定(如 30 s)。当主持人启动"开始"键后,定时器进行减计时,同时扬声器发出短暂声响,声响持续时间为 0.5 s 左右。

5)参赛选手在设定的时间内进行抢答,抢答有效,定时器停止工作,显示器上显示选手的编号和抢答剩余时间,并保持到主持人将系统清除为止。

6) 如定时时间已到,无人抢答,本次抢答无效,系统报警并禁止抢答,定时显示器上显示 00。

通过键盘改变可抢答时间,可把定时时间变量设为全局变量,通过键盘扫描程序使每按下一次按键,时间加 1(超过 30 时置 0)。同时单片机不断进行按键扫描,当参赛选手的按键按下时,用于产生时钟信号的定时计数器停止计数,同时将选手编号(按键号)和抢答时间分别显示在 LED 上。

1. 硬件电路设计

双击桌面上 图标,打开 ISIS 7 Professional 窗口。执行菜单命令 "File" → "New Design",新建一个 DEFAULT 模板,保存文件名为 "8 位竞赛抢答器.DSN"。在器件选择按钮 中单击 "P" 按钮,或执行菜单命令 "Library" → "Pick Device/Symbol",添加表 13-5 所示的元器件。

表 13-5 8 位竞赛抢答器所需元器件清单

序号	元器件	序号	元器件	序号	元器件	序号	元器件
1	单片机 AT89C51	3	蜂鸣器 SOUNDER	5	电阻 RES	7	串行输入输出共阴极数码管显示驱动器 MAX7219
2	按钮 BUTTON	4	七段共阴两位蓝色数码管 7SEG-MPX2-CC-BLUE	6	七段共阴两位红色数码管 7SEG-MPX2-CC		

在 ISIS 原理图编辑窗口中放置元器件,再单击工具箱中的 "元器件终端" 图标 ,在对象选择器中单击 "POWER" 和 "GROUND" 放置电源和地。放置好元器件后,布好线。左键双击各元器件,设置相应元器件参数,完成电路设计,如图 13-8 所示。

图 13-8 8 位竞赛抢答器 Proteus 仿真电路图

2. 程序设计

参考程序如下:

```
#include <reg51.h>
sbit DIN = P3^0;                    //与 max7219 接口定义
```

```c
sbit LOAD = P3^1;
sbit CLK = P3^2;
sbit key0 = P1^0;                        //8 路抢答器按键
sbit key1 = P1^1;
sbit key2 = P1^2;
sbit key3 = P1^3;
sbit key4 = P1^4;
sbit key5 = P1^5;
sbit key6 = P1^6;
sbit key7 = P1^7;
sbit key_clear = P2^0;                   //主持人时间设置、清除
sbit begin = P2^1;                       //主持人开始按键
sbit sounder = P3^7;                     //蜂鸣器
unsigned char second = 30;               //秒表计数值
unsigned char counter = 0;               //counter 每计 100,minite 加 1
unsigned char people = 0;                //抢答结果
unsigned char
num_add[] = {0x01,0x02,0x03,0x04,0x05,0x06,0x07,0x08};    //max7219 读写地址、内容
unsigned char num_dat[] = {0x80,0x81,0x82,0x83,0x84,0x85,0x86,0x87,0x88,0x89};
unsigned char keyscan( )                 //键盘扫描函数
{
unsigned char keyvalue,temp;
keyvalue = 0;
P1 = 0xff;
temp = P1;
if( ~ (P1&temp))
    {
    switch(temp)
        {
        case 0xfe:
            keyvalue = 1;
            break;
        case 0xfd:
            keyvalue = 2;
            break;
        case 0xfb:
            keyvalue = 3;
            break;
        case 0xf7:
            keyvalue = 4;
            break;
        case 0xef:
            keyvalue = 5;
            break;
```

```c
            case 0xdf:
                keyvalue = 6;
                break;
            case 0xbf:
                keyvalue = 7;
                break;
            case 0x7f:
                keyvalue = 8;
                break;
            default:
                keyvalue = 0;
                break;
        }
    }
    return keyvalue;
}
void max7219_send(unsigned char add,unsigned char dat)    //向max7219写命令函数
{
    unsigned charADS,i,j;
    LOAD = 0;
    i = 0;
    while(i < 16)
    {
        if(i < 8)
        {
            ADS = add;
        }
        else
        {
            ADS = dat;
        }
        for(j = 8;j >= 1;j -- )
        {
            DIN = ADS&0x80;
            ADS = ADS << 1;
            CLK = 1;
            CLK = 0;
        }
        i = i + 8;
    }
    LOAD = 1;
}
void max7219_init()                        // max7219初始化函数
{
```

```c
        max7219_send(0x0c,0x01);
        max7219_send(0x0b,0x07);
        max7219_send(0x0a,0xf5);
        max7219_send(0x09,0xff);
    }
    void time_display(unsigned char x)          //时间显示函数
    {
        unsigned char i,j;
        i = x/10;
        j = x%10;
        max7219_send(num_add[1],num_dat[j]);
        max7219_send(num_add[0],num_dat[i]);
    }
    void scare_display(unsigned char x)         //抢答结果显示函数
    {
        unsigned char i,j;
        i = x/10;
        j = x%10;
        max7219_send(num_add[3],num_dat[j]);
        max7219_send(num_add[2],num_dat[i]);
    }
    void holderscan()                           //抢答时间设置函数
    {
        time_display(second);
        scare_display(people);
        if( ~key_clear)                         //如果有键按下,改变抢答时间
        {
            while( ~key_clear);
            if(people)                          //如果抢答结果没有清空,抢答器重置
            {
                second = 30;
                people = 0;
            }
            if(second < 60)
            {
                second ++ ;
            }
            else
            {
                second = 0;
            }
        }
    }
    void timer_init()                           //定时器T0初始化函数
```

```c
    {
    EA = 1;
    ET0 = 1;
    TMOD = 0x01;                        //定时器 T0 方式 0 定时
    TH0 = 0xd8;                         //装入定时器定时常数,设定 10 ms 中断一次
    TL0 = 0xef;
    }
    void main( )                        //主函数
    {
    while(1)
    {
      do
    {
        holderscan( );
        }while( begin );                //开始前进行设置,若未按下开始键
        while( ~ begin );               //防抖
        max7219_init( );                //芯片初始化
        timer_init( );                  //中断初始化
        TR0 = 1;                        //开始中断
        do
    {
        time_display( second );
        scare_display( people );
        people = keyscan( );
        }while( ( !people)&&( second) );   //运行直到抢答结束或时间结束
        TR0 = 0;
        }
    }
    void timer0( ) interrupt 1          //定时器 T0 中断函数
    {
    if( counter < 100 )
    {
        counter ++ ;
        if( counter == 50 )
          {
            sounder = 0;
            }
    }
    else
    {
        sounder = 1;
        counter = 0;
    second = second − 1;
    }
```

```
            TH0 = 0xd8;                    //重新装载
            TL0 = 0xef;
            TR0 = 1;
    }
```

3. 加载目标代码、设置时钟频率

将 8 位竞赛抢答器 C51 程序生成目标代码文件"8 位竞赛抢答器.hex",加载到图 13-8 中单片机"Program File"属性栏中,并设置时钟频率为 12 MHz。

4. 仿真

单击图标 ▶ ▶ ▌▌ ■ 中的按键 ▶,启动仿真。按下开始按钮后,剩余时间数码管显示"30"且每秒依次减 1,同时扬声器发出"嗒嗒"的响声;当某选手按下按钮,则数码管显示该选手号码,同时剩余时间数码管显示当前剩余时间,不再变化;仿真电路图为 3 号选手抢答,答题剩余时间 23 s。

思考题与习题

一、简答题

1. 单片机 C 语言与汇编语言混合编程有哪几种方式?通常采用什么方式?
2. 简述 C51 程序调用汇编程序时如何实现参数传递。
3. 简述嵌入式汇编程序的实现方法。
4. 简述 C51 中调用汇编程序的实现方法。

二、编程题

1. 用 C 语言编写出中断方式下独立式键盘的处理程序。
2. 用 C 语言编写出定时扫描方式下 3×3 矩阵键盘的处理程序。
3. 用 C 语言编写出中断方式下 4×4 矩阵键盘的处理程序。
4. 设计 8 路模拟量输入的巡回检测系统,使用查询方式采样,采样的数据放在片内 RAM 的 8 个单元中,用 C 语言编程实现。硬件电路自行设计。
5. 利用 DAC0832 芯片,采用双缓冲方式,产生梯形波,分别用汇编语言和 C 语言编程实现。
6. 在单片机系统中,已知 f_{osc} = 12 MHz,用定时/计数器 T0,要求用 C 语言编写程序实现从 P1.0 产生周期为 2 ms 的方波。
7. 在单片机系统中,已知 f_{osc} = 12 MHz,用定时/计数器 T1,要求用 C 语言编写程序实现从 P1.1 产生周期为 2s 的方波。
8. 用 C 语言编程设计一个 AT89S51 双机通信系统,将 A 机片内 RAM 中 30H~3FH 的数据块,通过串行口传送到 B 机片内 RAM 的 30H~3FH 中,并画出电路图。

三、设计题

设计一个以 AT89S51 单片机为核心的十字路口交通灯控制器。要求用 4 只 LED 数码管显示十字路口两个方向变换信号的剩余时间,并能用按键设置两个方向的通行时间(红灯、绿灯、黄灯时间),系统工作应符合一般交通灯控制的要求。

附录 A　Proteus 软件常用元器件

元器件符号	元器件名称	元器件中文注释
	RES	通用电阻符号
	CAP	通用电容符号
	CAP - ELEC	通用电解电容
	INDUCTOR	通用电感
	NPN	通用 NPN 型双极性晶体管
	PNP	通用 PNP 型双极性晶体管
	PMOSFET	通用 P 型金属氧化物半导体场效应晶体管
	SCR	通用晶闸管整流器
	TRIAC	通用三端双向晶闸管开关元器件
	SOUNDER	压电发声模型
	BATTERY	直流电压源
	CELL	单电池
	BUZZER	直流蜂鸣器
	CRYSTAL	石英晶体
	RELAY	继电器
	CAP - VAR	可变电容
	SPEAKER	扬声器模型
	LED - GREEN	绿色发光二极管
	LED - RED	红色发光二极管
	LED - BLUE	蓝色发光二极管
	AERIAL	天线
	7SEG - DIGITAL	数字式七段数码管
	DIODE - TUN	通用沟道二极管
	ISINE	正弦波交流电流源
	VSINE	正弦波交流电压源
	THYRISTOR	通用半导体晶闸管
	PULLUP	上拉电阻
	POT - HG	可变电阻

(续)

元器件符号	元器件名称	元器件中文注释
	POT – LIN	可变电阻
	BUTTON	按钮
	DISPW – 4	4 独立开关组
	LM016L	16*2 字符液晶
	7SEG – BCD	七段 BCD 码显示器
	7805	5V,1A 稳压器
	7SEG – COM – AN – GRN	七段有公共端的共阳绿色数码管
	7SEG – COM – CAT – BLUE	七段有公共端的共阴蓝色数码管
	7SEG – MPX4 – CA – BLUE	4 位七段共阴蓝色数码管
	555	555 电路
	AT89C51	8051 微控器
	AND	二输入与门
	OR	二输入或门
	XOR	二输入异或门
	NAND	二输入与非门
	NOR	二输入或非门
	NOT	非门
	RESPACK – 8	带公共端的 8 电阻排
	RX8	8 电阻排
	LAMP	动态灯泡模型
	TRAFFIC LIGHTS	动态交通灯模型
	PIN	单脚终端接插件
	SWITCH	带锁存开关
	FUSE	动态熔丝模型
	MOTOR – STEPPER	动态单极性步进电动机模型
	CLOCK	动态数字方波源
	24C02C	I^2C 存储器
	VOLTMETER	电压表

(续)

元器件符号	元器件名称	元器件中文注释
	MOTOR	直流电动机模型
	MOTOR SERVO	伺服电动机
	VARISTOR	变阻器
	TRSAT2P2S	变压器
	CONN – DIL14	排座
	LDR	光敏电阻
	BUFFER	缓冲器
	74LS74	双 D 触发器
	74LS112	双 JK 触发器
	ULN2003	达林顿晶体管阵列
	74LS138	3 – 8 译码器
	DS1302	时钟芯片
	DS18B20	温度传感器
	BRIDGE	桥式整流电路
	DIODE – SC	稳压管
	74LS00	4 – 2 输入与非门
	74LS20	2 – 4 输入与非门
	74LS04	6 非门
	74HC74	D 触发器
	74HC112	JK 触发器

附录 B Proteus 软件常用快捷键

快 捷 键	功 能	快 捷 键	功 能
Ctrl + O	打开设计	Ctrl + Z	撤销
Ctrl + S	保存设计	Ctrl + Y	恢复
R	刷新	E	查找并编辑元件
G	背景栅格	Ctrl + B	放在后面
O	原点	Ctrl + F	放在前面
X	X 轴指针	Ctrl + N	实时标注
F1	栅格尺寸为 10	W	自动布线
F2	栅格尺寸为 50	T	搜索并标注
F3	栅格尺寸为 100	A	属性分配工具
F4	栅格尺寸为 500	Ctrl + A	网络表导入 ARES
F5	选择显示中心	Page – Up	前一个原理图
F6	缩小	Page – Down	下一个原理图
F7	放大	Alt + X	设计浏览
F8	显示全部	Ctrl + A	增加跟踪曲线
Space	仿真图形	Ctrl + F12	断点运行
Ctrl + V	查看日记	F10	单步运行
Ctrl + F12	运行/停止调试	F11	跟踪
Pause	暂停运行	Ctrl + F11	单步跳出
Shift + Pause	停止运行	Ctrl + F10	重置弹出窗口
F12	运行	P	选择元器件/符号

附录C 美国标准信息交换代码（ASCII码）

低位LSD	高位MSD	0	1	2	3	4	5	6	7
		000	001	010	011	100	101	110	111
0	0000	NUL	DLE	SP	0	@	P	`	p
1	0001	SOH	DC1	!	1	A	Q	a	q
2	0010	STX	DC2	"	2	B	R	b	r
3	0011	ETX	DC3	#	3	C	S	c	s
4	0100	EOT	DC4	$	4	D	T	d	t
5	0101	ENQ	NAK	%	5	E	U	e	u
6	0110	ACK	SYN	&	6	F	V	f	v
7	0111	BEL	ETB	'	7	G	W	g	w
8	1000	BS	CAN	(	8	H	X	h	x
9	1001	HT	EM	)	9	I	Y	i	y
A	1010	LF	SUB	*	:	J	Z	j	z
B	1011	VT	ESC	+	;	K	[	k	{
C	1100	FF	FS	,	<	L	\	l	|
D	1101	CR	GS	-	=	M	]	m	}
E	1110	SO	RS	.	>	N	^	n	~
F	1111	SI	US	/	?	O	_	ο	DEL

附录 D 常用逻辑符号对照表

名称	国标符号	曾用符号	国外常用符号	名称	国标符号	曾用符号	国外常用符号
与门				基本 RS 触发器			
或门				同步 RS 触发器			
非门							
与非门				正边沿 D 触发器			
或非门							
异或门				负边沿 JK 触发器			
同或门							
集电极开路与非门				全加器			
三态门				半加器			
施密特与门				传输门			
电阻				极性电容或电解电容			
滑动电阻				电源			
二极管				双向晶闸管			
发光二极管				变压器			

参 考 文 献

[1] 倪志莲. 单片机应用技术 [M]. 北京：北京理工大学出版社，2010.
[2] 张靖武，周灵彬. 单片机原理、应用与PROTEUS仿真 [M]. 北京：电子工业出版社，2008.
[3] 张春芝，荆珂. 单片机技术与应用 [M]. 北京：煤炭工业出版社，2007.
[4] 杨欣，张延强，张铠麟. 实例解读51单片机完全学习与应用 [M]. 北京：电子工业出版社，2011.
[5] 孙育才，孙华芳. MCS-51系列单片机及其应用 [M]. 南京：东南大学出版社，2012.
[6] 陈蕾. 单片机原理与接口技术 [M]. 北京：机械工业出版社，2012.
[7] 陈铁军，余旺新. 单片机原理与应用技术 [M]. 成都：西南交通大学出版社，2014.
[8] 基于PROTEUS的电路设计、仿真与制版 [M]. 北京：电子工业出版社，2013.
[9] 胡汉才. 单片机原理及接口技术 [M]. 3版. 北京：清华大学出版社，2010.
[10] 刘建清. 轻松玩转51单片机C语言 [M]. 北京：北京航空航天大学出版社，2011.
[11] 李广弟，朱月秀，王秀山. 单片机基础 [M]. 2版. 北京：北京航空航天大学出版社，2001.
[12] 程国钢. 51单片机应用开发案例手册 [M]. 北京：电子工业出版社，2011.
[13] 李晓林，牛昱光，阎高伟. 单片机原理与接口技术 [M]. 2版. 北京：电子工业出版社，2011.
[14] 张毅刚. 单片机原理及应用——C51编程+Proteus仿真 [M]. 北京：高等教育出版社，2012.
[15] 李学礼. 基于Proteus的8051单片机实例教程 [M]. 北京：电子工业出版社，2008.
[16] 徐爱钧. 单片机原理与应用——基于Proteus虚拟仿真技术 [M]. 北京：机械工业出版社，2010.
[17] 姜志海，黄玉清，刘连鑫. 单片机原理及应用 [M]. 北京：电子工业出版社，2013.
[18] 张毅刚，彭喜元，彭宇. 单片机原理及应用 [M]. 北京：高等教育出版社，2010.
[19] 蓝天，陈永，王婷，等. 单片机原理及实用技术 [M]. 成都：西南交通大学出版社，2014.